Falk Jaeger

WEITERBAUEN AM WELTERBE MATHILDENHÖHE

Die Sanierung
des Ausstellungsgebäudes
durch schneider+schumacher

jovis

INHALT

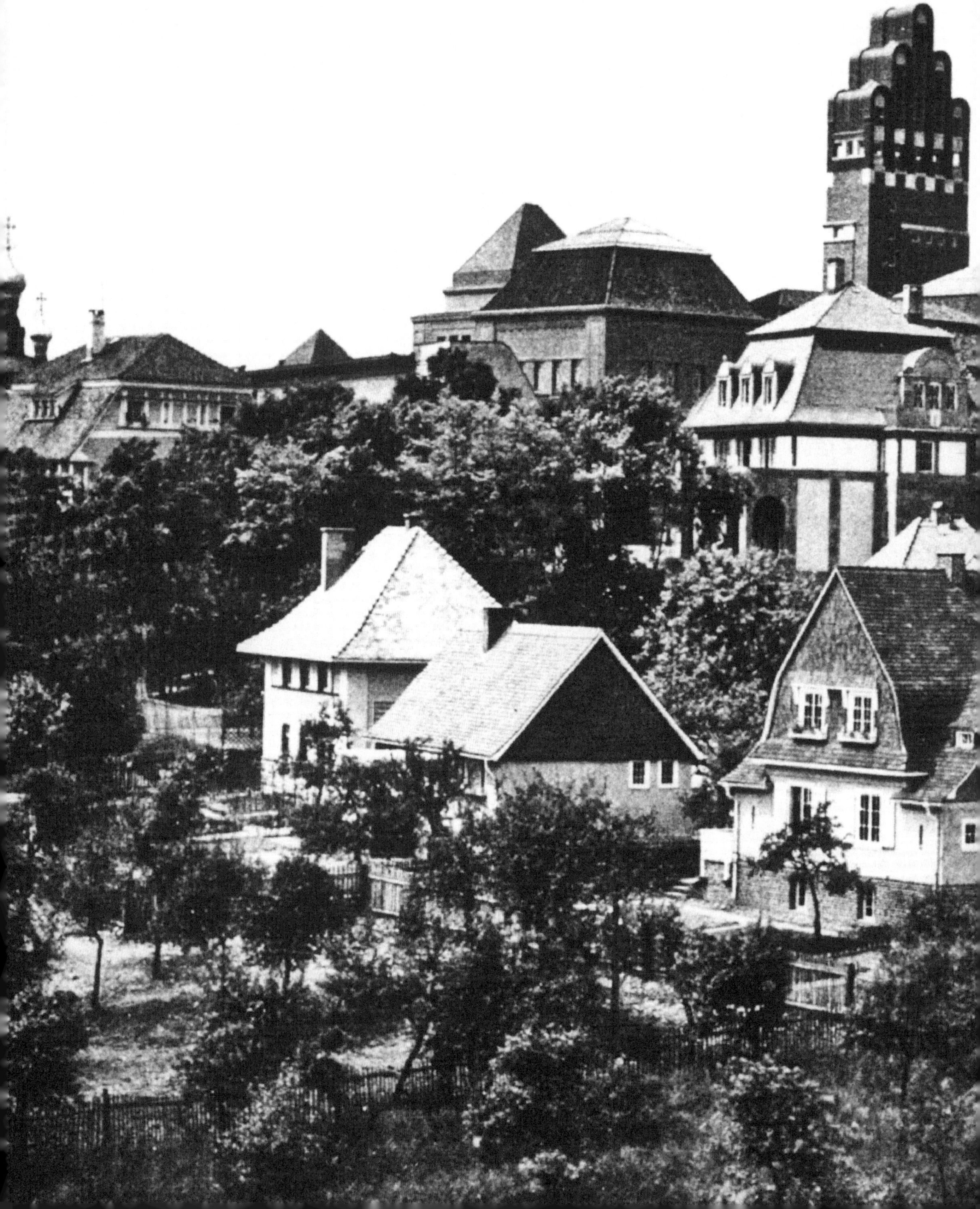

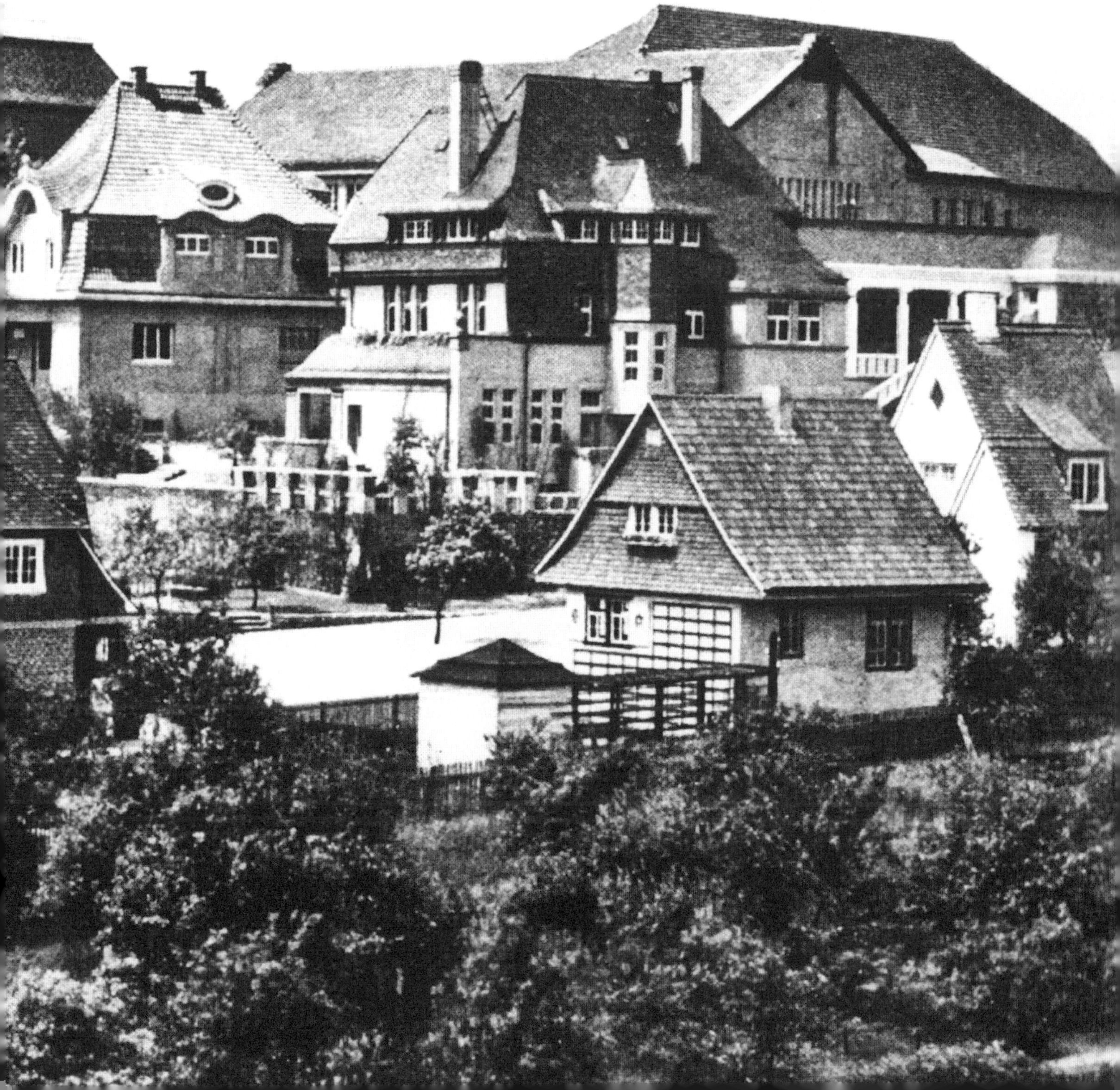

GRUSSWORT

Auf der höchsten Erhebung des Stadtgebiets von Darmstadt – östlich des Stadtzentrums und von dort fußläufig erreichbar – steht das Ensemble der Mathildenhöhe Darmstadt. Diese wegweisende und einzigartige Stätte wurde im Juli 2021 von dem Welterbekomitee auf seiner 44. Sitzung in die UNESCO-Welterbeliste eingetragen. Hiermit wurde international bestätigt, dass die Mathildenhöhe für die weltweite Entwicklung der Architektur, des Designs und der Ausstellungskultur eine zentrale Rolle besitzt.

Im Zentrum der Welterbestätte Mathildenhöhe Darmstadt steht das große städtische Ausstellungsgebäude mit dem Wahrzeichen der Stadt, dem Hochzeitsturm. Diese zweiteilige, von dem Architekten Joseph Maria Olbrich geschaffene architektonische Komposition wird schon lange als die „Stadtkrone" von Darmstadt bezeichnet, die aus allen Himmelsrichtungen als Landmarke zu sehen ist. Es ist aber sicherlich den meisten Bürgerinnen und Bürgern der Stadt Darmstadt nicht bewusst, dass der Begriff „Stadtkrone" auf ein gleichnamiges, 1919 erschienenes Buch des Architekten Bruno Taut zurückgeht. Mit diesem Begriff wurden Kulturstätten auf der höchsten Erhebung einer Stadt beschrieben – oftmals außerhalb des Stadtzentrums –, die identitätsstiftend in die Stadt wirken. Tatsächlich prägt die Stadtkrone das kulturelle Leben von Darmstadt seit der feierlichen Eröffnung im Jahr 1908 im Rahmen der Hessischen Landesausstellung für Freie und Angewandte Kunst. Nicht nur zur Zeit der Künstlerkolonie Darmstadt fanden hier viel beachtete Ausstellungen statt, sondern auch danach; so setzte zum Beispiel die umfangreiche Schau zum Expressionismus im Jahr 1920 ein wichtiges Zeichen für die moderne Kunst in der Weimarer Republik. Selbst nach dem Ende der NS-Diktatur hat sich das in großen Teilen zerstörte Darmstadt der Mathildenhöhe als Inspirationsort zugewandt und sich aufgrund der Errungenschaften der Künstlerkolonie als wegweisendes Zentrum für Architektur, Kunst und Wissenschaft neu gefunden. Präsent wurde dies in den viel beachteten Darmstädter Gesprächen, die von Ausstellungen auf der Mathildenhöhe begleitet worden sind. So wurde das zweite Darmstädter Gespräch „Mensch und Raum" 1951 zum fünfzigjährigen Jubiläum der ersten Künstlerkolonie-Ausstellung von 1901 veranstaltet und führte zu einer Vielzahl von Bauprojekten, so zu einem Neubau für das Ludwig-

Georgs-Gymnasium von Max Taut, dem Bruder des bereits genannten Architekten Bruno Taut.

Die Tatsache, dass Darmstadt heute eine UNESCO-Welterbestätte besitzt und von mehreren „Meisterbauten“ geprägt wird, geht auf den Großherzog Ernst Ludwig zurück, der progressiven Geistern einen Raum bot, zu experimentieren und sich zu entfalten. Nur durch diese künstlerische Freiheit, gepaart mit einem modernen Verständnis für Wirtschaftsförderung, gelang es Ernst Ludwig, namhafte Kulturschaffende nach Darmstadt zu holen und eine universal bedeutende Kulturstätte zu gestalten. Schon unmittelbar nach der Eröffnung des Ausstellungsgebäudes wurde die Qualität der ikonischen Stadtkrone und ihre Verbindung zum Großherzog gesehen; so schrieb Victor Zabel 1908 in der Zeitschrift *Die Werkkunst*: „Mehr als sein Inhalt wird Olbrichs Bau selbst die Augen auf sich lenken, der mit seinen verschiedenen Teilen und dem hochragenden Hochzeitsturm, einer Widmung der Stadt an das Großherzogspaar, wie eine Akropolis den Ausstellungshügel krönt.“ Ernst Ludwig hatte Joseph Maria Olbrich nach Darmstadt berufen können, da dieser nach Auskunft von Hermann Bahr städtebaulich wirken wollte. So proklamierte Olbrich: „Eine Stadt müssen wir erbauen, eine ganze Stadt! Alles Andere ist nichts!“

Eine „ganze Stadt“ wurde insofern gebaut, als die Mathildenhöhe seit der Künstlerkolonie Darmstadt als ein Ort des Wohnens und der Arbeit fungierte, denn die beiden Ateliergebäude und somit Arbeitsräume wurden nur wenige Schritte von den Wohnhäusern der Künstler errichtet.

Heute können wir sagen, dass es eine ganze Stadt gebraucht hat, um das Ausstellungsgebäude denkmalgerecht instand zu setzen und es auf den neuesten technischen Stand zu bringen. Neben den großartigen Leistungen der Architektinnen und Architekten von schneider+schumacher, der Ingenieure von Schlier Ingenieure AG, Tichelmann & Barillas Ingenieure und ingplan sowie der vielen ausführenden Firmen, war eine große Anzahl städtischer Institutionen zusammen mit der Darmstädter Stadtentwicklungs GmbH & Co. KG in Abstimmung mit dem Institut Mathildenhöhe am Gelingen des Projekts beteiligt. Stets zur Seite stand uns das Land Hessen mit dem Landesamt für Denkmalpflege sowie unserem international besetzten Welterbebeirat.

Ich danke allen Beteiligten, die so zahlreich sind, dass sie hier nicht alle genannt werden können, für ihren großen Einsatz für unsere Stadt und für ein zentrales Element der UNESCO-Welterbestätte Mathildenhöhe Darmstadt. Endlich kann – nach der langen Sanierung – die „ganze Stadt“ wieder das städtische Ausstellungsgebäude betreten und vielfältige Ausstellungen und Veranstaltungen besuchen. Besonders freut es mich für die Schulklassen, die viele Jahre lang dieses wichtige Bauwerk nicht von innen sehen konnten.

Ich wünsche allen Besuchenden der Mathildenhöhe in den Ausstellungen, bei den Veranstaltungen, in den gestalteten Außenanlagen oder im neuen Café-Restaurant inspirierende Erlebnisse. Es freut mich, dass auf dieser einzigartigen Kulturstätte das generalsanierte Ausstellungsgebäude mit neuer technischer Ausstattung nun wieder seine breite Strahlkraft entfalten kann.

Hanno Benz
Oberbürgermeister der Wissenschaftsstadt Darmstadt seit 2023

VORWORT

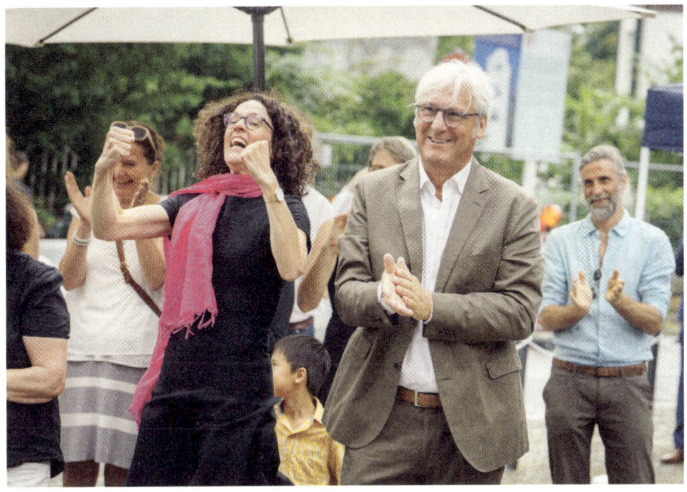

Am 24. Juli 2021 hat die UNESCO der Darmstädter Mathildenhöhe den Welterbestatus zuerkannt: die Künstlerkolonie Darmstadt ist ein Ensemble von „außergewöhnlichem, universellem Wert". Ein ziemlich genau zehnjähriger Bewerbungsprozess hat für unsere Wissensschafts- und Kulturstadt Darmstadt zu einem erfolgreichen und fantastischen Ergebnis geführt.

oben: **Die damalige Hessische Ministerin für Wissenschaft und Kunst Angela Dorn (BÜNDNIS 90/DIE GRÜNEN) und der bis 2023 amtierende Darmstädter Oberbürgermeister Jochen Partsch (BÜNDNIS 90/ DIE GRÜNEN) bejubeln die Entscheidung der UNESCO.**

Allen Akteuren – aus der Politik, der Kultur und der Bürgerschaft – war in diesem glücklichen Moment bewusst, dass die Stadtgesellschaft weiterhin bereit sein müsse, die Erhaltung und Pflege des jetzt universellen kulturellen Erbes und seiner historischen Substanz sowie seine nachhaltige Entwicklung auch zukünftig gemeinsam sorgfältig zu planen und zu leben.

An diesem Sommertag warteten am Hang des Ernst-Ludwig-Hauses vor den überlebensgroßen Portalfiguren „Kraft" und „Schönheit" von Ludwig Habich die „Freunde der Mathildenhöhe", Kulturbegeisterte, professionelle und ehrenamtliche Begleiter und Unterstützer der Bewerbung, politisch Verantwortliche und Neugierige gemeinsam auf die Entscheidung der UNESCO. Der Ertrag der jahrelangen Arbeit war die Zuerkennung, die Freude darüber überschwänglich.

Allen war klar, dass etwas ganz Besonderes gelungen war: einen Welterbebewerbungsprozess auf einer sehr großen und komplexen, architekturhistorisch sehr anspruchsvollen und in den zeitlichen und finanziellen Dimensionen sehr kritisch betrachteten innerstädtischen Baustelle zum Erfolg zu führen.

Wir feierten vor dem Atelierhaus der Künstlerkolonie, doch während wir am Ernst-Ludwig-Haus einen Augenblick der Freude und Erleichterung erleben durften, war das Ausstellungsgebäude damals, 2021, schon lange ein Ort der Anstrengung, der Sorge, der Konzentration – und auch immer der Zuversicht.

Im Jahre 2012 hatte die letzte große Ausstellung „A House Full of Music" in den Ausstellungshallen von Olbrich stattgefunden. Seitdem wurde daran gearbeitet, damit in Zukunft die wunderbaren Hallen neu besucht, erfahren und erlebt werden können, besuchergerecht, denkmalgerecht, welterbeangemessen, ökologisch saniert und barrierefrei – und mit einem neuen Café. Die Gesamtsanierung des Ausstellungsgebäudes Mathildenhöhe ist der zentrale und gewichtigste Schritt auf dem Weg zum Welterbe gewesen – und ich blicke heute mit Dankbarkeit und Demut darauf zurück, dass die unermüdliche und ständig reflektierte Arbeit unserer Projektbeteiligten den Entscheidern der UNESCO die Sicherheit gab und das Vertrauen erlaubte, die Mathildenhöhe trotz Baustellenstatus auszuzeichnen.

Vor über 100 Jahren haben Olbrich, Behrens, Christiansen und ihre Gefährten den Grundstein für etwas Neues und Mutiges gelegt. Seitdem werden von der Darmstädter Mathildenhöhe aus innovative und kulturhistorisch bedeutende Leitpfade initiiert – natürlich vor dem Ersten Weltkrieg bei der Errichtung der Künstlerkolonie, aber auch nach dem Zweiten Weltkrieg, denken wir nur an die „Darmstädter Gespräche" oder die „Ferienkurse für Neue Musik".

So wurde schließlich spätestens Anfang der 2000er Jahre in Kultur- und Architekturdiskussionen darüber nachgedacht, ob die Mathildenhöhe mit dem Jugendstil einen Aufbruch in die Moderne darstelle und darüber hinaus das Missing Link der modernen Architekturgeschichte bis hin zum Bauhaus sei.

Allein, die architekturhistorische und kulturpolitische Debatte fand nur wenig Resonanz in der kommunalen Realpolitik. Statt sich der Welterbe-Bewerbung und der Sicherung der kulturellen Substanz zuzuwenden, wurde beispielsweise ein ambitionierter Museumsneubau auf dem Kerngelände der Mathildenhöhe erwogen – und nach engagierten Einsprüchen aus der Bürgerschaft und der Fachwelt durch eine politische Entscheidung des Magistrats der Stadt im Jahr 2011 verworfen. 2011 war dann auch der Startpunkt für eine klare kulturpolitische Fokussierung auf die Sanierung des Ausstellungsgebäudes und die Bewerbung „Künstlerkolonie Mathildenhöhe wird Welterbe".

Länger schon war klar, dass die Ausstellungshallen saniert werden müssen. Insbesondere die klimatischen Bedingungen der Innenräume ließen weitere Ausstellungen nicht mehr zu. Erste Anmeldungen zur Instandsetzung der Lüftungstechnik, der Haustechnik und eine Machbarkeitsstudie zur energetischen Sanierung listeten 2010/2011 einen Bedarf von sieben Millionen Euro auf. Allerdings standen hierfür 2011/2012 keinerlei Mittel im städtischen Haushalt zur Verfügung, in einer Zeit übrigens, in der die neue Koalition aus BÜNDNIS 90/DIE GRÜNEN und CDU in Darmstadt mit mir als neuem Oberbürgermeister mit einem hohen Millionendefizit starten musste. Dennoch brachten wir die Sanierung und die Welterbebewerbung auf den Weg: die Sanierung, indem die Stadtverordnetenversammlung meinem Vorschlag folgte und Mittel für den Ankauf des Kollegiengebäudes am Luisenplatz für ein neues repräsentatives Rathaus abplante und stattdessen für die Sanierung der Ausstellungshallen umwidmete.

Der Start des Welterbeprozesses war eine meiner ersten Amtshandlungen als Oberbürgermeister. Im Sommer 2011 stellte ich gegenüber dem Hessischen Ministerium für Wissenschaft und Kunst offiziell den Antrag, die Mathildenhöhe Darmstadt auf die „Tentativliste", also die deutsche Anwartschaft für den UNESCO-Titel, zu nehmen, was 2014 durch eine Entscheidung der deutschen Kultusministerkonferenz auch gelang.

Was im November 2011 mit dem Beschluss zur Umwidmung der Mittel für die Sanierung begann, setzte sich mit der Sanierungsplanung 2012 fort, mündete in den Baubeginn 2017 und endete mit der Übergabe der Ausstellungshallen an das Institut Mathildenhöhe im Sommer 2024.

Über 70 Firmen und 20 Planungsbüros arbeiteten für die Wissenschaftsstadt Darmstadt, vertreten durch den Eigenbetrieb Kulturinstitute. Das Projektmanagement wurde durch die DSE Darmstädter Stadtentwicklungs GmbH in schwieriger Zeit souverän gesteuert. Unsere Architekten schneider+schumacher fanden auf alle aufkommenden Fragen eine Antwort und waren nicht nur mit fachlichem Verstand, sondern auch mit Begeisterung an unserer Seite.

Es kam zu einer Generalsanierung der kompletten Bausubstanz im Einklang mit den Anforderungen des Denkmalschutzes, insbesondere durch die intensive Zusammenarbeit mit den Denkmalfachbehörden der Stadt und des Landes und der unschätzbaren Expertise des extra eingerichteten Beratungsgremiums Advisory Board. Nach Bürgerbeteiligungen sowie bürgerschaftlichen und Expertendiskussionen, insgesamt sieben Stadtverordnetenbeschlüssen, coronabedingten Stillständen sowie globalkrisenbedingten Verzögerungen durch Lieferkettenstörungen wurden letztlich 33 Millionen Euro in das Ausstellungsgebäude investiert, eine notwendige, eine richtige, eine historisch bewusste und zukunftsorientierte Investition. Wir haben heute ein modernes Ausstellungsgebäude mit allen notwendigen Sicherheits- und Brandschutzeinrichtungen und ausgezeichneten konstanten klimatischen Bedingungen für den energieeffizienten Betrieb.

Die Mathildenhöhe hat uns vieles zu sagen: Auf den Pfaden der Lebensreform und des Jugendstils, auf den Pfaden der Aufklärung und der Moderne schreiten wir weiter, wissend, woher wir kommen, neugierig auf das Neue. Die Darmstädter Mathildenhöhe ist ein Ausgangspunkt für die Zukunft und ein Aufbruchsort für Kultur, Architektur und Lebensstile. Sie ist Verpflichtung für Entwicklung, Innovation und umfassende Qualität.

Jochen Partsch
Oberbürgermeister der Wissenschaftsstadt Darmstadt von 2011 bis 2023

LUDGER HÜNNEKENS

DAS AUSSTELLUNGS-GEBÄUDE IM ENSEMBLE DER MATHILDENHÖHE – DER WEG ZUM UNESCO-WELTERBE

„Habe Ehrfurcht vor dem Alten und Mut, das Neue frisch zu wagen […]“ – dieses Motto des jungen Großherzogs Ernst Ludwig von Hessen und bei Rhein (1868–1937), eingeschrieben in das runde Kuppelmosaik des Treppenpavillons des Ausstellungsgebäudes von 1908, ist gewissermaßen zum Leitmotiv der groß angelegten Gesamtsanierung und der denkmalgerechten Instandsetzung dieses zentralen Gebäudes auf der Mathildenhöhe geworden. Welch hoher Anspruch sich allerdings hinter diesem hehren Bekenntnis verbirgt, war bei dem Beschluss der Darmstädter Stadtverordnetenversammlung von 2011 für eine „Energetische Sanierung“ des Ausstellungsgebäudes noch nicht absehbar. Denn das gesamte historische Ensemble der ehemaligen Künstlerkolonie auf der Mathildenhöhe und somit auch das Ausstellungsgebäude des Wiener Architekten Joseph Maria Olbrich (1867–1908) wurde vom World Heritage Committee der UNESCO aufgrund seines universellen Wertes für die Menschheit und als Wegbereiter der Moderne des frühen 20. Jahrhunderts im Juli 2021 in die Welterbeliste der besonders schützenswerten Stätten eingetragen.

Schon im Vorfeld dieser Auszeichnung und als eine der vielen Voraussetzungen hierfür musste das Bauvorhaben einerseits wie geplant eine moderne Infrastruktur erhalten, die internationalen Museumsstandards entspricht, und andererseits musste es in respektvollem Umgang mit den historischen Zeitschichten des Gebäudes den nationalen Denkmalschutzbestimmungen und zudem den strengen Kriterien der UNESCO für den Schutz und Erhalt eines Weltkulturerbes gerecht werden. Dass diese Balance 2024 zum großen Finale hin schließlich gelingen konnte, war allein dem konzertierten und kreativen Zusammenspiel verschiedener Kräfte und immer wieder dem mitunter kongenialen Schulterschluss einzelner Akteure und Entscheidungsträger zu verdanken.

1974 bis 1976 war das Ausstellungsgebäude letztmalig substanziell saniert worden. Rund 40 Jahre später machten es eklatante Baumängel und neue Maßstäbe in der Denkmalpflege notwendig, das Gebäude zunächst rein energetisch, im Laufe des Projektes dann aber doch grundlegend gewissermaßen bis auf die Grundmauern des Olbrich-Baus von 1908 zu sanieren und den aktuellen denkmalpflegerischen Maßstäben anzupassen.

Den Startschuss für dieses ambitionierte Projekt gaben die Initiative der neuen Stadtregierung beziehungsweise des Magistrats und der Mehrheitsbeschluss der Stadtverordnetenversammlung im November 2011, dem das positive Ergebnis einer zuvor erstellten Machbarkeitsstudie zugrunde lag. Damit begann eine intensive Planungsphase, die eine weitere Zäsur in der Bau- und Sanierungsgeschichte dieses Gebäudes markiert, aber auch die Geduld der Stadtgesellschaft, die sich ja immer schon im hohen Maße mit der Mathildenhöhe identifiziert, auf eine harte Probe stellte. Schließlich mussten während der laufenden Arbeiten bis zur Fertigstellung noch mehrere Beschlüsse der Stadtverordnetenversammlung eingeholt werden, um die politischen Weichen für die Weiterentwicklung des Baus und die damit einhergehenden zusätzlichen Finanzierungswege zu stellen. Die entsprechenden Entscheidungsvorlagen waren, wie die Ergebnisse zeigten, stets überzeugend und parteiübergreifend mehrheitsfähig.

Zum Planungsteam gehörten die Architekten schneider+schumacher, die Ingenieure ingplan und Schlier Ingenieure AG und das Projektmanagement Darmstädter Stadtentwicklungs GmbH unter der Leitung der Bauherrschaft der Wissenschaftsstadt Darmstadt, vertreten durch den Eigenbetrieb Kulturinstitute und abgestimmt mit dem Nutzer, dem städtischen Institut Mathildenhöhe und der Unteren Dankmalschutzbehörde der Stadt. In unzähligen

Bausitzungen hat dieses Team jeden einzelnen Schritt der anstehenden und immer wieder zu aktualisierenden Maßnahmen diskutiert und festgelegt. Über 70 Firmen waren schließlich daran beteiligt, die aufwendigen Planungen umzusetzen, als im Herbst 2017 der technische Umbau und die sensible denkmalgerechte Instandsetzung beginnen konnten.

Die Welterbeanerkennung der Mathildenhöhe im Juli 2021, ein Meilenstein in der Geschichte der Wissenschaftsstadt Darmstadt, war dabei von entscheidender Bedeutung und eine nochmalige Zäsur, die weit über die Bedeutung des Ausstellungsgebäudes allein hinausgeht. Und sie hatte auf die gleichzeitigen Planungen und Baumaßnahmen einen wesentlichen Einfluss, der sich in immer wieder neuen Abstimmungsprozessen zwischen dem Planungsteam, der Denkmalpflege von Stadt und Land und der Bauherrschaft widerspiegelte. Dabei standen sich die pragmatischen Positionen der bauausführenden Unternehmen, die bauhistorischen Diskussionen der Denkmalpflege und die Zielvorgaben der Bauherrschaft mitunter konträr, letztlich aber konsensorientiert gegenüber.

Die Entscheidung bis zum Eintrag in die Welterbeliste hatte eine etwa zehnjährige Vorlaufzeit gehabt, in der wissenschaftliche Untersuchungen, das Bewerbungsverfahren, die Nominierung, die Evaluierung und die abschließende Diskussion innerhalb der UNESCO abliefen. Es war ein regelrechter Hürdenlauf, den die von der Stadt in Kooperation mit dem Land Hessen / Landesamt für Denkmalpflege eingerichteten Gremien absolvieren mussten.

Mit Beginn der Amtszeit von Oberbürgermeister Jochen Partsch 2011 nahm dieser Vorlauf Fahrt auf, der in folgenden Etappen verlief: 2014 beschloss die Kultusministerkonferenz die Aufnahme der vom Hessischen Ministerium für Wissenschaft und Kunst (HMWK) eingereichten Bewerbung „Künstlerkolonie Mathildenhöhe Darmstadt" in die sogenannte Tentativliste, die deutsche Vorschlagsliste für ein UNESCO-Welterbe. Es wurde ein städtisches Welterbebüro für die Entwicklung der Mathildenhöhe eingerichtet, welches seitdem vor Ort die städtischen Arbeiten koordiniert und von einem von der Stadt einberufenen, international besetzten Welterbebeirat (Advisory Board) wissenschaftlich beraten wird. Den Vorsitz dieses Gremiums hat aktuell der Präsident des Landesamtes für Denkmalpflege Hessen, Markus Harzenetter, inne. Im Dezember 2019 konnte das umfangreiche Bewerbungspaket der nominierten Stätte „Mathildenhöhe Darmstadt" geschnürt und über das HMWK dem Auswärtigen Amt in Berlin vorgelegt werden, welches die deutschen Welterbebewerbungen an die UNESCO in Paris zur Prüfung und Entscheidung weiterleitet. Dieses Darmstädter Paket, über 1200 Seiten auf Englisch mit Aufsätzen, Tabellen, Plänen und Fotos, folgt den differenzierten Operational Guidelines des Internationalen Rats für Denkmalpflege (ICOMOS) und setzt sich aus einem Nominierungsdossier, einem Managementplan und nachträglichen Additional Informations zusammen. In Ersteren wird der Nachweis erbracht, dass die Stätte im globalen Vergleich zu Beginn des 20. Jahrhundert tatsächlich einzigartig ist, heute einen außergewöhnlichen universellen Wert (OUV) besitzt und authentisch und idealerweise unversehrt erhalten ist. Im Managementplan erklärt die Stätte, wie sie konkret den Schutz, den Erhalt und die Vermittlung des Welterbes für die Nachwelt sicherstellt. Dies sind auf der Mathildenhöhe im Einzelnen die architektonischen, skulpturalen und landschaftsgestaltenden materiellen Hinterlassenschaften der vier Bauausstellungen von 1901, 1904, 1908 und 1914, entsprechend der Kernzone des Nominierungsgebietes.

Das OUV einer Stätte wird durch zehn von der UNESCO vorgegebene Kriterien begründet, von denen

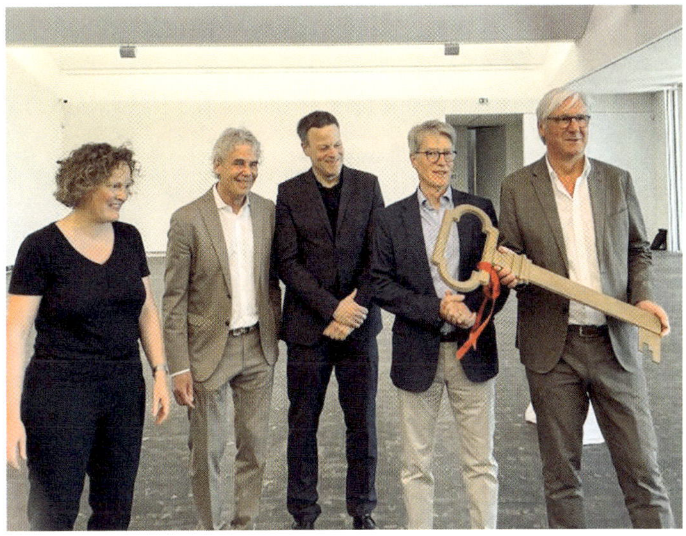

mindestens zwei erfüllt sein müssen. Für die Mathildenhöhe Darmstadt konnte der Nachweis erbracht werden, dass das Ensemble „… für einen Zeitraum oder in einem Kulturgebiet der Erde einen bedeutenden Schnittpunkt menschlicher Werte in Bezug auf die Entwicklung der Architektur, des Städtebaus oder der Landschaftsgestaltung aufzeigt" (Kriterium II). Darüber hinaus steht dieses Ensemble prototypisch für „[…] ein hervorragendes Beispiel eines Typus von Gebäuden, architektonischen Ensembles oder Landschaften, die einen oder mehrere bedeutsame Abschnitte der Menschheit versinnbildlichen" (Kriterium IV). Beide Kriterien sieht das World Heritage Committee der UNESCO seit 2021 als gegeben an. Ebenso ist man von einer positiven Weiterentwicklung der Mathildenhöhe im Sinn des Managementplans überzeugt. Ein wesentlicher Beitrag hierzu ist neben anderen, bereits zurückliegenden Maßnahmen auf der Mathildenhöhe jetzt durch die fertiggestellte Sanierung des Ausstellungsgebäudes erbracht worden, fachkundig zertifiziert gewissermaßen und unter strenger Observanz durch den Welterbebeirat und zuletzt durch die von einer externen Monitoring-Gruppe des ICOMOS aufgestellten und beobachteten Regeln.

Und wenn nun der neue, glänzende Funke des Gebäudes im Sinn von Joseph Maria Olbrich auf die Besucher überspringt, und wenn sich als Fortsetzung die zweite Hälfte des oben vorangestellten Zitats von Großherzog Ernst Ludwig – „[…] bleib treu der eigenen Natur und treu den Menschen, die du liebst" – erfüllt, besteht aller Grund, auf der Mathildenhöhe optimistisch in die Zukunft zu schauen.

oben: **Schlüsselübergabe am 04.06.2023. Von links nach rechts: Astrid Wuttke und Till Schneider, schneider+schumacher; Philipp Gutbrod, Institut Mathildenhöhe Darmstadt; Ludger Hünnekens, Kulturreferent der Wissenschaftsstadt Darmstadt; Jochen Partsch, bis 2023 Oberbürgermeister der Wissenschaftsstadt Darmstadt**

PHILIPP GUTBROD

DIE STADTKRONE – EIN PROGRESSIVER ORT DER AUSSTELLUNGS-KULTUR

Die Sanierung eines denkmalgeschützten Gebäudes bietet die Gelegenheit, die Geschichte des Bauwerks anhand der Materialien und der Bauweise zu erforschen sowie seine allgemeine Funktionalität zu überprüfen und zu erweitern. Bei einem Ausstellungsgebäude, das für eine hohe Frequenz von Besuchenden ausgerichtet ist, müssen auch aktuelle Bedürfnisse der Ausstellungskultur soweit wie möglich bedient und das Haus entsprechend weiterentwickelt werden. Bei einem denkmalgeschützten Bauwerk sind diese Aufgaben mit besonderer Sorgfalt auszuführen, da die Nutzung des Gebäudes nicht den Denkmalwert mindern darf. Im Falle des geschützten Ausstellungsgebäudes der Mathildenhöhe wurde die Komplexität der Aufgaben noch einmal gesteigert, da das große Bauwerk als zentrales Element in ein Welterbe-Nominierungsverfahren eingebunden war. Die erfolgreiche Eintragung in die UNESCO-Welterbeliste im Sommer 2021 kann als Bestätigung der erfolgten behutsamen Instandsetzung und des Weiterdenkens des Gebäudes gesehen werden, die im Folgenden aus Sicht der nutzenden Institution betrachtet wird.

Für das Institut Mathildenhöhe, das für die Nutzung und Bespielung des Gebäudes zuständig ist, war der stetige und produktive Austausch mit den Architektinnen und Architekten von großem Wert. Seit der Gründung des Instituts haben sich die Ausstellungen auf der Mathildenhöhe durch eine große Vielfalt der Gestaltungen und Konzepte ausgezeichnet. Diese Flexibilität galt es zu erhalten und nach Möglichkeit sogar zu erweitern.

Während der Sanierung des Bauwerks fanden bei allen wichtigen Untersuchungen und Entscheidungen mehrere Beratungen mit einem international besetzten Advisory Board statt, damit keine Handlung die Chance auf die Eintragung in die Welterbeliste gefährdete. Dieser Fachbeirat hat auch die Methode für die gesamte Stätte entwickelt, bei allen Instandsetzungen immer die letzte qualitätsvolle Zeitschicht als „Leitschicht“ zu wählen, statt sich nur an der Bauzeit zu orientieren. So konnte die für die Mathildenhöhe Darmstadt wichtige Zeit des Wiederaufbaus nach 1945 auch in mehreren Bereichen lesbar bleiben. Hierbei war die Herausarbeitung des sogenannten OUV, des *outstanding universal value* (des „außergewöhnlichen universellen Werts“) von zentraler Bedeutung, da die hierin versammelten Werte und Attribute der Stätte zu jeder Zeit geschützt und wenn möglich gestärkt werden sollten.

Ein OUV besteht nicht aus einer rein additiven Zusammenstellung der Alleinstellungsmerkmale einer Stätte, sondern bezeichnet außergewöhnliche Merkmale, die bestimmte, genau bezeichnete Kriterien der UNESCO erfüllen müssen (s. hierzu den Beitrag von Ludger Hünnekens auf S. 12–15). Hierbei muss zusätzlich durch eine vergleichende Analyse die Einmaligkeit und Bedeutung der Stätte im Spiegel anderer Kulturstätten geprüft werden. Darüber hinaus wurde in der ICOMOS-Studie „Filling the Gaps“ von 2005 eine überproportionale Fülle an bestimmten Themen in der Welterbeliste entdeckt: So dominierte laut Studie auf der Welterbeliste zum Beispiel ein Eurozentrismus, und es seien überproportional Stätten des christlichen Erbes enthalten. Da sich die UNESCO zu diesem Zeitpunkt zudem für Bewerbungen aus dem 20. Jahrhundert interessierte, konnte das erhaltene Ensemble der Mathildenhöhe Darmstadt eine wichtige Lücke auf der Welterbeliste schließen und wurde als entscheidender Schnittpunkt in der Entwicklung von Architektur, Design, Stadtplanung, Freiraumgestaltung und moderner Ausstellungskultur eingeschrieben. Als wegweisender Ort der Frühmoderne lässt sich anhand der Mathildenhöhe nachvollziehen, wie sich das Verständnis unserer gebauten Lebenswelten am Übergang vom 19. zum 20. Jahrhundert verändert hat. Dass die Ausstellungskultur explizit im OUV der Mathildenhöhe genannt wird, muss bei einer Besprechung des Ausstellungsgebäudes betont werden. Die Präsentation von vollständig eingerichteten, für die Dauer bestimmten Wohnhäusern, deren Ausstattung individuell für jedes einzelne Bauwerk gestaltet worden war, hatte es in dieser Form weltweit noch nicht gegeben. Jedes Element der Einrichtung wurde im Wohnhaus ausgestellt und konnte käuflich erworben werden. Für die von Joseph Maria Olbrich und Peter Behrens entworfenen Wohnhäuser des Ausstellungsensembles kann tatsächlich der heute stark strapazierte Begriff des Gesamtkunstwerks verwendet werden, da jedes Objekt als wichtiges Teil der Raumkunst gestaltet und hergestellt wurde. Auch im Ausstellungsgebäude wurden die Musterräume in den Ausstellungshallen im Sinne einer ästhetischen Gesamtkonzeption zur Verbesserung der Lebenswelt umfassend gestaltet. Nicht nur wurde diese ganzheitliche Präsentationsform auf der Mathildenhöhe in Zusammenarbeit mit unzähligen Firmen erstmals 1901 gezeigt, sie wurde auch umfassend rezipiert: Eine große Anzahl regionaler, überregionaler sowie auch internationaler Berichte in Zeitschriften und Zeitungen ist erschienen.

Angesichts der wegweisenden Künstlergruppen und -kolonien um 1900 erstaunt es, dass der Gründer der Künstlerkolonie Darmstadt kein Künstler, sondern Großherzog Ernst Ludwig von Hessen und bei Rhein war. Angeregt durch viele Ausstellungsbesuche und eine genaue Beobachtung von Kunstentwicklungen in Europa sowie durch Ideen des internationalen Verlegers Alexander Koch, reifte in Ernst Ludwig die Idee, in Darmstadt mittels der Kultur- und Wirtschaftsförderung ein Zentrum für neue Bestrebungen in Architektur und Design zu etablieren.

Die Bedeutung dieser aktiven und weltoffenen Förderung durch den Großherzog wurde früh erkannt; so schrieb der Schriftsteller und Lehrer Benno Rüttenauer über Ernst Ludwig:

> **„Er ist der eklatanteste Beweis dafür, dass die Tage vorüber sind, wo die vornehmsten Geister nach rückwärts geblickt haben. Sein Verhalten zur Kunst, sein ganz persönliches Eingreifen in deren Entwicklung wird von der Zukunft, aller Wahrscheinlichkeit nach, als eines der bedeutendsten kunstgeschichtlichen Ereignisse des beginnenden Jahrhunderts empfunden werden.“[1]**

Erst durch den Einsatz des Großherzogs konnte die Mathildenhöhe seine internationale Strahlkraft erlangen, was vor allem durch die Ausstellungstätigkeit gelang. Jenseits der Konstante, komplett gestaltete Raumensembles zu präsentieren, haben die vier Ausstellungen mit Beteiligung der Künstlerkolonie-Mitglieder auf der Mathildenhöhe von 1901 bis 1914 nicht nur jeweils zeitgenössische Kunst und Design inszeniert, sondern auch aktuelle wie antizipierte gesellschaftsrelevante Themen reflektiert. So stand 1901 die erste Ausstellung der Künstlerkolonie im Zeichen von Künstlerhäusern, die im Ensemble mit einem Ateliergebäude das Zusammenspiel von Wohn- und Arbeitswelt diskutiert haben. Es folgte im Jahr 1904 die Dreihäusergruppe, bei der in enger räumlicher und baulicher Verzahnung dreier Bauwerke durch intensive Gestaltung die Individualisierung der einzelnen Wohnhäuser erzielt wurde. In der Landesausstellung von 1908, in der das Ausstellungsgebäude samt Hochzeitsturm vorgestellt wurde, wurde auf dem umfassend gestalteten Osthang der Mathil-

1 Rüttenauer 1900–1901, S. 5–11

denhöhe – als Ergebnis eines sozialpolitischen Wettbewerbs – eine Arbeitersiedlung präsentiert. Die letzte Ausstellung der Künstlerkolonie Darmstadt wurde schließlich – wieder auf dem Osthang – von einer groß angelegten Miethäusergruppe geprägt, da qualitativ hochwertige Wohnungen als in Zukunft notwendig betrachtet wurden.

Es gilt festzuhalten, dass die Ausstellungskultur der Künstlerkolonie sich mit aktuellen Themen der Zeit auseinandergesetzt und ganzheitliche Lösungsperspektiven angeboten hat.

Inspiriert von dieser Praxis möchte das Institut Mathildenhöhe mit seinen zukünftigen Ausstellungen im Ausstellungsgebäude ebenfalls einen Fokus auf aktuelle Kunstpositionen legen und die vier Hallen des Gebäudes im Sinne der Raumkunst immer wieder neu gestalten. Um dies zu gewährleisten und noch im größeren Umfang als vor der Sanierung zu ermöglichen, war das Institut Mathildenhöhe während aller Phasen der Instandsetzung des Bauwerks in die Entscheidungen eingebunden. So konnte früh eine Dämmung oder vollflächige Aktivierung der Innenwände ausgeschlossen werden, da dieses Vorgehen eine Bespielung der Wände stark eingeschränkt hätte. Durch die umgesetzte komplexe energetische Sanierung mittels Dämmputz, Erdsonden, Blockheizkraftwerk sowie Wärme- und Kältespeicher im Wasserreservoir konnte die Flexibilität der Kunstwerkhängung auf den Bestandswänden erhalten bleiben. Eine Verbesserung der Ausstellungstechnik erfolgte über die Erneuerung des Hirnholzparketts im gesamten Gebäude: Durch mehrere strategisch platzierte Bodentanks in den vier Hallen können nun digitale Angebote wie Bildschirme oder Mediaplayer ohne visuelle oder physische Beeinträchtigungen durch Kabelkanäle elektrifiziert werden. Unterputz eingebaute Lichtschienen und Lautsprecher in verschiedenen Bereichen der Decken erlauben fast unbegrenzte Beleuchtungs- und Beschallungsmöglichkeiten. Auch die Führung von natürlichem Licht in die Hallen – wenn in einer Ausstellungssituation gewünscht – ist verbessert worden. So konnten die in den 1970er Jahren zugemauerten historischen Fensteröffnungen der Ostfassade wieder geöffnet werden. Blackoutblenden sowie ein vorgebautes, flexibles Wandelementsystem erlauben trotzdem die Präsentation von lichtempfindlichen Kunstwerken.

Auch im Servicebereich ist erst durch die umfassende Sanierung des Gebäudes die Idee entstanden, ein neues barrierefreies Café in der historischen Schieberkammer einzubauen. Dieses neue Café ist nicht nur deutlich größer als das frühere nicht-barrierefreie Café im Foyer, sondern kann auch durch einen eigenen Eingang außerhalb der Öffnungszeiten zugänglich bleiben und die Stätte somit deutlich bereichern.

Über dieses Café erfolgt der Zugang zum historischen Wasserreservoir, das auch weiterhin nicht nur als Industriedenkmal des 19. Jahrhunderts erlebt werden kann, sondern auch als Ausstellungort bespielt werden wird.

Wie im Café ist zwischen dem Hochzeitsturm und dem Ausstellungsgebäude ein neuer Raum entstanden, der von hohem Nutzen für die Stätte ist. Durch den Rückbau der Zeitschicht der 1970er Jahre konnte der Bereich zwischen Hochzeitsturm und Ausstellungsgebäude geklärt und die nordwestliche Ecke des Gebäudes herausgearbeitet werden. Dieser neue Zwischenraum wird sowohl dem Institut als Besprechungs- und Projektraum dienen als auch den barrierefreien Zugang zum Hochzeitsturm ermöglichen.

Es ist in der heutigen Museumslandschaft wichtig, die Besonderheiten und Geschichte des eigenen Hauses und Ortes zu erforschen und herauszuarbeiten. Auch wenn es nicht immer eine direkte inhaltliche Verknüpfung zwischen Ausstellung und Ausstellungsort geben muss, so kann der Kontext einer Stätte den präsentierten Kunstwerken einen besonderen Ausdruck verleihen. Als zentraler Ort der Raumkunst können auf der Mathildenhöhe zeitgenössische Installationen in einen erhellenden Dialog mit den historischen Konzepten der Künstlerkolonie Darmstadt treten sowie Kunstwerke im Kontext der „Lebenswelt-Bereicherung" eine besondere Wirkung entfalten. Die kulturelle Stadtkrone von Darmstadt hat seit seiner Entstehung im Jahr 1908 nichts von seiner großen Strahlkraft eingebüßt und wird nun nach der Generalsanierung mit verbesserter technischer Ausstattung ein neues Kapitel Ausstellungsgeschichte beginnen.

Joseph Maria Olbrich
(1867–1908)

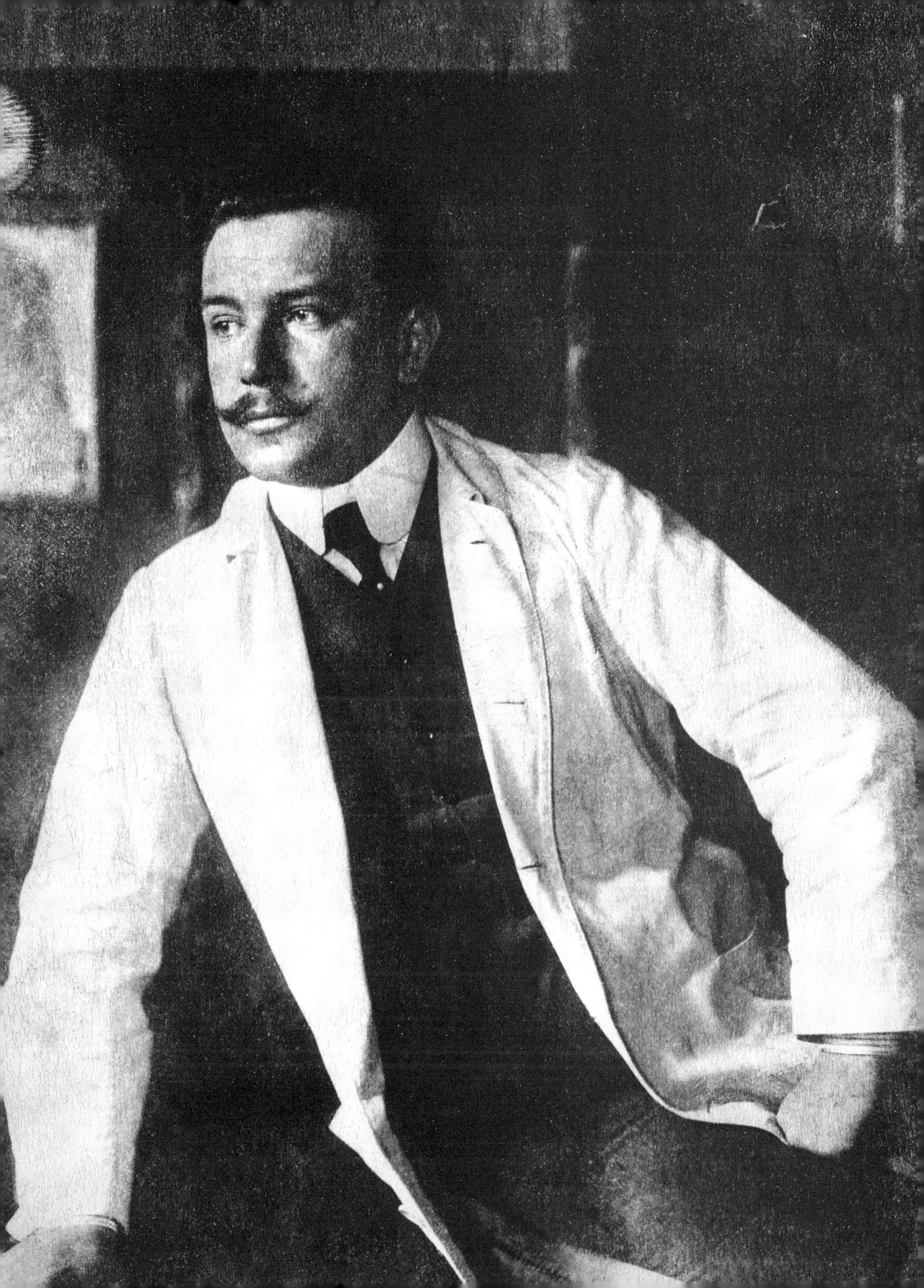

VOM STÄDTEBAU BIS ZUM DESSERTTELLER

DAS KURZE, INTENSIVE LEBEN DES ARCHITEKTEN JOSEPH MARIA OLBRICH

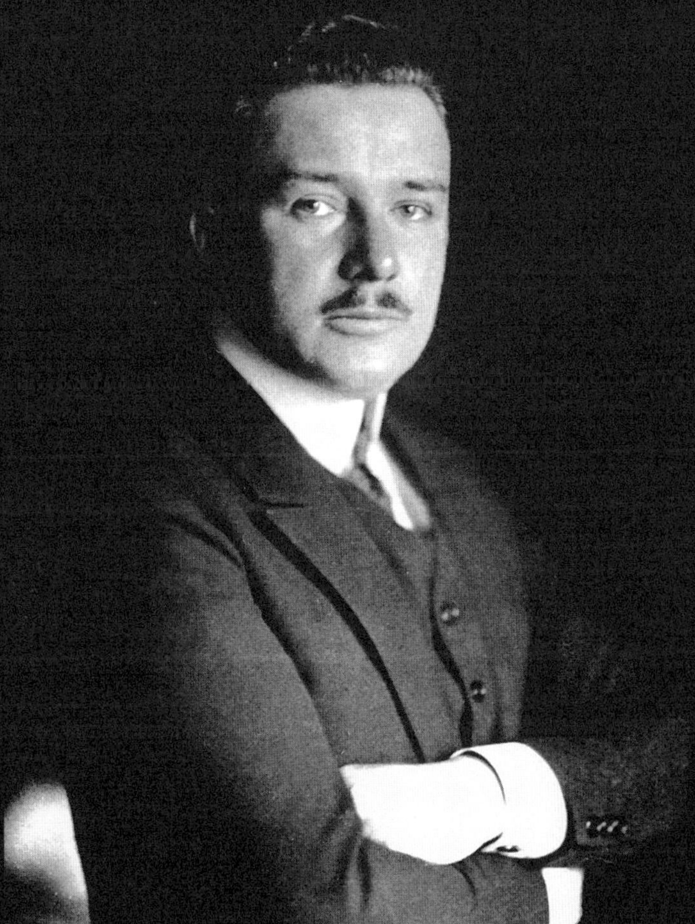

Die Künstlerkolonie Darmstadt ist mit dem Namen ihres Stifters, des Großherzogs Ernst Ludwig Karl Albrecht Wilhelm von Hessen und bei Rhein (1868–1937), aber ebenso untrennbar mit jenem des Architekten und Gestalters Joseph Maria Olbrich verbunden. Der junge Großherzog Ernst Ludwig hatte den nur ein Jahr älteren Architekten bei einem seiner häufigen Wienaufenthalte kennengelernt und in seine Residenzstadt geholt.

Olbrich hatte sich an der Donau bereits einen Namen gemacht. Am 22. Dezember 1867 im mährischen Opava (Troppau) geboren, arbeitete er zunächst als Bauzeichner. 1882 zog es ihn als 14-Jährigen nach Wien, wo er die Architekturklasse der Staatsgewerbeschule besuchte und deren Direktor Camillo Sitte ihn stark prägte. 1890 begann er das Studium an der Akademie der Künste. Der mit 1500 Gulden dotierte Rom-Preis ermöglichte ihm eine Studienreise nach Rom, Neapel, Paestum, Segesta und schließlich bis nach Tunis. Doch orderte ihn Otto Wagner, für den er seit seinem Studienabschluss 1893 gearbeitet hatte, zurück nach Wien, weil er ihn als Projektleiter für die Stadtbahnbauten benötigte. Dass diese zu großen Teilen, vor allem, was das Dekor betrifft, auf Olbrich zurückgehen, ist nicht belegt, aber evident.

Als sich in Wien 1896 eine Gruppe junger Künstler bildete, die keinen Unterschied zwischen „hoher Kunst“ und „Kleinkunst“ sehen wollte und deren neue Ideen vom traditionsverhafteten Künstlerhaus unterdrückt wurden, war Olbrich mit von der Partie.

Eine ähnliche „Secessionsbewegung“ hatte es bereits vier Jahre zuvor in München gegeben, doch die von Wiener Künstlern und Architekten um Gustav Klimt, Josef Hoffmann, Adolf Hölzel und eben Joseph Maria Olbrich ins Leben gerufene Wiener Secession erlangte rasch international Bedeutung und war namensgebend für gleichgesinnte Bewegungen in Deutschland, Tschechien, Ungarn und einer Reihe weiterer Länder.

Und es war Olbrich, der das Bild der Wiener Secession in Gestalt des emblematischen Ausstellungsgebäudes gleichen Namens prägte. Dem impulsiven, vor Fantasie und Begeisterung sprühenden Olbrich, der die treibende Kraft der Bewegung war, fiel wie selbstverständlich die Aufgabe zu, das ikonische Gebäude zu entwerfen. Das

1897 bis 1898 entstandene, streng symmetrische Ausstellungsgebäude von eigenartiger, mit seinen Pylonen an Mesopotamien, aber auch an Frank Lloyd Wright erinnernden Statur mit der luftigen Kuppel aus vergoldeten Lorbeerblättern zog den Spott der Gegner und Kritiker auf sich. „Assyrische Bedürfnisanstalt", „goldener Krauthappel" waren die wenig wohlmeinenden Kommentare.[1] Doch das Haus gewann rasch an Popularität, verlieh der Abspaltungsbewegung Schub und Wirkung und förderte die Verbreitung des Begriffs Secessionsstil, der vielfach mit dem Begriff Jugendstil gleichgesetzt wird.

Mit dem Erfolg der ersten Secessionsausstellung 1898 kamen für Olbrich die Aufträge. Der stilbewusste, allzeit elegant gekleidete Baukünstler entwarf und realisierte Privathäuser und Innenraumgestaltungen für die höhere Gesellschaft Wiens.

Olbrich war einer der bedeutendsten Protagonisten des neuen Stils. Man kann ihn jedoch, das haben die Entwicklungsschritte seiner Architektur auf der Mathildenhöhe bis hin zum Ausstellungsgebäude gezeigt, auch als Vorboten funktionalistischer Tendenzen und einen Wegbereiter für die Moderne ab den 1910er Jahren verstehen. Die Secession und ihre geistesverwandten Bewegungen waren zwar angetreten, die Ablösung des Reigens der historistischen Neostile durch einen neuen, originären Stil zu versuchen (in den unterschiedlichen Ländern vielfach direkt Art nouveau, Arte noven oder Jugendstil genannt, später auch beispielsweise Modernisme oder Stile floreale), nicht aber, die retrospektive Stilabfolge durch gänzlichen Stilverzicht radikal zu beenden. Dennoch wurden in Darmstadt die ersten zögerlichen Schritte in diese Richtung getan.

Olbrichs elegante Architektursprache war weder frei von Klassizismen noch von regionalistischen Anklängen, erging sich aber in den spektakuläreren Werken, die seinen Ruhm begründeten, in ein Dekorum von höchstem ästhetischen und individualistischen Anspruch. Gewiss hatte das tektonische Architektursystem der Klassik noch Gültigkeit, doch seine konstituierenden Elemente sahen anders, neuartig aus, hatten plötzlich nie gesehene Detailformen – neue Stilformen mithin. Olbrichs Dekorsystem schloss den gezielten und intensiven Einsatz von Farbe als Mittel auch zur architektonischen Gliederung mit ein.

Das Streben der Secessionisten galt dem Gesamtkunstwerk, der Gestaltung des kompletten Lebensumfeldes in einem einheitlichen künstlerischen Duktus. Nebenbei bemerkt: zum Missfallen von Adolf Loos, der dem Ornament ohnehin kritisch gegenüberstand und der die Vorstellung, dass ein Künstler das gesamte Ambiente zu dominieren beansprucht, übergriffig fand und als Einschränkung von Freiheiten und Entwicklungsperspektiven verstand.[2]

Olbrich ließ sich nicht beirren. Am liebsten wollte er eine ganze Stadt bauen. „Das heisst doch nichts, wenn Einer bloss ein Haus baut. Wie kann das schön sein, wenn daneben ein hässliches ist? Was nützen drei, fünf, zehn schöne Häuser, wenn die Anlage der Strasse keine schöne ist? Was nützt die schöne Strasse mit schönen Häusern, wenn darin die Sessel nicht schön sind oder die Teller nicht schön sind?"[3] Folgerichtig widmete er sich neben den Bauentwürfen auch der

1 Latham 1981, S. 31

2 Ebd., S. 147

3 Hermann Bahr, in: „Ein Dokument deutscher Kunst", München 1901, S. 6. Zit. nach: Stadt Darmstadt 2004, Band 3, S. 11

oben: **Projekt Café Niedermeyer, Troppau 1898. Üppig ausgestattet mit allen erdenklichen Schmuckattributen und Jugendstilmotiven, ist das Haus als Gesamtkunstwerk gedacht, einschließlich der Innenausstattung bis hin zum Kaffeegeschirr.**

unten: **Haus der Secession, Wien 1897–1898. Das Ausstellungsgebäude der Secessionsbewegung, Olbrichs Hauptwerk seiner Wiener Zeit, wurde zum programmatischen Wahrzeichen des Wiener Jugendstils.**

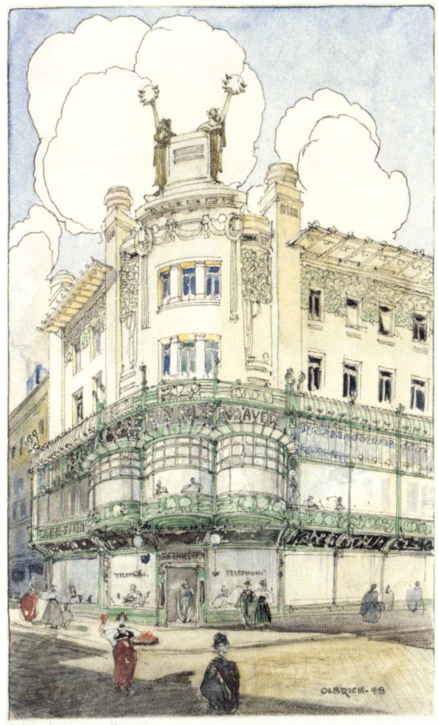

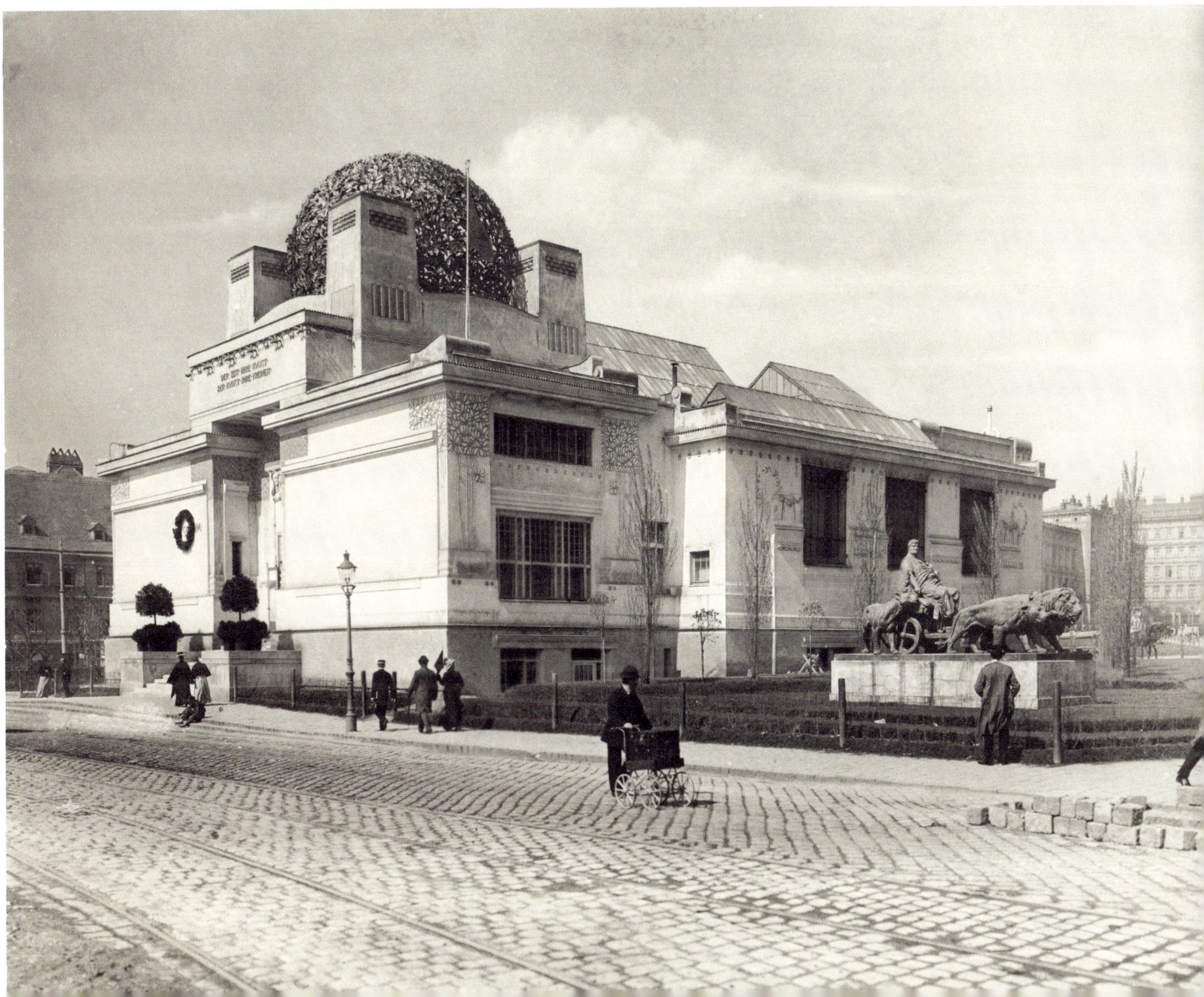

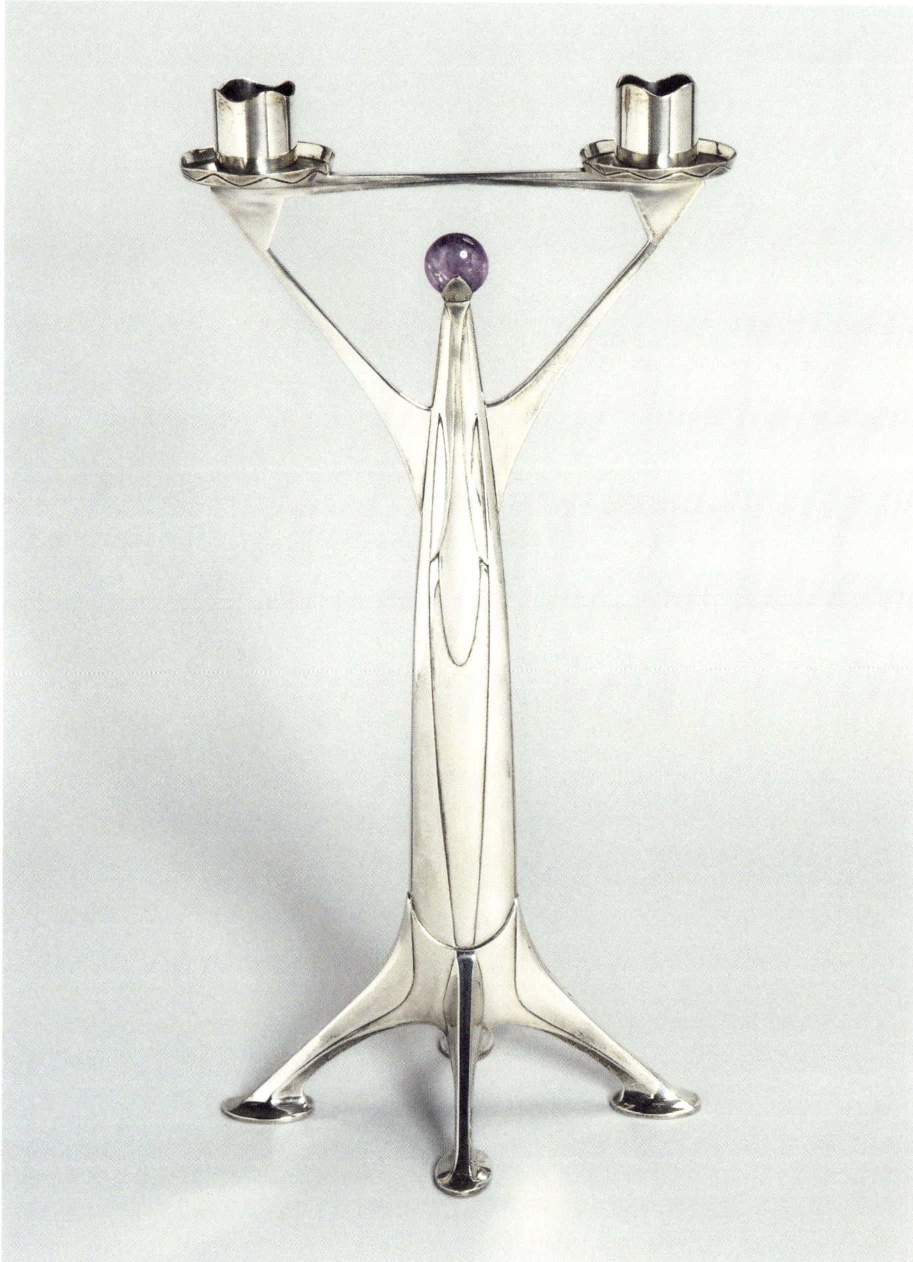

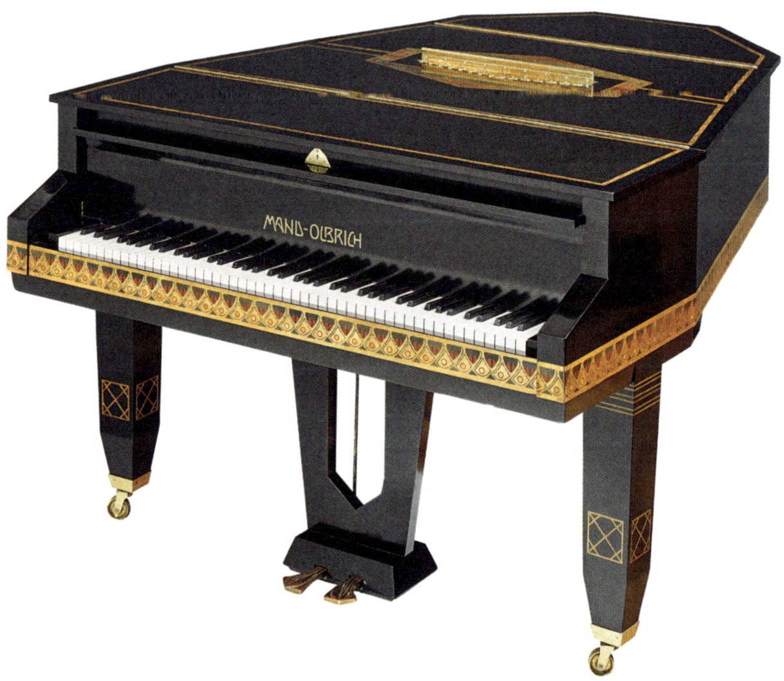

oben: **Joseph Maria Olbrich, Silberleuchter einer Garnitur aus dem Haus Olbrich, Darmstadt, um 1901**

unten: **Joseph Maria Olbrich, „Grand Piano", 1901, Entwurf des „Mand-Olbrich-Flügels" für die Koblenzer Pianofortefabrik des Hoflieferanten Carl Mand**

Gestaltung von Gebrauchsgegenständen, Silber- und Zinngeschirr, Keramik und Möbeln und allen Einrichtungsdetails. 1901 hatte er für die Koblenzer Pianofortefabrik des Hoflieferanten Carl Mand ein „Grand Piano“ entworfen, den eigenartig achteckigen Mand-Olbrich-Flügel. An seiner Berufung und seinem Genie diesbezüglich hegte er keine Zweifel.

Dem kunstsinnigen Großherzog Ernst Ludwig, der die Wiener Szene immer im Blick hatte, blieb das Talent Olbrichs nicht verborgen. Als er 1899 in seiner Residenzstadt auf der Mathildenhöhe eine Künstlerkolonie gründen wollte, holte er Olbrich nach Darmstadt. Er lockte ihn mit der Aussicht, ebendieses Gesamtkunstwerk, vom Städtebau bis zum Dessertteller, dort schaffen zu können. Und er verlieh ihm den Professorentitel und die hessische Staatsbürgerschaft. Da die anderen Mitglieder der Kolonie bildende Künstler und keine Baukünstler waren (bis auf den Autodidakten Peter Behrens, der erst mit dem Bau seines eigenen Hauses zum Architekten wurde), fiel Olbrich die Aufgabe zu, der Kolonie das architektonische Gesicht zu geben und die Organisation zu übernehmen.

Nebenher entstanden in seiner Darmstädter Zeit weitere Projekte und Wettbewerbsentwürfe für Wohnhäuser und Villen, für ein Schwimmbad, einen Wasserturm in Hamburg, den Pariser Platz in Berlin, den Bahnhof in Darmstadt, für Interieurs und Gebrauchsgegenstände in überwältigender Fülle. Seine Fantasie und Schaffenskraft schienen keine Grenzen zu kennen, ebenso sein organisatorisches Talent, die Entwürfe von fleißigen Mitarbeitern ausarbeiten und realisieren zu lassen.

1903 heiratete Olbrich die Witwe Claire Morawe, geborene Thun. Die Ehe sei glücklich gewesen, heißt es; die Tochter Marianne kam im Juli 1908 zur Welt. Doch das Glück war nicht von Dauer. Schon kurz darauf musste Olbrich sich in ein Düsseldorfer Krankenhaus begeben und bereits drei Wochen nach der Geburt seiner Tochter verstarb er dort am 8. August 1908 an Leukämie.

Joseph Maria Olbrich wurde am 12. August 1908 in Darmstadt unter großer Anteilnahme beigesetzt. In Darmstadt ist man sich bis heute der Verdienste dieses Ausnahmearchitekten bewusst.

Vom ersten bedeutenden Bauauftrag, dem für das Wiener Secessionsgebäude, bis zu seinem Tod waren ihm gerade einmal zehn Jahre vergönnt. Sein erstaunliches Lebenswerk gipfelte im größten seiner Aufträge, dem Warenhaus Tietz in Düsseldorf, das er allerdings nur noch im Rohbau erlebte. Doch er hatte seinem Mitarbeiter Philipp Schaefer hinreichend Entwurfszeichnungen zur Vollendung auch der prachtvollen Inneneinrichtung hinterlassen, die er zum Teil noch im Krankenhaus angefertigt hatte. Vor allem die viergeschossige zentrale Halle, deren Pfeiler mit farbigem Marmor aus Siena und Skyros bekleidet waren (Olbrich nannte sie seinen „Dom“)[4], zeugte von der fast mystischen, sakralen Überhöhung, mit der man in den damaligen Konsumtempeln den prosaischen Verkaufsvorgang verklärte. Karl Ernst Osthaus sprach vom „Mysterium der Vermählung des Käufers mit der Ware“.[5] Das Tietz in Düsseldorf war die vielleicht harmonischste und stilistisch überzeugendste Kommerzkathedrale in der Blütezeit der Warenhauskultur Deutschlands vor dem Ersten Weltkrieg.

Olbrichs Projektleiter Philipp Schaefer (1885–1952) verschrieb sich anschließend ganz dem Warenhausbau. Mit der bei Tietz

4 Latham 1981, S. 143 f.

5 Osthaus, Karl Ernst: „Das Schaufenster“, in: *Jahrbuch des Deutschen Werkbundes 1913*, S. 62

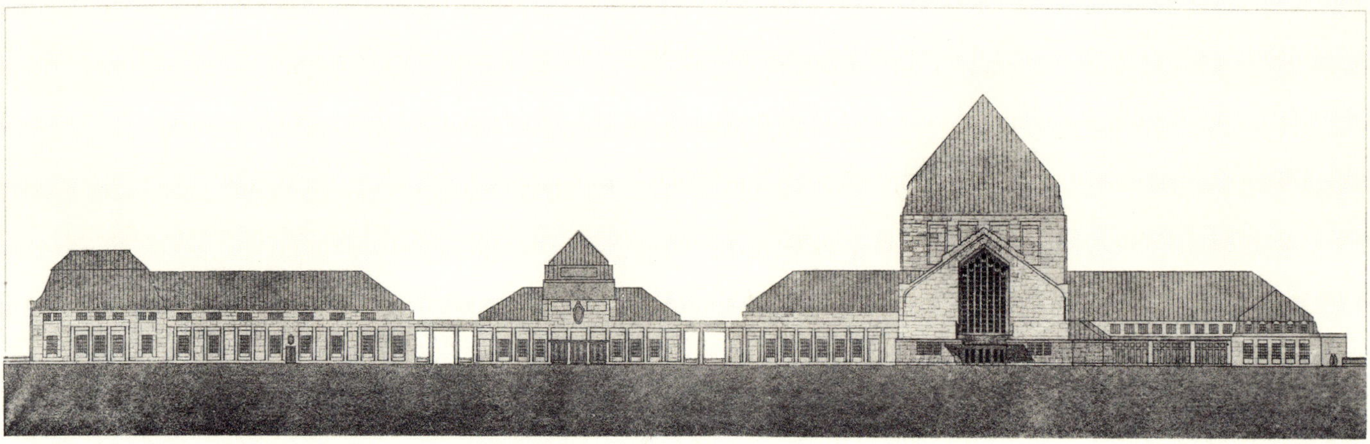

schon manifesten dominanten Vertikalgliederung der Fassaden hatte er großen Einfluss auf die Entwicklung des Bautyps in Deutschland. Sein Hauptwerk, das monumentale Warenhaus Karstadt am Berliner Hermannplatz, erschien den Zeitgenossen, als habe er Amerika an die Spree geholt.

Es ist müßig, darüber zu spekulieren, welche Entwicklung Olbrich genommen hätte, wäre er in Wien geblieben. Peter Haiko verortet Olbrichs Werk folgendermaßen: „J. M. Olbrichs Weggang aus Wien im Jahre 1899 bringt ihm zwar rasch die erhoffte künstlerische Anerkennung, koppelt ihn aber gleichsam ab von der dortigen Entwicklung hin zur ‚wahren' Moderne. Sein künstlerischer Werdegang [...] führt vom Jugendstil direkt in den Neoklassizismus, der neuen – letztlich wiederum – historisierenden Strömung des beginnenden 20. Jahrhunderts."[6] Vielleicht tut er Olbricht unrecht, weil er den Hochzeitsturm außer Acht gelassen hat. Denn der lässt sich, trotz einiger weniger Dekorteile, weder als Jugendstil noch als Neoklassizismus begreifen. Er markiert Olbrichs Schritt auf dem Weg in die Moderne, den er wegen seines frühen, plötzlichen Todes nicht mehr gehen konnte.

6 Haiko, Peter: „Das Experiment der Realisierung einer Utopie des Lebens als Gesamtkunstwerk in der Architektur von Joseph Maria Olbrich", in: Olbrich 1988, S. 20

oben: **In den ersten Darmstädter Jahren arbeitete Olbrich an weiteren Entwürfen für Darmstadt. Der Hauptbahnhof (nicht gebaut) zeigt schon das Prinzip der asymmetrischen Komposition symmetrischer Baukörper wie das Ausstellungsgebäude der Mathildenhöhe. Auch die Motivik, die reduktionsklassizistische Formensprache und sogar die vorgelagerten Pergolen sind schon präsent.**

unten: **Warenhaus Tietz, Düsseldorf 1906–1909. Die endgültige Fertigstellung seines letzten und größten Bauwerks hat Olbrich nicht mehr erlebt.**

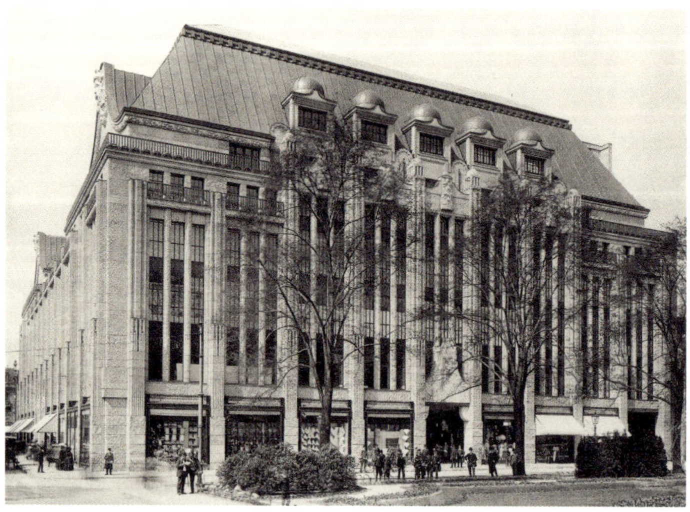

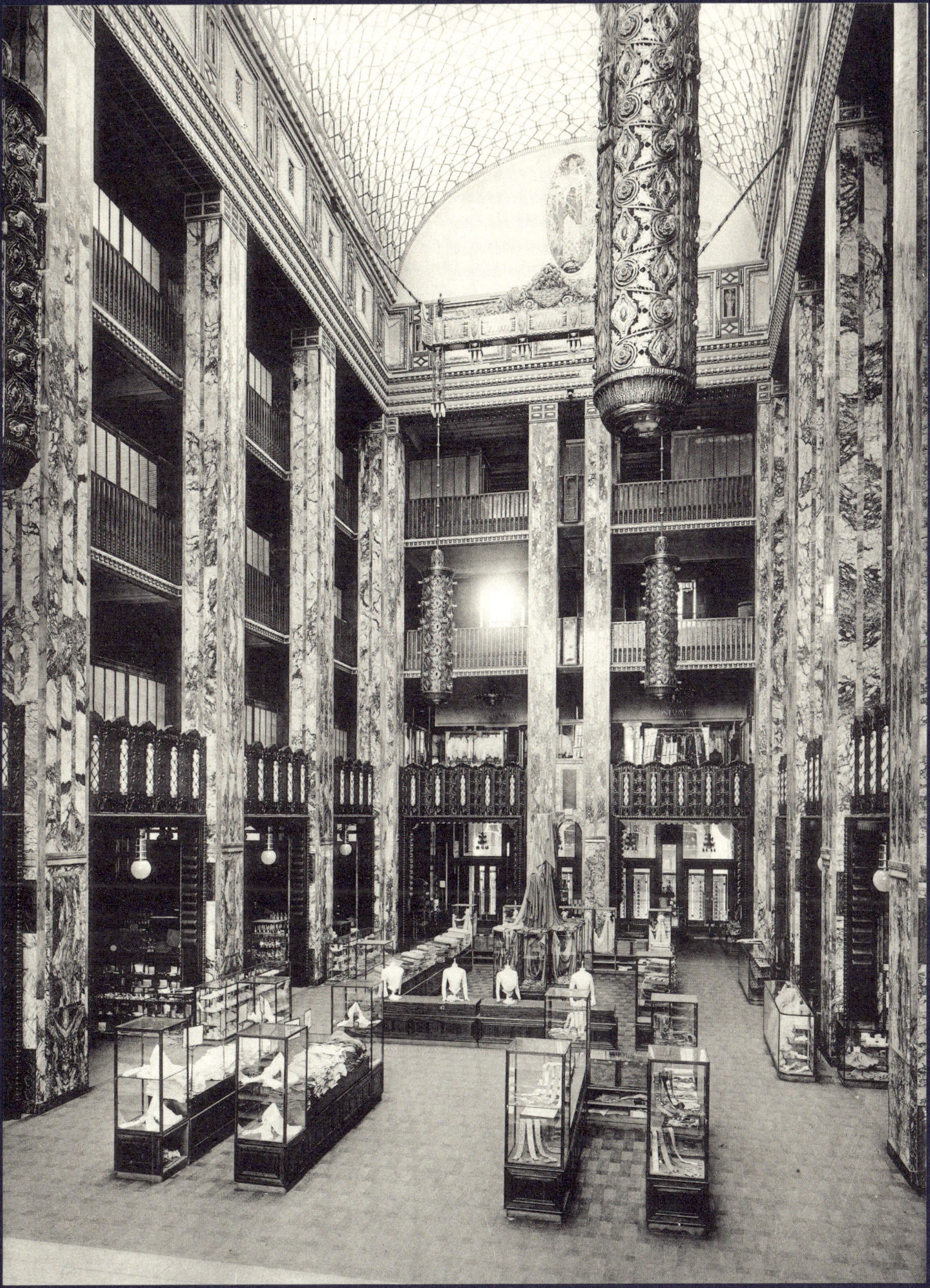

Warenhaus Tietz, Düsseldorf 1906–1909. Der reich dekorierte Lichthof war eines der prägnantesten und sakral überhöhten Beispiele für den damals weit verbreiteten neuen Bautyp.

PROJEKT GESAMTKUNSTWERK

DIE KÜNSTLERKOLONIE AUF DER DARMSTÄDTER MATHILDENHÖHE

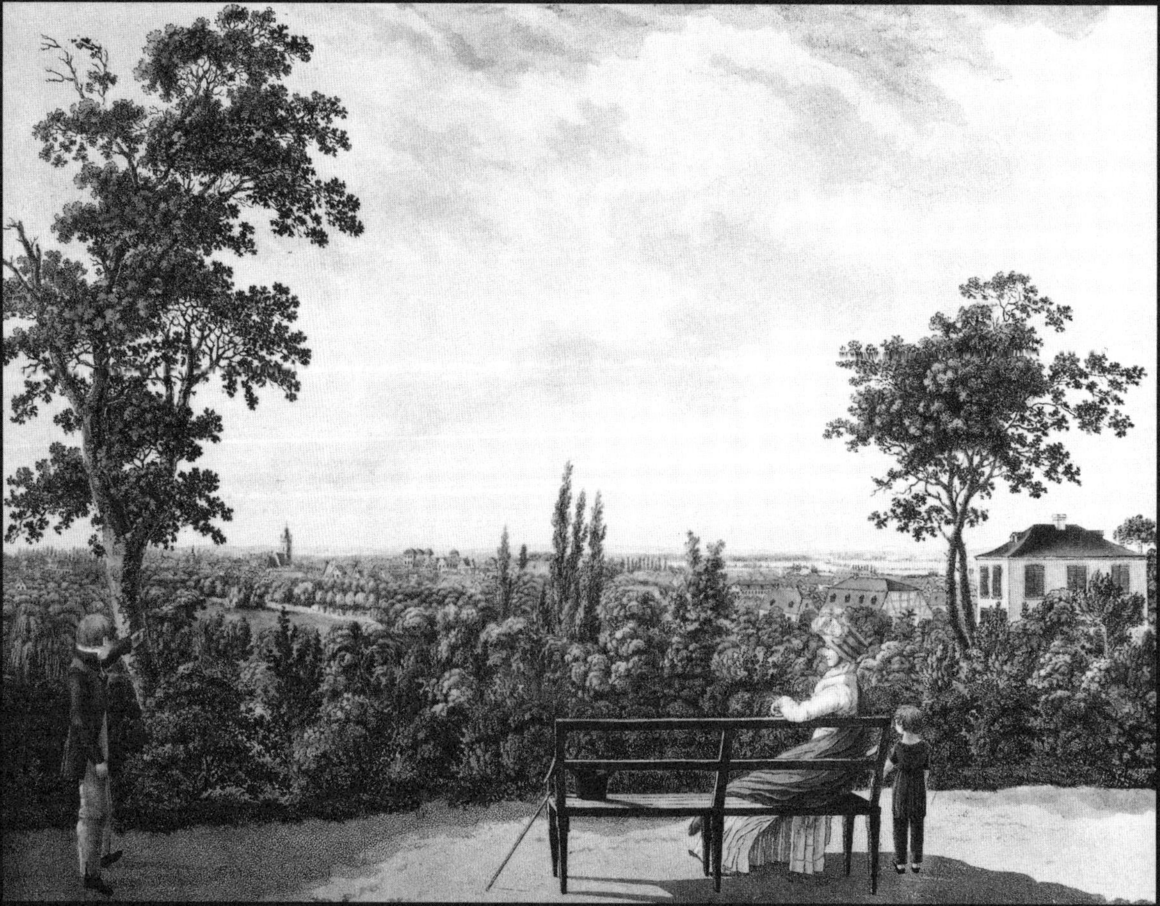

Es war die große Zeit der Weltausstellungen, von stolzen Nationalstaaten beschickten Mustermessen der Industrieproduktion und des Gewerbefleißes mit überbordendem Angebot an Gebrauchsgütern. Was die Welt allerdings 1900 in Paris vorgeführt bekam, war neben Hochleistungen der Ingenieurkunst auch ein eklektizistischer Albtraum ungehemmter Dekorationslust.

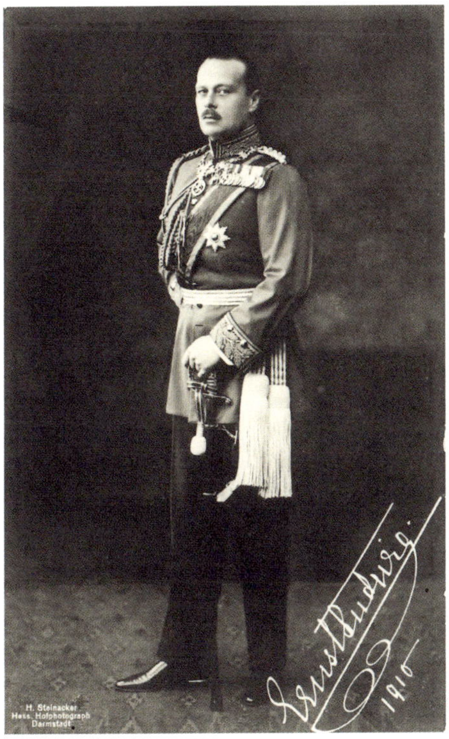

links: **Blick von der Mathildenhöhe, um 1830**

oben: **Großherzog Ernst Ludwig von Hessen und bei Rhein (1868–1937) im Jahr 1910**

Als Hessens Großherzog Ernst Ludwig beschloss, auf der Darmstädter Mathildenhöhe eine Künstlerkolonie zu gründen, schwebte ihm auf der Anhöhe über der Innenstadt ein Ausstellungsgelände vor, das es so noch nicht gegeben hatte. Eine Kolonie mit Künstlerresidenzen, die hier über längere Zeit arbeiten und Kunst, Design und Architektur weiterentwickeln sollten, ein Messegelände mit Ausstellungshallen und mit „Musterhaussiedlung" sowie eine kompetente Kunstinstitution, deren Aufgabe es war, eine bestimmte Kunstrichtung zu propagieren, den Jugendstil. Ein kuratiertes Ausstellungsprojekt also, das nicht unkontrolliert in neue Eklektizismen abzudriften drohte. Und ein Ort, an dem das Publikum der Überwindung der historistischen Baustile und der Geburt eines neuen Stils (den man damals noch suchte) beiwohnen können sollte. Dass daraus auch ein Gelenk wurde, ein wichtiges Bindeglied in der Entwicklung von Kunst und Architektur zwischen der Zeit der Dekorstile und der funktionalistischen Moderne, wofür die Mathildenhöhe heute angesehen wird, konnte er nicht ahnen.

Der Großherzog hatte nicht nur mäzenatische Anwandlungen, sondern vertrat auch handfeste wirtschaftspolitische Interessen. Er sah die Kolonie als Entwicklungsmaßnahme zur Förderung des Ansehens des Landes und zur Gewerbeförderung. Sein Mäzenatentum kannte durchaus Grenzen. Die von ihm in die Kolonie eingeladenen und mit einem Dreijahresvertrag ausgestatteten Teilnehmer sollten die Grundstücke erwerben und hatten ihre Wohnhäuser, die ja Ausstellungsstücke sein sollten, selbst zu finanzieren. Schon die zweite Ausstellung wurde durch den Verkauf von Häusern und Gebrauchsgegenständen finanziert.

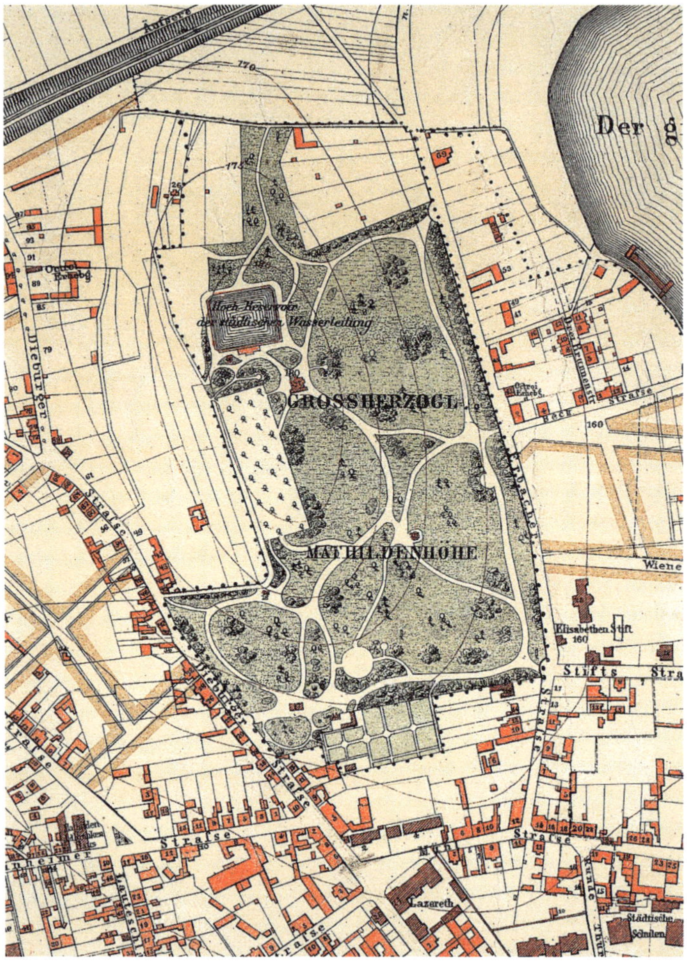

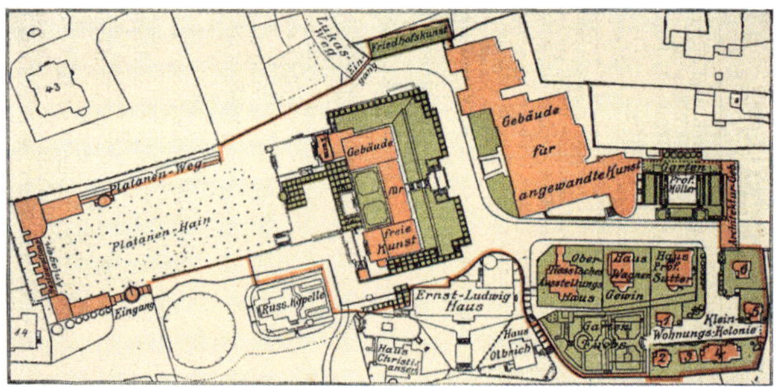

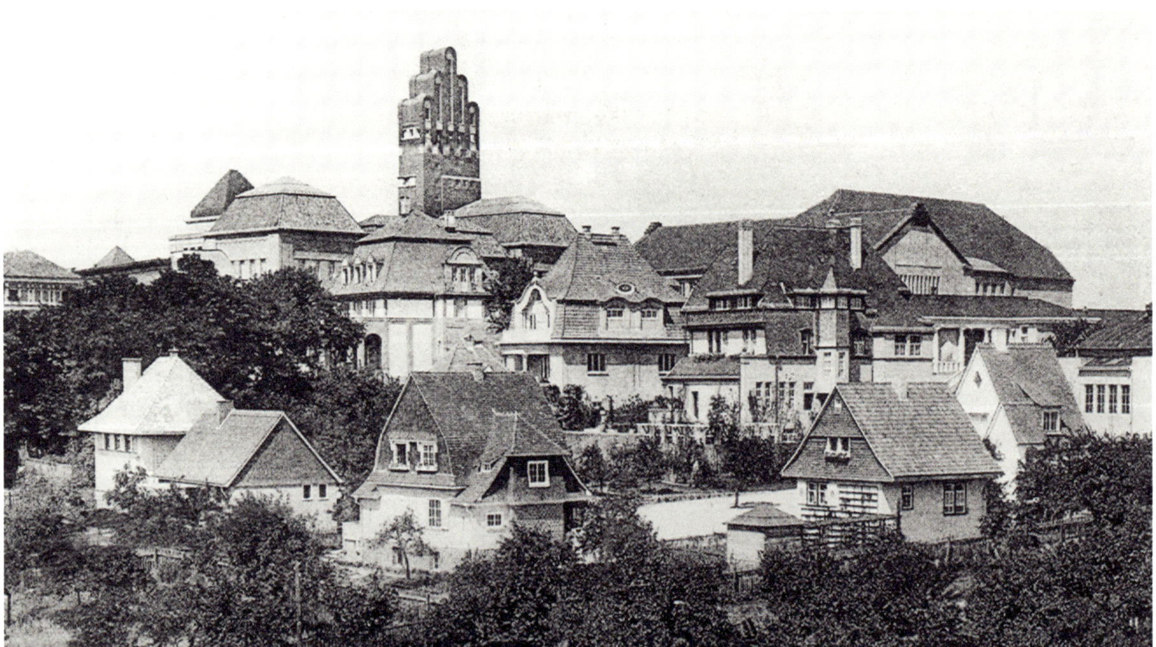

oben: **Die Mathildenhöhe vor der Bebauung mit dem 1833 angelegten Platanenhain und dem Wasser-Hochreservoir von 1878, Heberer-Plan 1878 (geostet)**

Mitte: **Hessische Landesausstellung 1908, Lageplan der Mathildenhöhe**

unten: **Die „Stadtkrone" Mathildenhöhe von Südosten, Blick auf die Gesamtanlage der Hessischen Landesausstellung 1908**

Auf dem Grundstück für die Kolonie, ein über der Stadt gelegener Hügel mit Gärten und Weinbergen, hatte Prinz Christian (1763–1830) einen öffentlich zugänglichen Park im englischen Landschaftsgartenstil anlegen lassen.[1] Erbgroßherzog Ludwig III. ließ den Park 1833 weiter ausstatten, den Platanenhain anlegen und gab ihm nach seiner Gemahlin Mathilde Karoline von Bayern (1813–1862) den Namen Mathildenhöhe. Seit 1880 krönte ihn ein Plateau mit einem Wasserbehälter, der beim Bau des Ausstellungsgebäudes eine Rolle spielen sollte. Davor steht noch heute die Russische Kapelle Hl. Maria Magdalena. Die Schwester Ernst Ludwigs, die Prinzessin Alix von Hessen-Darmstadt, heiratete den Zaren Nikolaus II. und errichtete 1897 – nunmehr als Zarin Alexandra Fjodorowna – mit ihrem Mann diese Kirche.

Am 1. Juli 1899 wurde die Künstlerkolonie ins Leben gerufen. Mit von der Partie waren der Bildhauer Rudolf Bosselt, der Maler Hans Christiansen, der Dekorationsmaler Paul Bürk und der Innenarchitekt Patriz Huber. Später stießen Joseph Maria Olbrich, der Bildhauer Ludwig Habich und der Maler, Kunsthandwerker und spätere Architekt Peter Behrens hinzu.

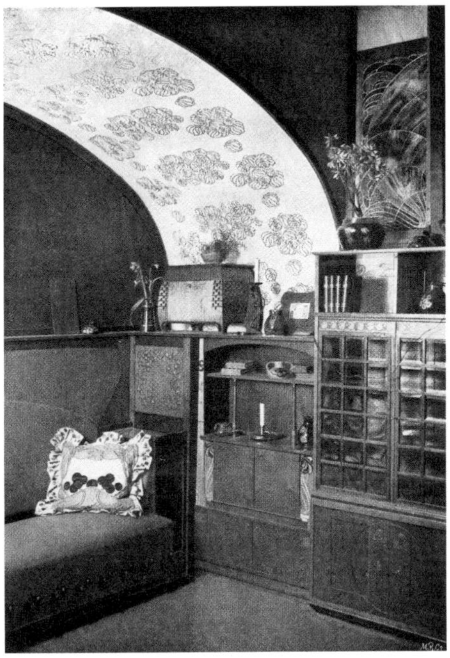

Auf der Weltausstellung 1900 in Paris zeigten die sieben Gründungsmitglieder der Kolonie gemeinsam das „Darmstädter Zimmer“.

Die sieben jungen Gründungsmitglieder – sie waren zwischen 19 und 32 Jahre alt – hatten zunächst die Aufgabe, ein Interieur zu schaffen, das auf der Weltausstellung 1900 in Paris zur Schau gestellt werden sollte. Den Entwurf des „Darmstädter Zimmers“ schuf Olbrich. Ausgestattet wurde es mit Arbeiten der anderen Koloniemitglieder. Das Zimmer fiel in Paris wegen seiner Einfachheit und Zurückhaltung auf und errang eine Goldmedaille.

Der Blick nach England zur Arts-and-Crafts-Bewegung lag nahe. Der Großherzog, ein Enkel der Königin Victoria, war nach dem frühen Tod der Eltern bei ihr aufgewachsen. Die Arts-and-Crafts-Idee vom Gesamtkunstwerk, die Wertschätzung qualitätvollen Handwerks, die Verbindung von Moral und Schönheit gingen in die Künstlerkolonie ein, aber zunächst nicht der sozialutopische Impetus, die Naturverbundenheit, die Siedlungsbewegung. „Die Darmstädter Ästheten hatten Rosenspaliere im Sinn, keine Kohläcker. Die Künstlerkolonie produzierte Kunst und nicht Gemüse.“[2]

Die Siedlung, zunächst nur acht Häuser, hatte sichtlich elitären Charakter, eine Villenkolonie für Individualisten mit bürgerlichem Habitus. Der städtebauliche Entwurf, zwei – nach der Schwester des Fürsten Alexandra und seiner Cousine Victoria-Melita benannte – Alleen, überragt vom Ateliergebäude Ernst-Ludwig-Haus, stammen ebenso von Olbrich wie die Pläne für die sieben auf die Bedürfnisse der Bauherren individuell zugeschnittenen Villen und die temporären Bauten des Ausstellungsgeländes: Hauptportal, Haus der Flächenkunst, Spielhaus (Theater), Haus der Blumen, Restaurant, Orchesterpavillon, Schankbude, Kartenpavillon sowie Postkarten- und Katalogkiosk. Lediglich Peter Behrens hatte sein Haus selbst entworfen – sein Erstlingswerk.

Wolfgang Pehnt sieht als Besonderheit der Kolonie nicht deren dominant stilistische Ausprägung, sondern das „neue Medium, in dem die Produkte der kunstgewerblichen Reform auftraten“[3]. Er zitiert den zeitgenössischen Kritiker Eduard Engels: „Das war ein unbezahlbarer Einfall, statt des üblichen Kunstjahrmarkts [...] einmal die

1 Magistrat der Stadt Darmstadt 1998, S. 7

2 Pehnt 2005, S. 24

3 Ebd., S. 23

Vorführung von Kunstwerken auf Grundlage ihrer praktischen Verwendung im Leben zu veranstalten. Fertig eingerichtete Häuser statt bilderbepflasterter Wände und kunstgewerblicher Rumpelkammern: das hatte uns noch Niemand geboten."[4]

Die zu besichtigenden Häuser waren also voll ausgestattet: mit von den Koloniekünstlern entworfenen Farbglasfenstern, Interieurs, Möbeln, Kunst und Kunstgewerbe. Es waren perfekt inszenierte Lebensräume auf höchstem künstlerischen Niveau, die Aneignung, Veränderung, eigene Lebensäußerungen der Bewohner nicht zuzulassen schienen. Die Tische waren gedeckt, als stünde der Beginn der abendlichen Dinnerparty bevor, und die Kleiderordnung war vorgegeben.

Olbrichs eigenes Haus ist der Prototyp des angestrebten Idylls, eine „Kombination aus Wien und Tunis"[5], aber auch ein deutsches Landhaus mit Blumengalerien und farbigen Friesen, eine gestaltete Gesamtheit von der Gartenmauer bis zum Schornsteinkopf. Im Inneren ein lebender Organismus, mit zentraler Halle, individuell zugeschnittenen Zimmern, die Wohnräume repräsentativ, aber durchaus gemütlich, die Neben- und Funktionsräume praktisch, bequem, funktional und mit fortschrittlichster Haustechnik ausgestattet. Bernd Krimmel hat das Einfamilienhaus als „die bedeutendste Leistung Olbrichs" bezeichnet. „Freilich verstand er darunter nicht die Variation des geläufigen Eigenheims, sondern die Behausung individuellen Lebens", die „menschlicher Selbstverwirklichung Raum und Rahmen bot".[6]

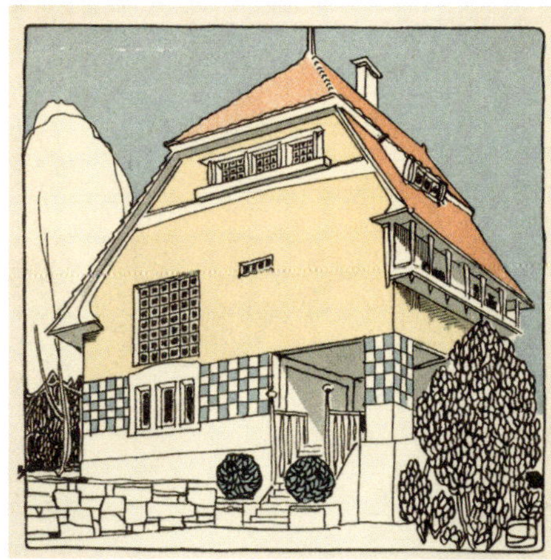

Joseph Maria Olbrich, Schauzeichnung des Hauses Olbrich auf der Künstlerkolonie Darmstadt, 1900, Blick von Südwesten

Formal betrachtet darf man die Häuser, vor allem das Burgenromantik assoziierende Haus Deiters oder das den Jugendstil rauschend feiernde Große Haus Glückert als verspielt bezeichnen. Eine Verspieltheit, die Olbrich zur Mitte des Jahrzehnts mit dem Erweiterungsbau des Ernst-Ludwig-Hauses zu verlieren begann.

Das Ateliergebäude Ernst-Ludwig-Haus, das Olbrich als flachen, lang gestreckten Bau an den Victoria-Melita-Weg setzte, überragte die Häusergruppe als städtebaulichen Höhepunkt. Ein mit hufeisenförmigem Vordach überwölbtes, reich geschmücktes und von Ludwig Habichs Monumentalskulpturen „Kraft" und „Schönheit" in Gestalt von Mann und Frau flankiertes Prachtportal sowie der Zugang über eine Freitreppe wiesen den Bau als Herzstück der Anlage aus. Feierliche Symbolik und ein gewisses Pathos waren beabsichtigt. „Haus der Arbeit" oder gar „Tempel des Fleisses" nannte Olbrich den Prachtbau, in dem ja eigentlich nur acht profane Werkstätten beziehungsweise Ateliers untergebracht waren.[7] Doch es ging eben um die Nobilitierung der künstlerischen Arbeit.

Die Ausstellung 1901 hatte mit einem finanziellen Misserfolg geendet. Von den Koloniemitgliedern blieben danach nur Joseph Maria Olbrich und Ludwig Habich an Bord, während Johann Vincenz Cissarz, Daniel Greiner und Paul Haustein neu hinzukamen. Die Folgeausstellung 1904 sollte deshalb sehr viel bescheidener ausfallen.

Die Ateliers im Ernst-Ludwig-Haus mussten für die Ausstellung geräumt werden. Ein Anbau mit Bildhauerateliers für Greiner und Habich war rechtzeitig fertig geworden. Der erste Klinkerbau auf

4 Engels, Eduard: „Die Kunstausstellung in Darmstadt", in: *Die Gegenwart* 59 (1901), S. 381. Zit. nach Pehnt 2005, S. 23

5 Schumacher, Fritz, zit. nach Latham 1981, S. 58

6 Krimmel, Bernd: „Der Fall Olbrich", in: Olbrich 1988, S. 15

7 Olbrich, Joseph M.: „Unsere nächste Arbeit", in: *Deutsche Kunst und Dekoration.* Sonderheft der Künstler-Kolonie Darmstadt 1900, S. 366 f. Zit. nach: Krimmel, Bernd: „Der Fall Olbrich", in: Olbrich 1988, S. 15

der Mathildenhöhe mit Oberlichtraupen und einem oktogonalen Turm geriet schlicht und wirkt heute fast so, als sei er erst in den 1970er Jahren entstanden.

Für den Ausstellungsbetrieb entwarf Olbrich wieder eine Reihe von provisorischen Bauten. Auf Dauer errichtet wurde die „Dreihäusergruppe“ am Prinz-Christian-Weg, deren Gebäude einfach, kostengünstig und dennoch künstlerisch hochwertig gestaltet sein sollten. Die miteinander verbundenen Häuser wurden nach Kriegszerstörungen verändert wiederaufgebaut.

Die nächste bedeutende Bauphase der Mathildenhöhe begann 1905. Anlass war die Hochzeit des Großherzogs mit Prinzessin

Joseph Maria Olbrichs Atelier im „Haus der Arbeit“, dem zentralen Ateliergebäude

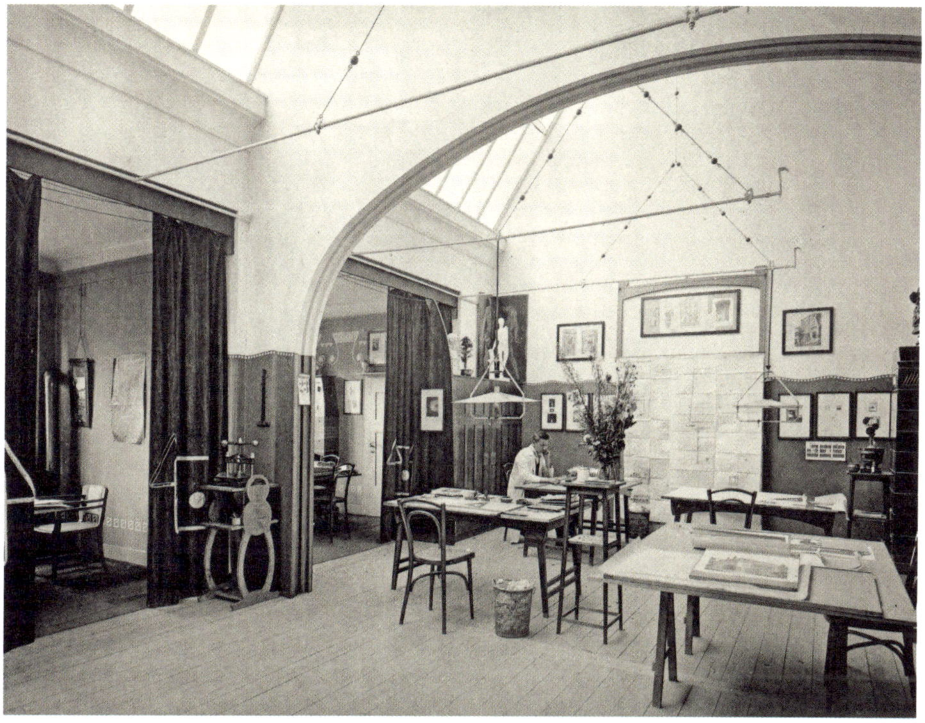

Eleonore zu Solms-Hohensolms-Lich. Olbrich konnte endlich seinen schon 1900 angedachten Aussichtsturm verwirklichen. Anfangs in den Plänen als Eleonoren-Turm bezeichnet, wurde er in Erinnerung an die Vermählung des Fürsten Hochzeitsturm genannt. Das künftige, 48 Meter hohe Wahrzeichen Darmstadts wurde 1905 geplant und bis 1908 realisiert.

Zuvor waren die Stadtverordneten 1905 zu der Überzeugung gekommen, „daß ein Turm allein in die dortige Umgebung nicht passe und nur in Verbindung mit einer weiteren Bebauung wirken könne“ und hatten im März 1906 den Bau eines Ausstellungshauses beschlossen.[8] Der voluminöse Neubau sollte auf dem Wasserreservoir errichtet werden, dieses also zum Fundament nehmen – ein bautechnisch durchaus kühnes Unterfangen.

Das Bauamt beauftragte zunächst den knapp 30-jährigen August Buxbaum mit einem Entwurf für Turm und Ausstellungshaus. Sein babylonisch festungsartig anmutender, streng symmetrischer Entwurf mit vorgesetztem Turm ließ jegliche Bezüge zum umgebenden Garten und der Kolonie vermissen. „Der Großh. wies den Entwurf, ohne ihn anzusehen, brüsk zurück, nahm aber dann die Mappe doch

8 *Darmstädter Tagblatt*, 2. März 1906, S. 24. Zit. nach: Stadt Darmstadt 2004, Band 3, S. 44

an u übergab sie Olbrich. Im Herbst 1905 legte der Großh. dann einen neuen Entwurf Olbrichs vor, in dem die Buxbaum'sche Idee benutzt, aber ganz wesentlich überarbeitet war", notierte der Architekt 50 Jahre später und machte aus seiner Enttäuschung über den Ideendiebstahl keinen Hehl.[9] Das kann man jedoch auch anders sehen, steht doch Olbrichs Turm asymmetrisch an der Seite und die Baumassengliederung ist gänzlich verschieden. Lediglich die Überbauung des Reservoirs ist identisch, war aber vorgegeben.

Olbrichs Turm manifestiert einen großen Schritt in seiner persönlichen architektonischen Entwicklung. Vielleicht den größten seines Schaffens in Richtung Moderne, denn der Entwurf kommt ohne Rückgriffe auf historische Typologie und weitgehend ohne historistische Gliederungs- und Dekorsysteme aus. Das Stufenportal, wenn man von einem solchen in Erinnerung an romanische Stufenportale sprechen will, ist abstrakt, kubistisch interpretiert. Die spätere Dekoration des Portals mit Glasmosaiken geht nicht auf Olbrich zurück. Sie wurde lange nach seinem Tod 1914 nach einem Entwurf von Friedrich Wilhelm Kleukens appliziert (der auch die Mosaiken in der Halle gestaltete). Eine Art Tympanon oberhalb des Portals mit figürlichem und heraldischem Schmuck erscheint wie nachträglich vor die Wand gestellt und will nichts mehr mit der Architektur zu tun haben. Der Turmhelm mit seinen „fünf Fingern" mag die deutlichsten Jugendstilanklänge zeigen, aber auch hier sind die Dekorelemente nur abstrahiert angedeutet. Die Wandvor- und -rücksprünge am Turmschaft, die den Körper in Scheiben oder in Kuben aufzulösen scheinen, lassen an De Stijl oder an den Kubismus denken. War Olbrich seiner Zeit voraus?

So gesehen ist der nachfolgende Entwurf des Ausstellungshauses noch einmal ein Rückschritt, denn der Hochzeitsturm war offenkundig moderner. Materialbewusst in Backstein, mit glasierten Verblendsteinen, mit asymmetrischen Fensterbändern, die Mendelsohns Architektursprache vorwegnehmen, und mit den fünf signifikant in die Höhe gereckten, grün patinierten „Kupferfingern" als Bekrönung wird der Turm in die Genealogie der Moderne eingereiht.[10] Mit dem Fünffingerturm ist ein zeichenhafter Bau entstanden, der die kleinteilige, dekorative Verspieltheit entschieden hinter sich lässt und die große Form feiert.

Die große Form wird Olbrich nun auch beim nachfolgenden Bau des Ausstellungsgebäudes anstreben, den der Fürst und sein Architekt im Mai 1905 verabredeten und der im Zusammenklang mit dem Turm die Baulichkeiten der Künstlerkolonie als Wahrzeichen mit Fernwirkung in die Stadt und ins Umland vollenden sollte.

9 August Buxbaum, handschriftliche Notizen, Stadtarchiv ST45. Zit. nach: Stadt Darmstadt 2004, Band 3, S. 46

10 Nikolaus Pevsner, *Pioneers of Modern Design*, London 1936, bildet auf den Ausgaben ab 1949 den Hochzeitsturm auf dem Cover ab.

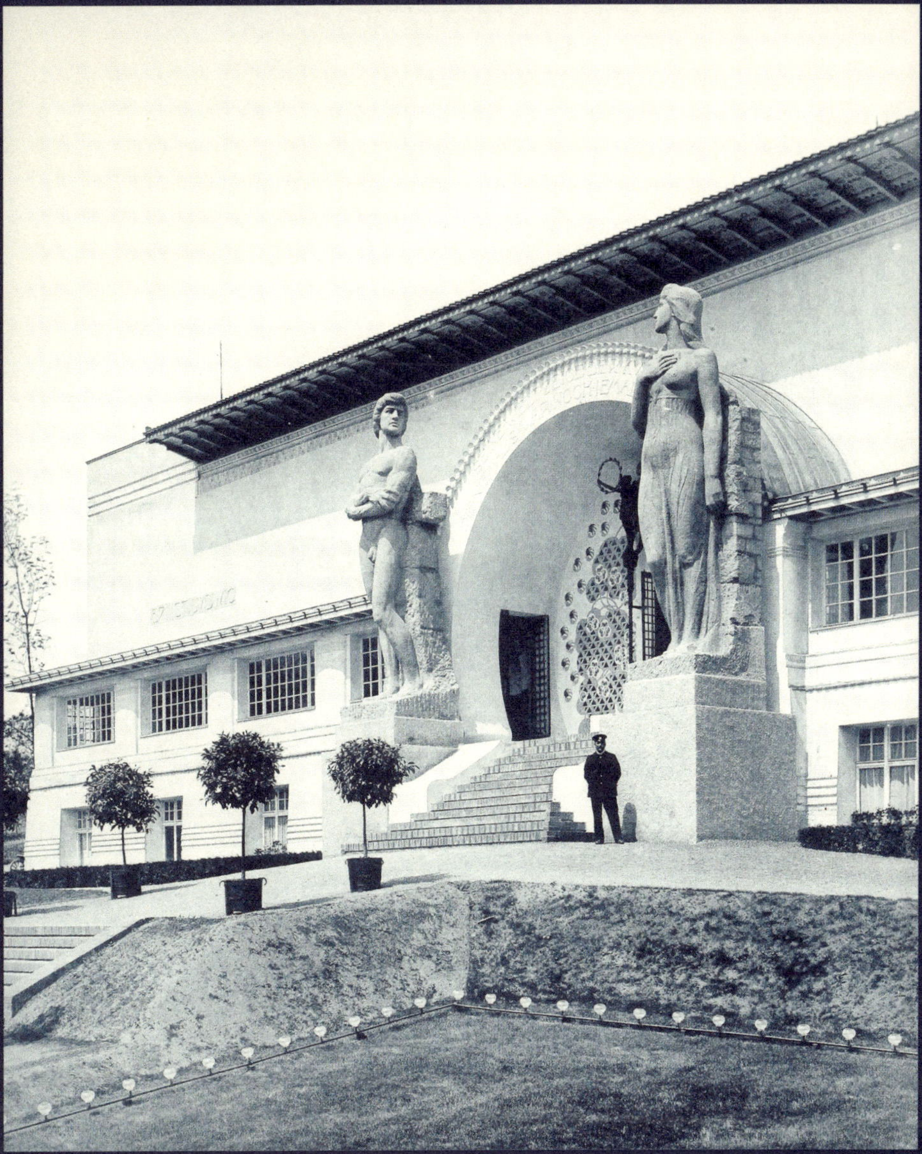

oben: **Das Ateliergebäude Ernst-Ludwig-Haus 1900, Südseite**

unten: **Das Eingangstor mit Wandgemälden von Paul Bürk gehörte zu den provisorischen Bauten der Ausstellung 1901 und wurde im November 1901 wieder abgetragen.**

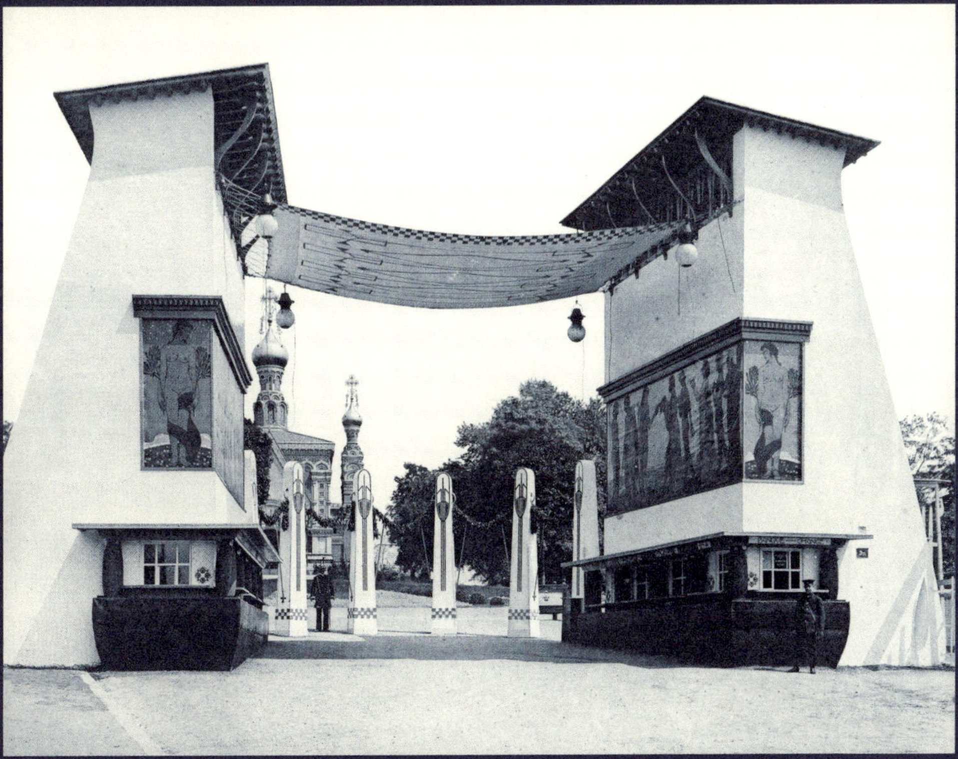

DEM SCHÖNEN, DER TECHNIK UND DER GEISTESWELT

OLBRICHS MULTIFUNKTIONALES AUSSTELLUNGSGEBÄUDE AUF DEM WEG ZUM *WHITE CUBE*

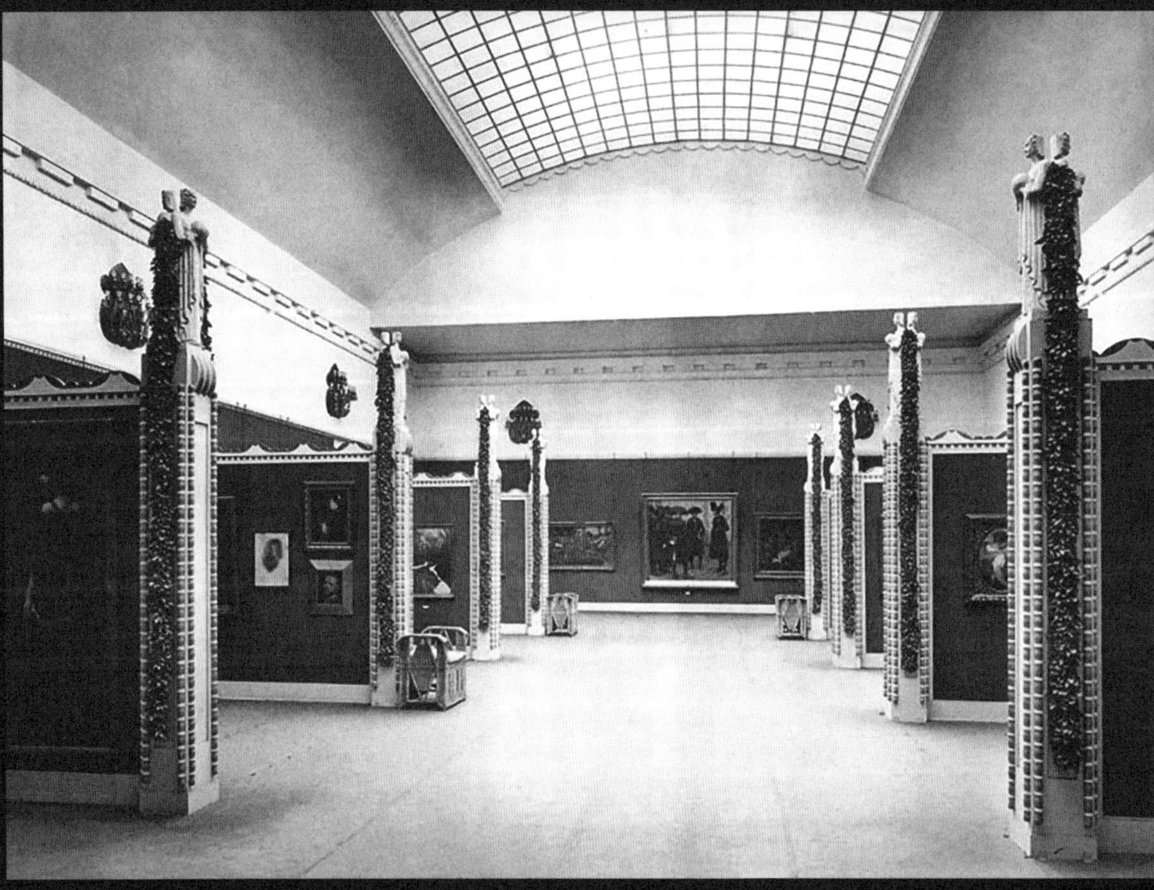

Die Projekte der beiden miteinander baulich verbundenen Gebäude Hochzeitsturm und Ausstellungshaus waren für Joseph Maria Olbrich eine willkommene Gelegenheit, die Mathildenhöhe auszubauen, zu ergänzen, mit einem im Wortsinn krönenden Abschluss zu versehen und sie zum weithin sichtbaren Wahrzeichen zu machen. Den geplanten Neubau gliederte er in drei Flügel um eine Art Ehrenhof.

Olbrich schlug für die Ausstellungen zunächst einen unbeheizten Bau mit schlanken, nur 20 Zentimeter starken Betonwänden ohne Isolierung vor, der nach seinen Vorstellungen nur in den Sommermonaten genutzt werden sollte. Schon ab März 1906 musste er das Projekt auf Geheiß des Bauherrn überarbeiten. Zum Glück, aus heutiger Sicht, denn ein Betonbau, mit dessen Bautechnik man zudem kaum Erfahrungen hatte, wäre wohl wegen konstruktiver und bauphysikalischer Probleme ein chronischer Sanierungsfall geworden. Olbrich plante also einen Mauerwerksbau mit 67,5 Zentimeter starken Wänden und einer Dampfheizung für Turm und Ausstellungshaus, deren Kesselanlage in einem Verbindungsbau zwischen Hochzeitsturm und großem Saal Platz fand. Die Heizschlangen legte man in Heizkammern in den Saalecken unter den Fußboden. Die warme Luft trat in Holzkästen mit Bronzegittern aus, die die Form von Kachelöfen hatten. Die Kriechgänge unter der Saalebene für die Rohrleitungen existieren bis heute.

Der große Ausstellungssaal (Halle 3) 1908, Blick nach Osten

Auch die Forderung der Stadt nach Seitenlicht in den Sälen veränderte die Fassadengestaltung erheblich. Olbrich musste zusätzlich zum Oberlicht in den Hallen 1 und 3 Saalfenster einplanen. Alle Fenster zeigten ein netzartiges, dekorativ wirkendes Sprossenwerk mit vertikalen, horizontalen und diagonalen Stäben, das die Fläche in 32 ausschließlich dreieckige Einzelscheiben aufteilte.

Der Architekt selbst beschrieb seinen Entwurf im März 1907 im *Darmstädter Tagblatt* folgendermaßen: „Die senkrechte Masse des Hochzeitsturmes, verbunden mit den horizontal gelagerten Baukörpern des Ausstellungshauses, bilden dann die monumentale Einheit, die wie ein Wahrzeichen aus dem Stadtgebilde aufwächst. Aus der Ferne, wie in der Nähe gesehen, erfülle dieses eine Denkmalpflicht: Stumme, doch ewige Kunde zu geben von der Begeisterung einer Bürgerschaft zu einer Zeit frohester, glücklichster Lebensfeier!“[1]

„Senkrechte Masse“, „horizontal gelagert“, Olbrich hat das Ensemble in seiner tektonischen, städtebaulichen Dimension gesehen, nicht als Weiterstricken des dekorverliebten Jugendstilquartiers. Mustert man die Paradeansicht aus Südwesten, so könnte man meinen, das Ensemble sei wie eine Körperstudie aus einem propädeutischen

1 Zit. nach: Stadt Darmstadt 2004, Band 3, S. 6

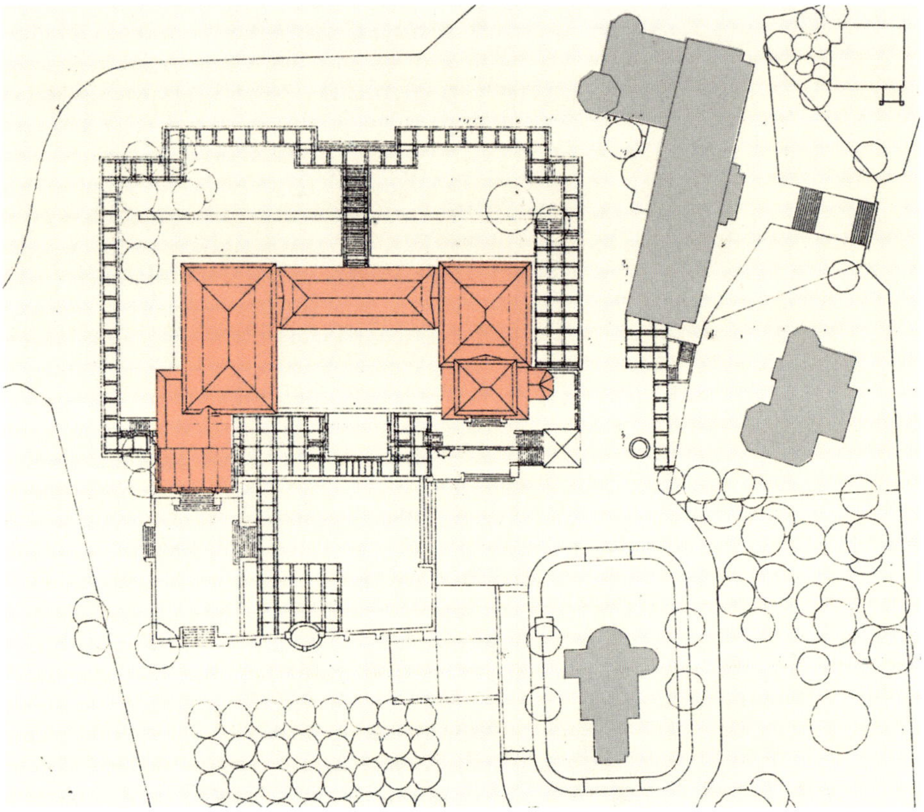

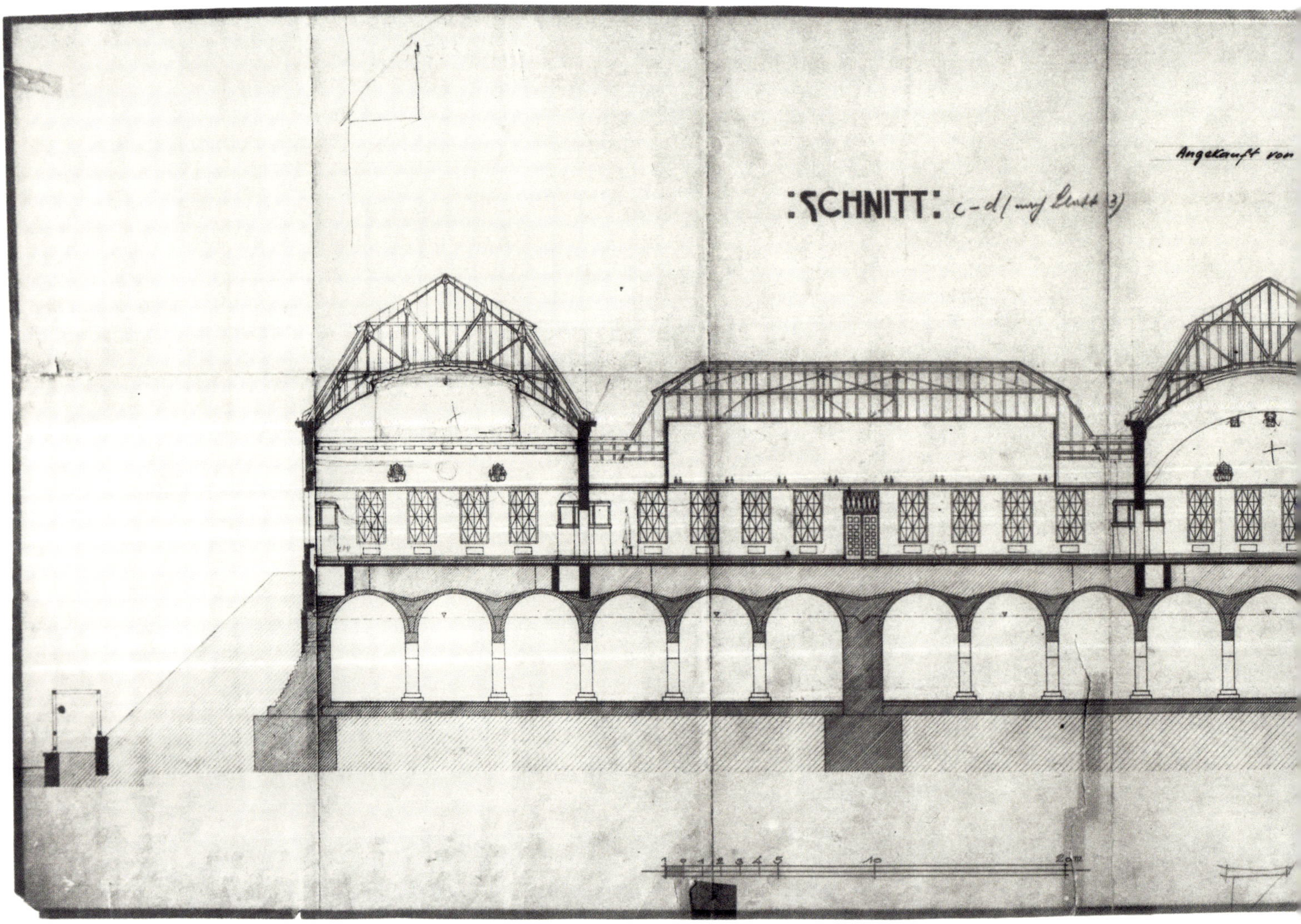
:SCHNITT: c–d (auf Blatt 3)
Angekauft von

Kurs der russischen Konstruktivistenschule WChUTEMAS um 1920 als spannungsreiches Spiel von Kuben hervorgegangen. Dementgegen steht allerdings die symmetrische Rückansicht des Bauwerks.

Das auf einer nur leichten Anhöhe stehende Ensemble als „Akropolis" zu adeln, wie immer wieder zu lesen ist, mag ein wenig hoch gegriffen sein.[2] Eine der Akropolis vergleichbare städtebauliche Signifikanz mag man der Festung Marienberg in Würzburg, dem Stift Melk oder der Burg in Bratislava zubilligen. Gleichwohl ist die Künstlerkolonie mit dem neuen Ensemble als „Stadtkrone" gedacht, ein Begriff, der ein Jahrzehnt später von Bruno Taut in die Architekturdiskussion eingebracht worden ist.

Die Hochlage verdankt sich auch dem glücklichen Umstand, dass auf dem höchsten Punkt des großherzoglichen Parks Mathildenhöhe ein Vierteljahrhundert zuvor ein Wasserreservoir gebaut worden war, das kurzerhand für das Ausstellungsgebäude als Fundament benutzt wurde. Der Wasserbehälter war 1878 bis 1880 auf dem von Großherzog Ludwig IV., dem Vater Ernst Ludwigs, zur Verfügung gestellten Grundstück entstanden. Das Reservoir mit zwei sechsschiffigen Kammern mit je drei Gewölbejochen sicherte mit seinem Fassungsvermögen von rund 4500 Kubikmetern die Versorgung der Innenstadt. Kein geringerer als der Berliner Stadtbaurat James Hobrecht, auf den die Berliner Stadterweiterungsplanung von 1862 („Hobrechtplan") und die Berliner Stadtentwässerung zurückgehen, hatte Darmstadt gutachterlich beraten.

Das Reservoir erhielt eine Aussichtsterrasse und ansonsten eine Erdüberdeckung, wurde bepflanzt und in den großherzoglichen Garten einbezogen. 1896 blieb das Bauvorhaben eines vier Meter hohen Aussichtsturms auf dem Reservoir im Planungsstadium stecken. Vier Jahre später zeichnete Joseph Maria Olbrich eine Reihe von Entwürfen für einen 68 Meter hohen Turm, alle in eleganten Jugendstilformen. Wegen der zu großen Auflast konnte der Turm nun nicht mehr für das Reservoir geplant werden, sondern sollte daneben Platz finden. Zur Ausführung anlässlich der Ausstellung 1901 kam es jedoch nicht. Ab 1905 plante Olbrich den „Eleonorenturm", der schließlich 1905 bis 1908 gebaut werden konnte, auf einem Baugrund unmittelbar vor dem Reservoir.

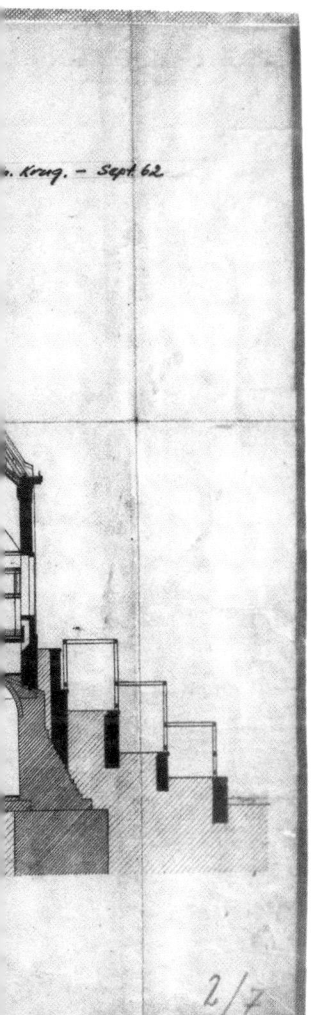

oben: **Lageplan des Ausstellungsgebäudes (geostet)**

unten: **Ausstellungsgebäude, Längsschnitt durch die Hallen 1 (rechts), 2 und 3 (links)**

Olbrich dachte bei seinem Entwurf für Turm und Ausstellungsgebäude auf eine intensive Weise kontextbezogen, wie es zu dieser Zeit keineswegs üblich war. August Buxbaum hatte noch einen repräsentativen Monumentalbau ohne jeden Bezug zum Ambiente der Kolonie entworfen. Olbrich baute zunächst Massemodelle, um die Gruppierung von Baumassen und ihre Verknüpfung mit der Umgebung zu überprüfen. Auf diese Weise entstand aus Alt und Neu, aus Russischer Kapelle, Platanenhain, Wasserreservoir sowie Hochzeitsturm und Ausstellungsgebäude eine ausgewogene städtebauliche Komposition, die ein neues Forum und eine neue Achse in Richtung Stadtzentrum formulierte (und damit einen Mangel des ursprünglichen Kolonieplans behob, der keine ausformulierte Achse aufwies).

Olbrich fügte an die Rückseite des Hochzeitsturms einen Verbindungsbau an, der die Heizungsanlage aufnahm. Daran schließen sich in U-Form drei Saalbauten mit Mansardwalmdächern an, die einen Ehrenhof bilden. Der Hof war an seiner offenen Westseite durch eine Wand mit hochrechteckigen Durchblicken begrenzt und als

2 Albin Müller in seinem Nachruf in der (Leipziger) *Illustrirten Zeitung*, Nr. 3398, 13.08.1908, S. 263. Faksimile in: Stadt Darmstadt 2004, Band 3, S. 95

Rosengarten gestaltet. Er diente auch als weiterer Zugang zu allen drei Sälen. Während die Saalbauten an der rückwärtigen Ostseite symmetrisch auftreten, erhielt der südliche Trakt einen besonders ausgebildeten Kopfbau („Vorhallenbau“), der als Eingangsbauwerk kompositorisch das Gegengewicht zum Hochzeitsturm bildet. Rechts vor dem Haupteingang, der, bedingt durch den Reservoirunterbau, auf erhöhtem Niveau oberhalb einer Mauer thront, führt eine Treppenanlage vom Vorplatz hinauf zur Eingangsebene. Es ist keine monumentale, axiale, repräsentative Freitreppe, sondern eine funktionale, quergelegte, zweiläufige Treppe, deren Podest auf halber Höhe mit einem rundbogigen Pavillon in Baldachinform akzentuiert ist. Der Pavillon, ein Belvedere mit 270-Grad-Rundblick, vereint die Blickbezüge vom zentralen Ausstellungsgebäude zu allen Bauten der Künstlerkolonie, während linkerhand eine dreigeschossige Pergolenanlage vor dem Mittelbau den Bezug zum Hochzeitsturm und zum Platanenhain knüpft.

Dass sich Olbrich deutlich von der Monumentalität Buxbaums abheben wollte, zeigt die malerische Anlage der Vorzone als ein Schaubild mit wein- und rosenberankten Pergolen, mit abgestuften Terrassen und schmückenden Brunnen und Standbildern sowie mit einer blühenden Basis der Bepflanzung. Darüber erhebt sich „der graue Körper des Ausstellungsbaues. [...] In großen Linien schließt das Architekturwerk die Fülle der Einzelbilder gegen das Himmelslicht ab.“[3]

An der östlichen Rückseite ist das Reservoir durch eine Erdanschüttung angeböscht und durch eine umlaufende weitere Pergola auf Straßenniveau umgrenzt. Hier führt eine axiale Treppe hinauf zum Portal des Mittelbaus und betont nochmals dramatisch die Symmetrie der Ostseite.

Für eine Rückseite ist diese Inszenierung ungewöhnlich. Sie signalisiert, dass Olbrich den Schritt zur auf den Ort bezogenen Baukörperdisposition doch noch nicht wirklich tun konnte oder nicht tun zu können glaubte.

Verglichen mit heutigen Anlagen war das Raumprogramm des Ausstellungshauses, wie es damals meist genannt wurde, recht simpel. Es gab drei große Hallen und wenig Nebenräume. Über eine kurze Vortreppe erreichte man das Tor des Vorhallenbaus mit einer tonnenüberwölbten Halle. Zur Linken ging es durch eine zweiflügelige Tür in

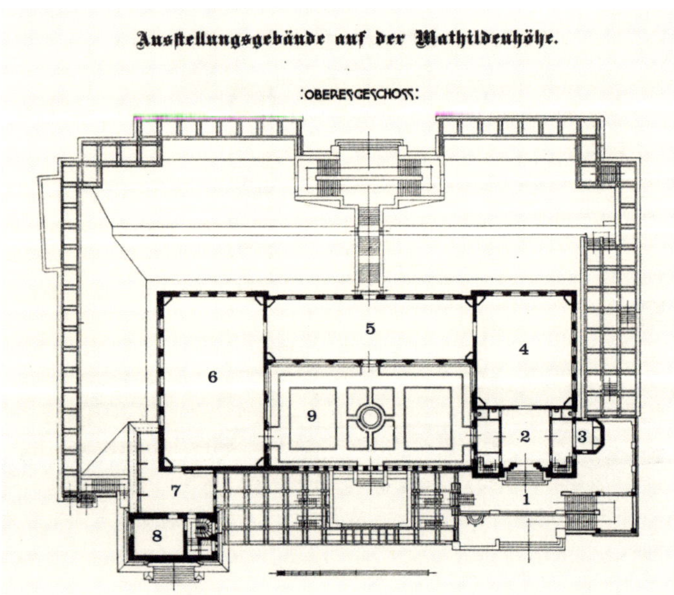

rechts oben: **Ansicht von Westen, Projektstand 1905–1906**

rechts unten: **Ausstellungsgebäude, Längsschnitt durch Eingangshalle und Halle 1, Querschnitt durch Halle 1, Projektstand 1905–1906**

links: **Grundriss Hauptgeschoss des ausgeführten Projekts, Bestand 1907**

1 Haupteingang
2 Vorhalle
3 Kasse
4 Halle 1
5 Halle 2
6 Halle 3
7 Kupferstichkabinett
8 Hochzeitsturm
9 Rosenhof

3 *Darmstädter Tagblatt*, 6., 7. und 8. März 1906. Transkript in: Stadt Darmstadt 2004, Band 3, S. 87 ff.

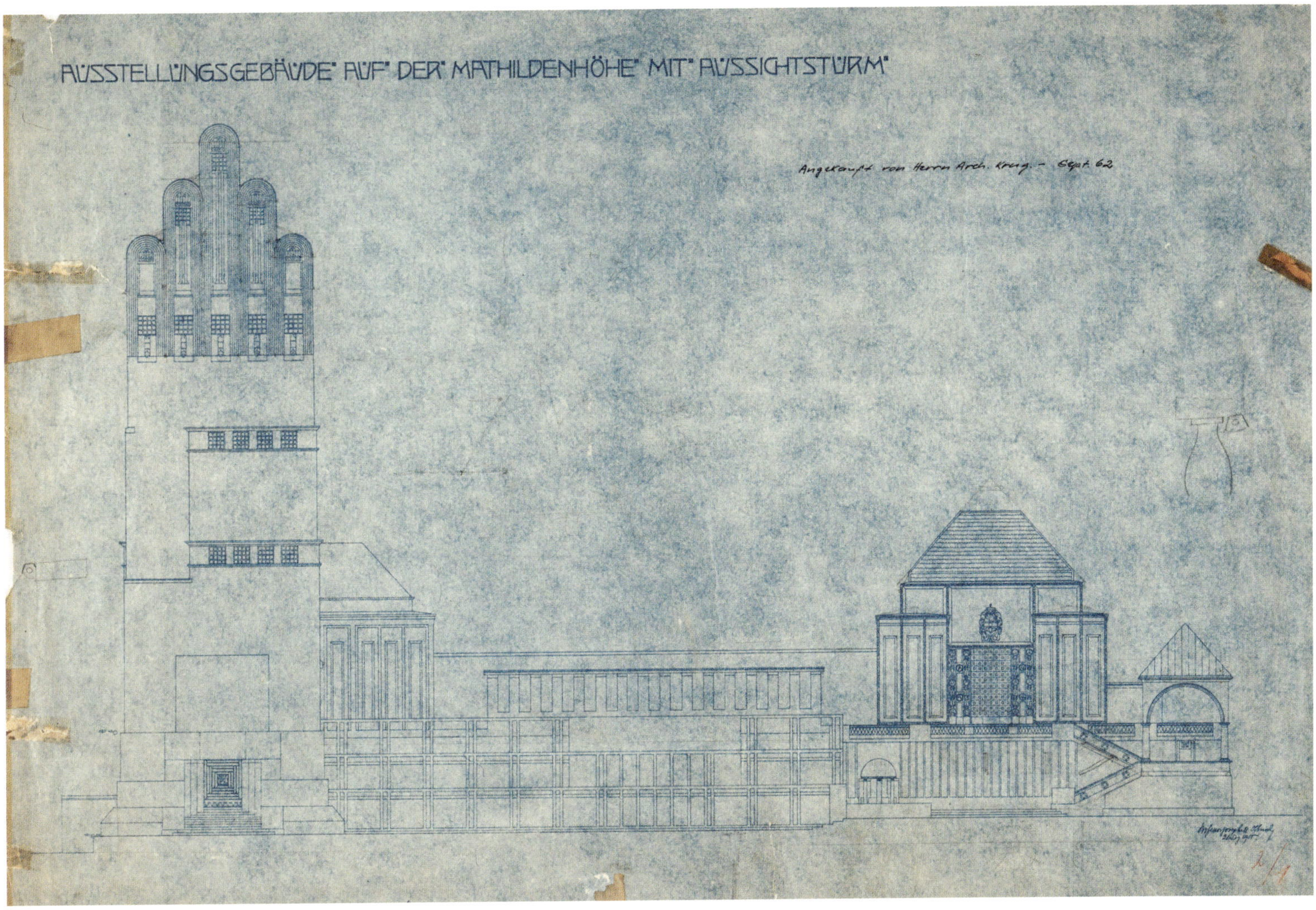
AUSSTELLUNGSGEBÄUDE AUF DER MATHILDENHÖHE MIT AUSSICHTSTURM
Angekauft von Herrn Arch. Krug. - Sept. 62

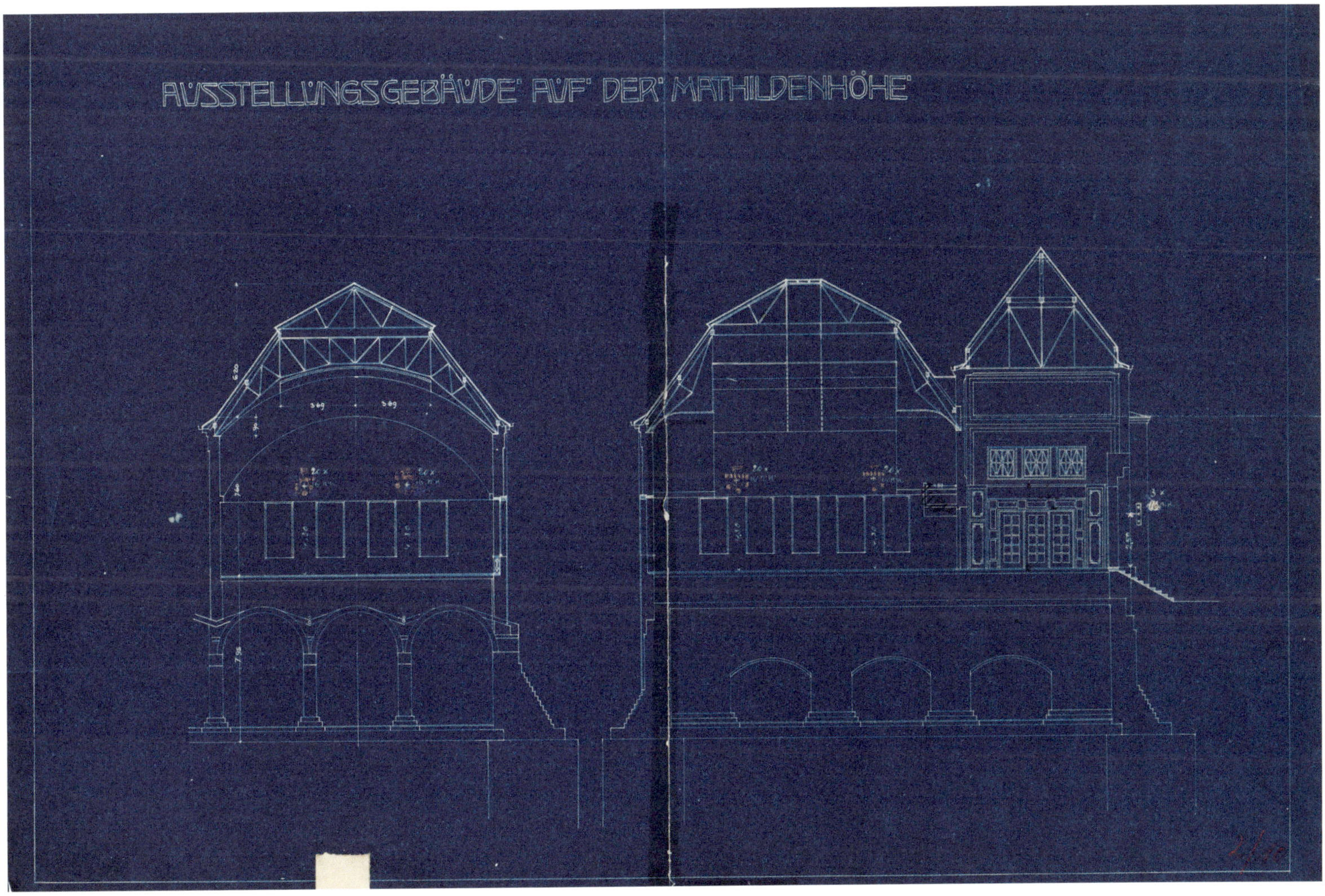
AUSSTELLUNGSGEBÄUDE AUF DER MATHILDENHÖHE

den Rosengarten. Zur Rechten lagen der Kassenraum und der Zugang zur Verwaltung. Ein Aufzug für Exponate führte ins Untergeschoss zum Packraum, der für Lieferungen ebenerdig angefahren werden konnte.

In der Hauptachse der Vorhalle gelangte man durch ein Portal direkt in den ersten Ausstellungssaal, den kleinen Oberlichtsaal (Halle 1). Von diesem wiederum in den quergelagerten, lang gestreckten mittleren Saal (Halle 2) und weiter in den nördlichen, den großen Oberlichtsaal (Halle 3). An diesen angehängt erreichte man das kleine „Kupferstichkabinett" über dem Heizraum im Verbindungsgebäude und schließlich das zweite Obergeschoss des Hochzeitsturms (heute Bibliothek) als letzten Schauraum. Die Treppe des Hochzeitsturms fungierte bei manchen Ausstellungen als Ausgang am Ende des Rundgangs.

Über den Rosengarten schloss sich der Rundgang – wenn es das Wetter zuließ. Die Säle und die Vorhalle hatten Fenster zum Rosengarten. Von diesem aus konnte man auch eine auf dem Dach der Schieberkammer des Reservoirs gelegene Terrasse betreten.

rechts: **Der Hochzeitsturm (oben), die Westansicht (Mitte) und die Ostansicht (unten) im Jahr der Fertigstellung 1901, offizielle Veröffentlichungsfotos aus Joseph Maria Olbrichs im Wasmuth-Verlag erschienener Monografie *Architektur***

Olbrich lag es am Herzen, dass das Haus – wie wir heute sagen würden – multifunktional genutzt werden konnte. „Der ganze Bau soll allgemein als Ausstellungsbau Verwendung finden, nicht allein den Werken der Kunst und des Kunstgewerbes sollte er eine schützende Hülle sein. Auch alle Schaustellungsabsichten, seien diese aus lokalem oder individuellem Interesse erwachsen, wären darin zu ermöglichen. Allen Versammlungen, gleichviel ob diese zur Anhörung eine Rede über Kunst und Gewerbe, oder zur Entgegennahme von Reiseberichten einberufen sind, sei das Bauwerk eine Stätte. Weitere Ansprüche sind zu erfüllen, wie solche bei einer breiten Aufnahme von Dichterwerken und Musik, an einen Bau gestellt werden."[4] Dem Schönen, der Technik und der Geisteswelt soll der Bau also dienen, alle Säle zusammen oder einzeln und parallel, weswegen sie einzeln zugänglich sein sollten. Im Rosenhof sollten Gartenkunst und Skulpturen gezeigt werden.

Wieweit Olbrich in die funktionalistische Denkweise vorgedrungen war, erhellt sein Erläuterungsbericht von 1906: „Der Forderung nach einer weitesten Verwendbarkeit entspricht die in den Plänen vorliegende Konstruktion. Das Haus wird zur Maschine! [...] Um nicht von vornherein ein Dekorationsgesetz den wechselnden Ausstellungsbildern vorzuschreiben, wurden die konstruktiven Teile des Saales als solche unverhüllt gezeigt."[5]

Es ging ihm tatsächlich um die Funktion und das, was man kurze Zeit später Zweckform nennen wird. Wie die Räume strukturiert und wie sie zugänglich sind, ist wichtig, nicht, dass sie als neobarocke Enfilade arrangiert sind.

Und Olbrich sprach vom Haus als „Maschine" – das wiederum wird Le Corbusier erst 15 Jahre später als einen seiner Kernsätze in der Zeitschrift *L'Esprit Nouveau* formulieren![6]

Erstaunlich ist auch, dass Olbrich die Ausstellungsräume dekorfrei unverhüllt gestalten wollte – eigentlich ungeheuerlich in der Blütezeit des Jugendstils –, um der Kunst die völlige Freiheit zu geben, sich selbst zu entwickeln und sich unbeeinträchtigt präsentieren zu können. Damit stieß er die Tür zum modernen Museumswesen auf, das der Kunst den Primat einräumt und letztlich zum Ausstellungskonzept *White Cube* führte.

4 Ebd.

5 Ebd.

6 *L'Esprit Nouveau*, Heft 8, Paris 1921

folgende Seiten: **Blick in das Wasserreservoir unterhalb des Ausstellungsgebäudes**

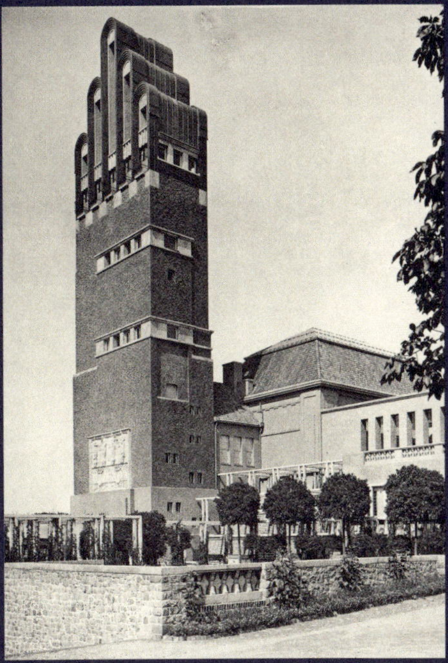

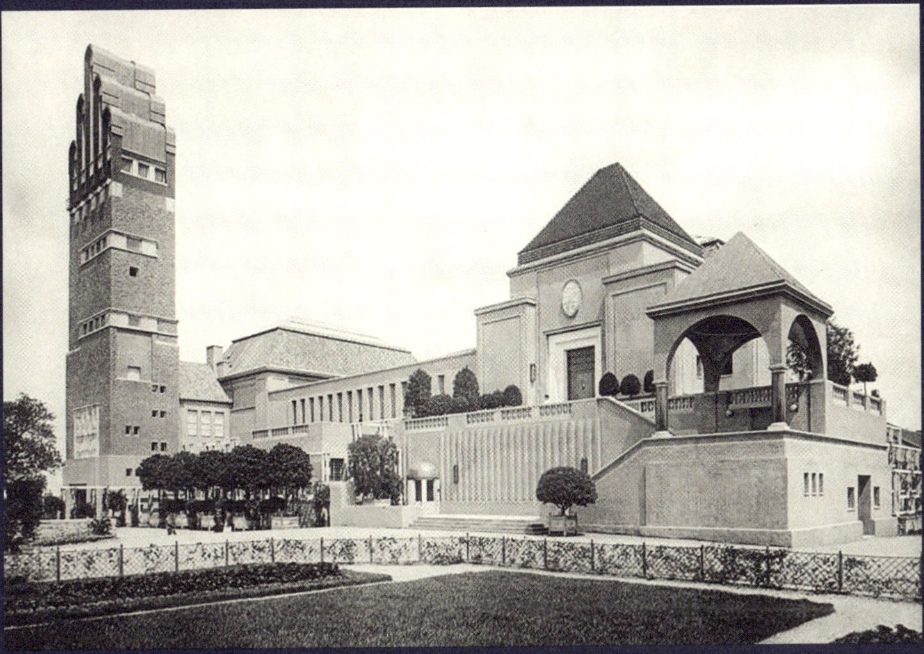

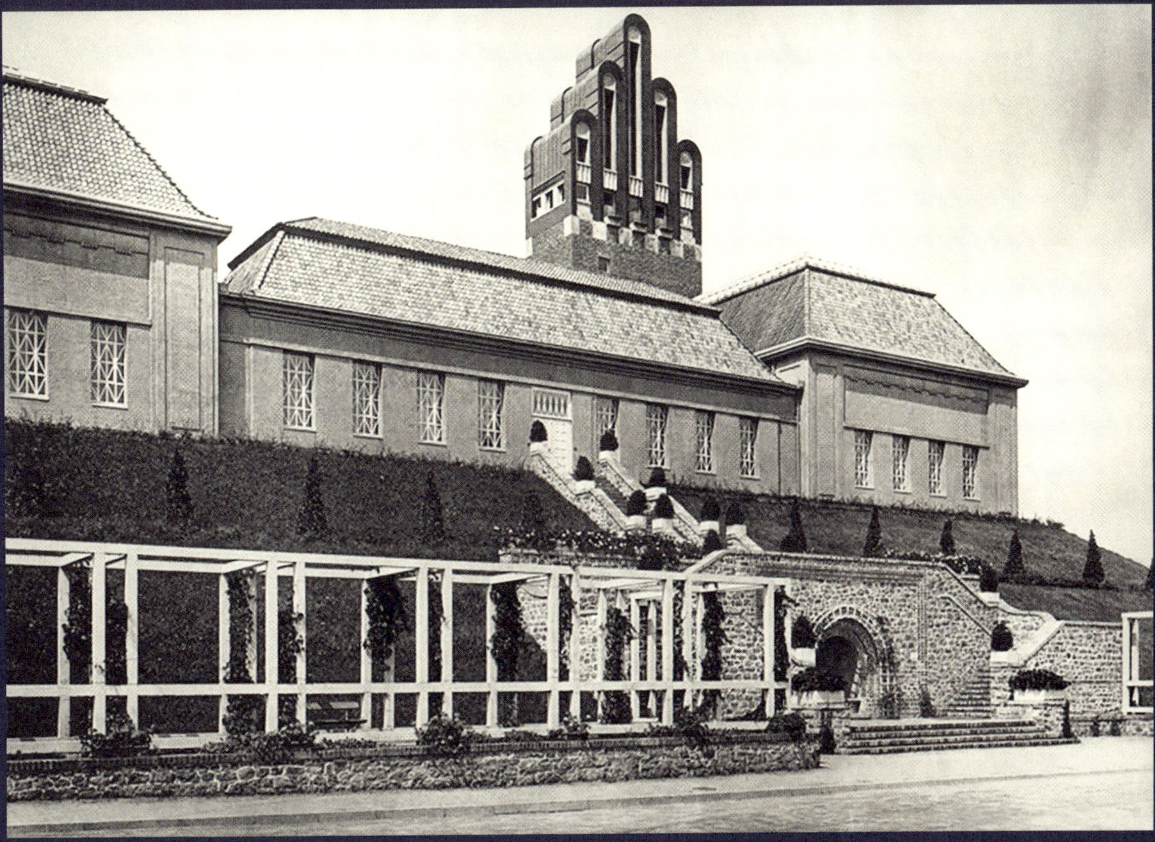

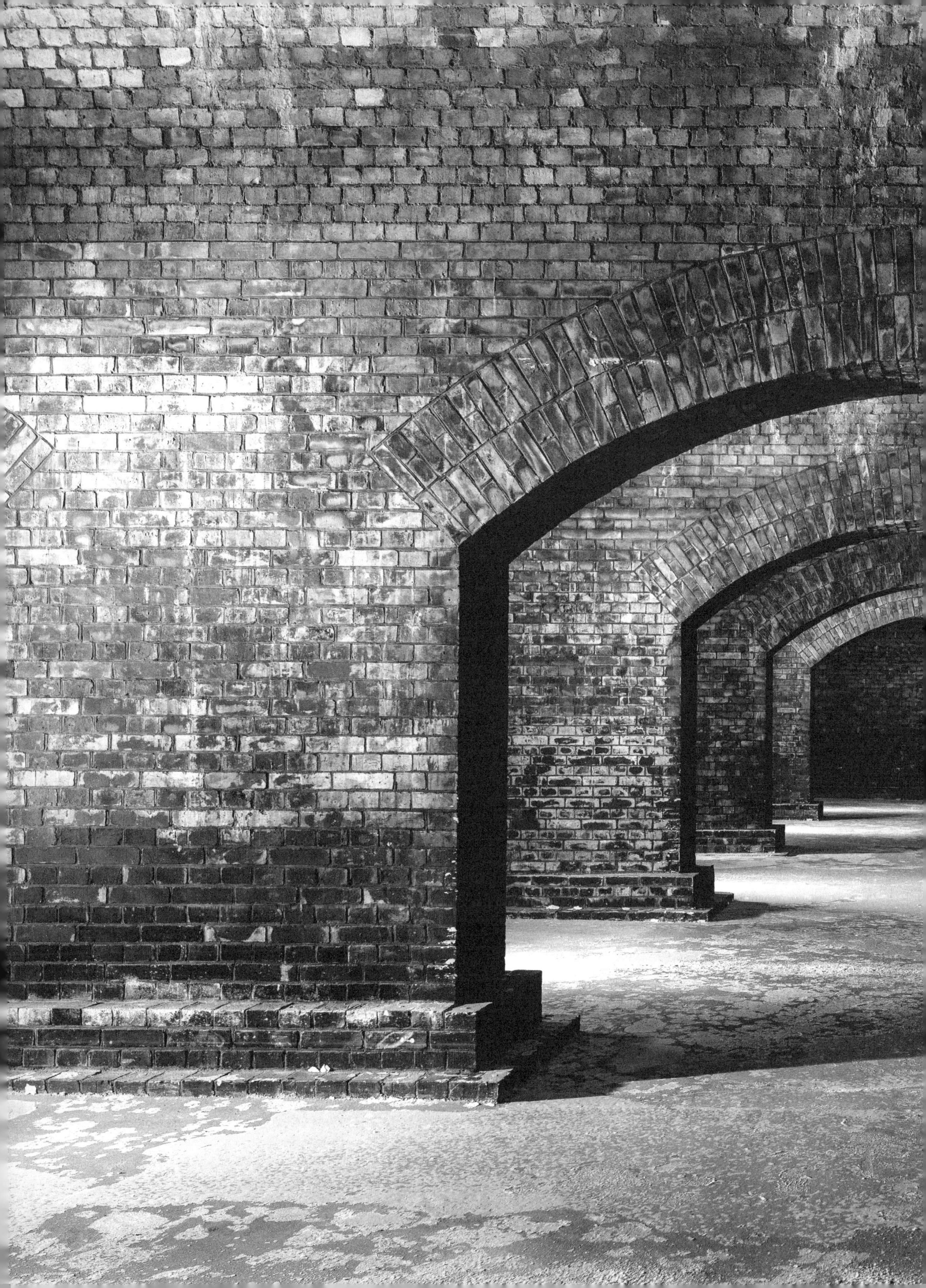

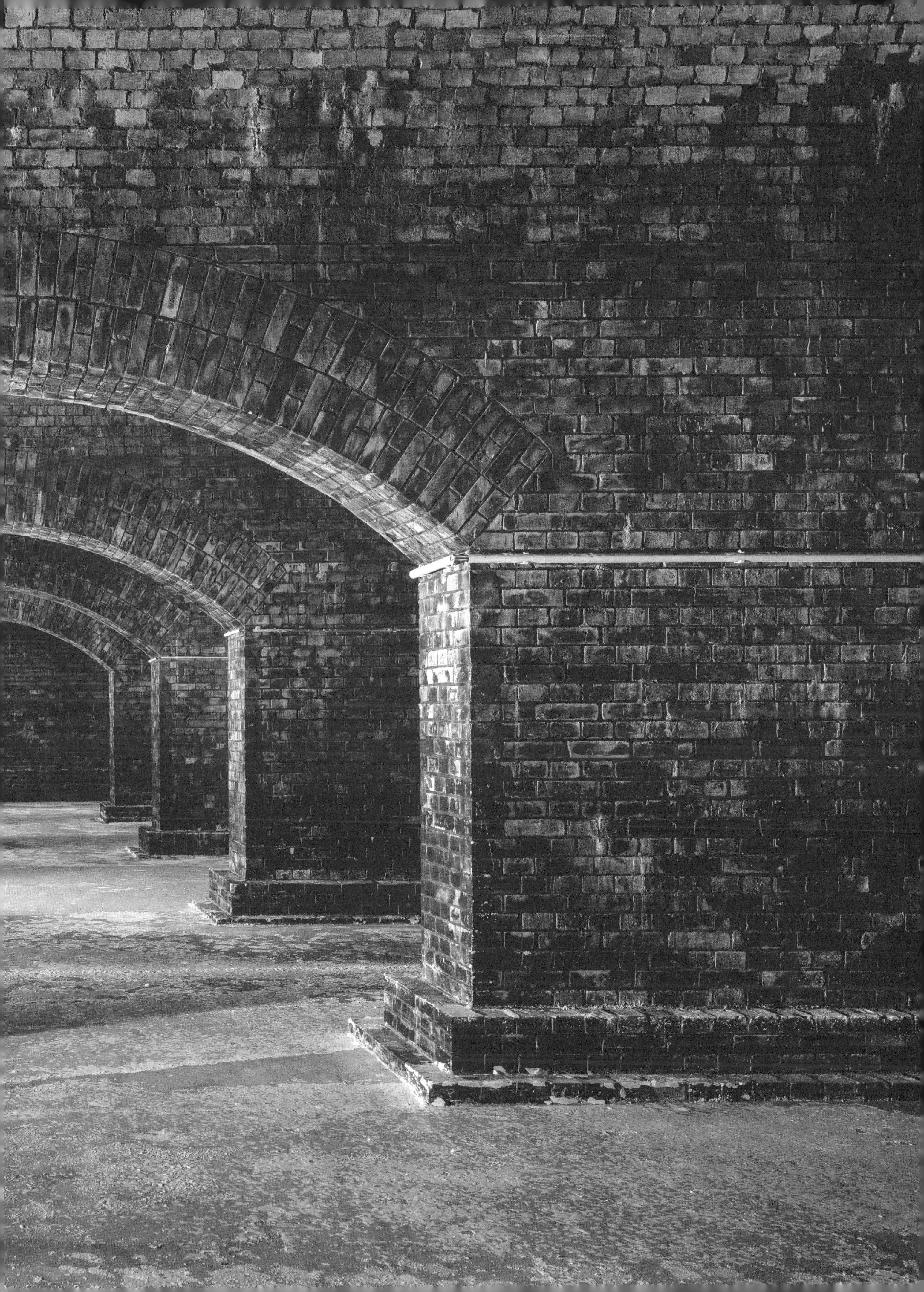

KONSTANZ UND WANDEL

DER UMGANG MIT DEM AUSSTELLUNGSGEBÄUDE IM LAUF DER ZEIT

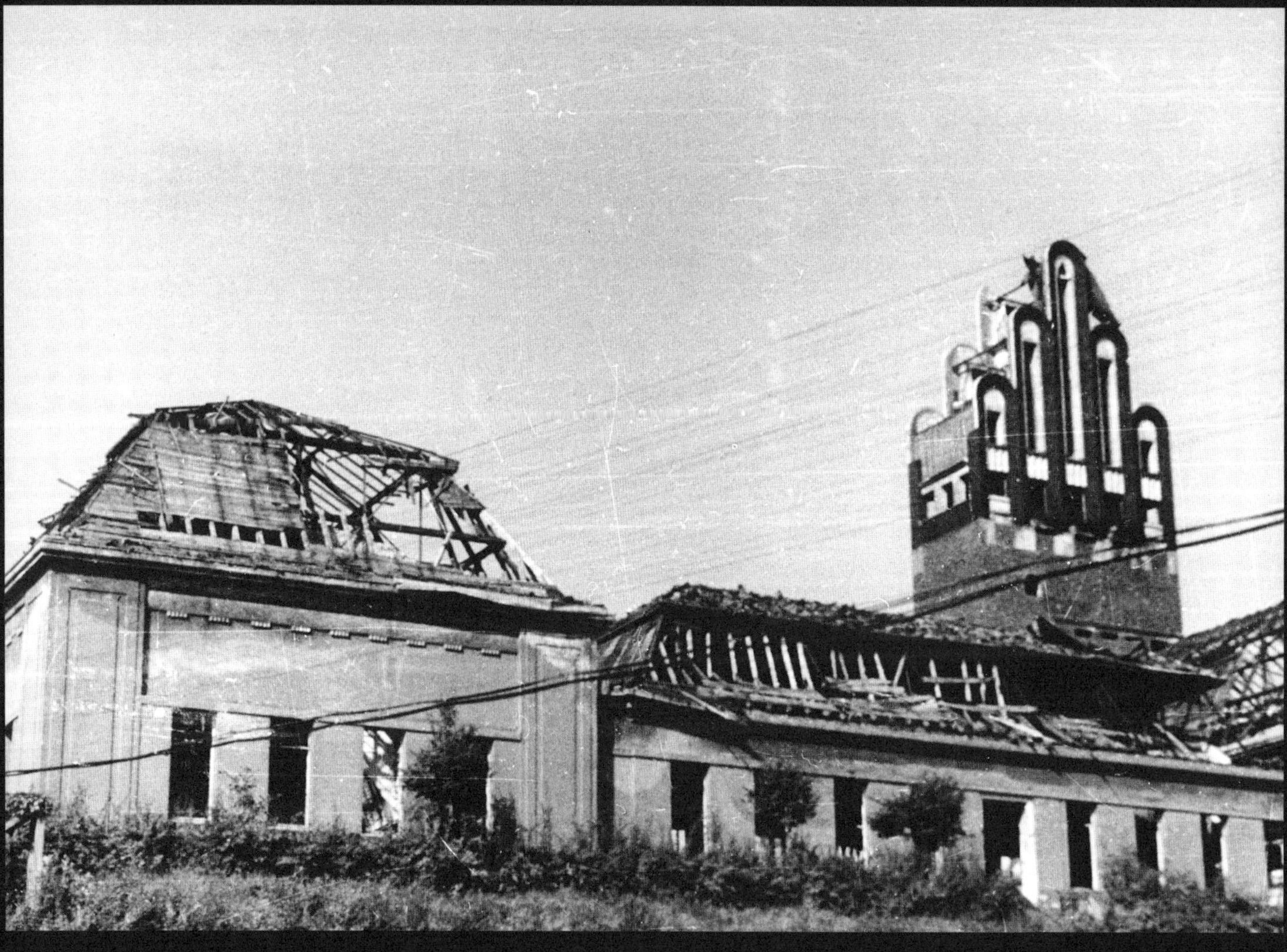

Im Unterschied zum benachbarten Ateliergebäude Ernst-Ludwig-Haus, das nach Behebung der Kriegsschäden heute fast im Originalzustand vor Augen steht, hat das Ausstellungsgebäude einige Anpassungen, Zerstörungen, Umgestaltungen und Umbauten erlebt. In solchen Fällen erhebt sich bei anstehenden Sanierungen immer die Frage, welche Zeitschicht wertvoll und erhaltenswert und was verzichtbar ist, auf welchen Stichtag man bei Rückbau, Wiederaufbau und Rekonstruktionen zurückgeht. Die Denkmalpfleger und Architekten der jüngsten Sanierungsphase sahen sich deshalb vor die Aufgabe gestellt, zunächst die komplizierte Historie des Gebäudes zu erforschen.

Die Ostseite des Ausstellungsgebäudes mit den Kriegszerstörungen

Bis in die 1940er Jahre erlebte die Mathildenhöhe im Jahresturnus Kunstausstellungen. Größere Veränderungen des bauzeitlichen Bestands waren nicht zu verzeichnen – bis zu den schweren Bombenangriffen im September 1943 und vor allem bis zum 11. und 12. September 1944, bei dem in Darmstadt 12.000 Menschen starben. Auf der Mathildenhöhe wurden fast alle Gebäude von Brandbomben getroffen. Bei dem aus soliden Hartbrandklinkern errichteten Hochzeitsturm brannte lediglich der Dachstuhl. Die Ausstellungshallen brannten aber aus. Zurück blieben die Umfassungsmauern und, erstaunlicherweise, die stählernen Dachstühle.

Nach dem Krieg gab es in Darmstadt einen Mangel an Veranstaltungsräumen. Auch sollte wieder eine Kunstschule „nicht im Stil, wohl aber im Geist der alten Darmstädter Künstlerkolonie" eingerichtet werden.[1] Gründe genug also, den raschen Wiederaufbau anzugehen. Die Planunterlagen der Bauverwaltung waren verbrannt. Allerdings hatte Jakob Krug, der bis 1908 Mitarbeiter Olbrichs gewesen war, Ausführungspläne des Turms und der Hallen in seinem Besitz. Krug war zur Stelle, um dem beauftragten Architekten Heinrich Berger zu unterstützen. Ziel war damals noch, die Hallen nach Olbrichs Plänen zu rekonstruieren.

Im März 1947 begann die Instandsetzung, zunächst mit der Vorhalle und der Halle 1. Die Dächer wurden mit Holzschindeln gedeckt,

1 *Jahresbericht der städtischen Kulturverwaltung*, Geschäftsbericht 1946, S. 27 f. Zit. nach: Stadt Darmstadt 2004, Band 3, S. 129

die sich jedoch frühzeitig als untauglich erwiesen und keine Regensicherheit boten. Schon im Oktober wurde über den Schindeln eine Deckung aus Wieslocher Dachpfannen aufgedoppelt, die bis 1976 Bestand hatte.[2] Die Seitenfenster der Halle 1 mussten wegen Glasmangels mit Schlackebetonsteinen vermauert werden. Alle Räume wurden mit Öfen beheizt, da das Heizhaus noch zerstört war.

Beim Wiederaufbau des Heizungshauses rückte man erstmals von den Plänen Olbrichs ab. Ein Café sollte in dessen oberem Geschoss Platz finden sowie, noch ein Geschoss höher, eine Haumeisterwohnung.

Auf der anderen Seite erlebte der Vorhallenbau mehrmals Umbauten und Nutzungskorrekturen, zeigte es sich doch, dass Olbrichs dürftiges Raumprogramm für das Entree neueren Anforderungen nicht gerecht werden konnte. Zunächst wollte man Platz schaffen für zusätzliche Toiletten. Man verbreiterte den kleinen apsisartigen Anbau, durchaus formangepasst, indem die andere, neue Ecke ebenfalls abgeschrägt wurde. Und noch 1949 wurden der Kassenbereich und die Apsis in eine Garderobe umgewandelt. Der frühere Durchgang zum Rosengarten wurde geschlossen, um Platz für die Damentoiletten zu gewinnen.

Die geplanten Feierlichkeiten 1951 zum 50-jährigen Jubiläum der 1. Ausstellung der Künstlerkolonie gaben dem Wiederaufbau einen entscheidenden Schub.

Heinrich Berger und Jakob Krug hatten bereits 1947 einen Vorschlag zur Überdachung des Rosengartens skizziert, um einen zusätzlichen Saal für Vorträge und Versammlungen zu gewinnen. Diese Idee griff der Magistrat wieder auf und beschloss das Vorhaben am 20. November 1950. Anfang Dezember lagen die Pläne vor, zur Ausstellungseröffnung im August 1951 stand der 450 Quadratmeter große Saal mit flachem Pultdach und Oberlicht als Halle 4 zur Verfügung. Er war wegen seiner geringeren Höhe als Vortrags- und Kongresssaal gedacht und musste deshalb lüftungs- und beleuchtungstechnisch entsprechend ausgerüstet werden.

Der bauliche Aufwand hatte sich in Grenzen gehalten, da die Umfassungsmauern einschließlich der von schmalen Durchblicken durchbrochenen vorderen Hofmauer schon vorhanden waren. Die Durchblicke wurden zu Fenstern, wodurch sich die Fassadenansicht des Gebäudes kaum änderte. Die Fensteröffnungen der Hallen 1 bis 3 zum ehemaligen Rosengarten wurden zugemauert.

Infolge der neuen Nutzung musste der Vorhallenbau neuerlich umstrukturiert werden.

Der Durchgang zur Halle 4 wurde wieder geöffnet. Die Apsis und ihr Anbau nahmen wieder Toiletten auf. Die Garderobe wanderte stattdessen ins Zwischengeschoss, das durch Verbindung der beiden seitlichen Emporen entstand und nun über zwei breitere Treppen beiderseits des Eingangs zugänglich gemacht wurde. Der Eingang erhielt einen Windfang. Die funktionalen Erfordernisse waren durch geschickte Umorganisation und Einbauten gelöst. Sogar für ein Buffet fand sich neben dem Durchgang zur Halle 4 ein geeigneter Platz. Durch die Einbauten hatte die Vorhalle jedoch ihre räumliche Großzügigkeit verloren. Dieser bauliche Zustand des Vorhallenbaus hatte Bestand bis zur nächsten umfassenden Umbauphase 1974/75.

Die Jubiläumsveranstaltung 1951 mit der Ausstellung „Mensch und Raum“, mit dem Programm der „Meisterbauten“ ausge-

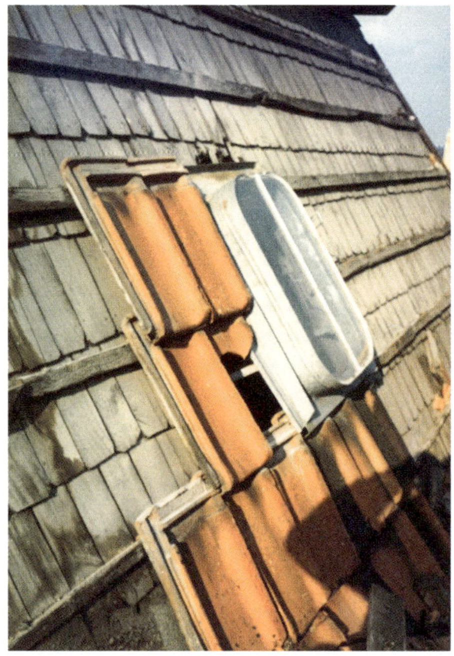

Das Dach der Ausstellungshalle während der Sanierung 1967. Dabei kamen Holzschindeln aus der Zeit des Wiederaufbaus vom März 1947 zum Vorschein, eine Notdachkonstruktion, die bereits im November des gleichen Jahres unter einer Deckung aus Wieslocher Pfannen verschwunden war.

2 Stadt Darmstadt 2004, Band 3, S. 132. Dort gibt es ein Foto des Schindeldachs und der Aufdopplung mit Pfannen.

wählter internationaler Architekten und dem legendären „2. Darmstädter Gespräch" unter der Leitung von Otto Bartning war ein großer Erfolg, zeigte aber auch die Unzulänglichkeiten des Veranstaltungsorts, die noch zu beheben waren.

Der Einbau der neuen Heizungsanlage und die Renovierung des Hochzeitsturms und seines Daches begannen 1953. 1959/60 entstand ein neuer Verbindungsbau zwischen Turm und Halle 3 mit Küchen für den Kongressbetrieb, mit von der Westterrasse aus zugänglichem Restaurant mit 48 Sitzplätzen und mit einer kleinen Hausmeisterwohnung im Obergeschoss. Der Anbau im sparsamen 50er-Jahre-Stil mit biederen Klappläden ließ jegliche Qualitäten und Korrespondenzen zum Bestand vermissen und störte vor allem die Ansicht der Schauseite des Ensembles vom Vorplatz aus.

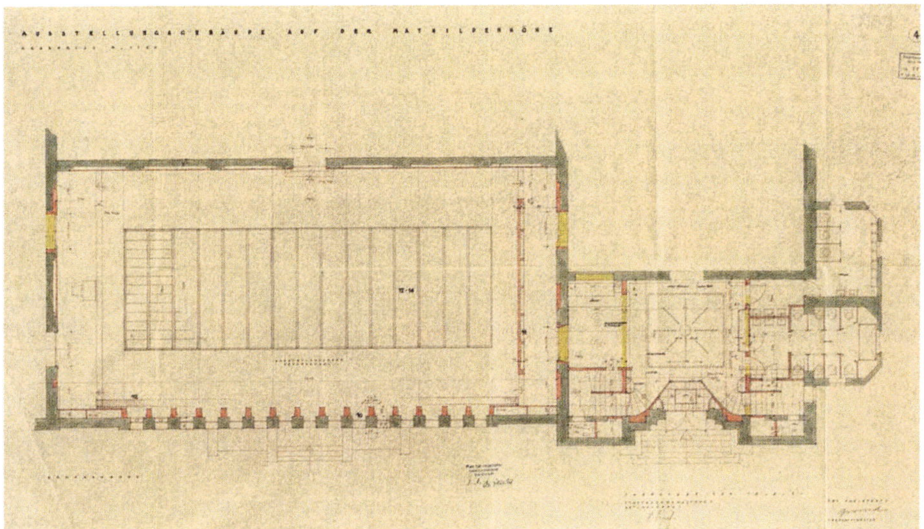

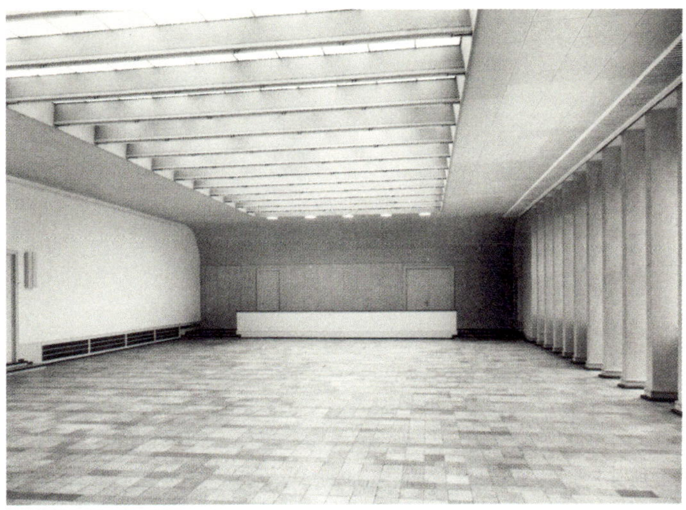

oben: **Planung für den Umbau des Eingangsgebäudes und für die neue Halle 4 anstelle des Rosengartens 1950**

unten: **Blick in die neue Oberlichthalle 4 Richtung Süden, Aufnahme nach 1950**

Nach wie vor fehlte es an Nebenräumen für den Ausstellungs- und Kongressbetrieb. War man bei Wiederaufbau und Umbauten mit dem Olbrich'schen Original wenig zimperlich umgegangen und hatte Verluste an Originalsubstanz in Kauf genommen, so kam 1962 bei der Diskussion um Erweiterungsvorschläge, die es für Anbauten an allen vier Seiten gab, zum ersten Mal die Frage nach dem Denkmalschutz ins Gespräch.[3] Die Diskussion führte zu dem Vorschlag, sich

3 In einem Schreiben des Hochbauamtsleiters an den Oberbaudirektor vom 5. März 1962, in dem er die Behandlung und die Achtung des Ausstellungsgebäudes als Kulturdenkmal anmahnte. Zit. nach: Stadt Darmstadt 2004, Band 3, S. 163

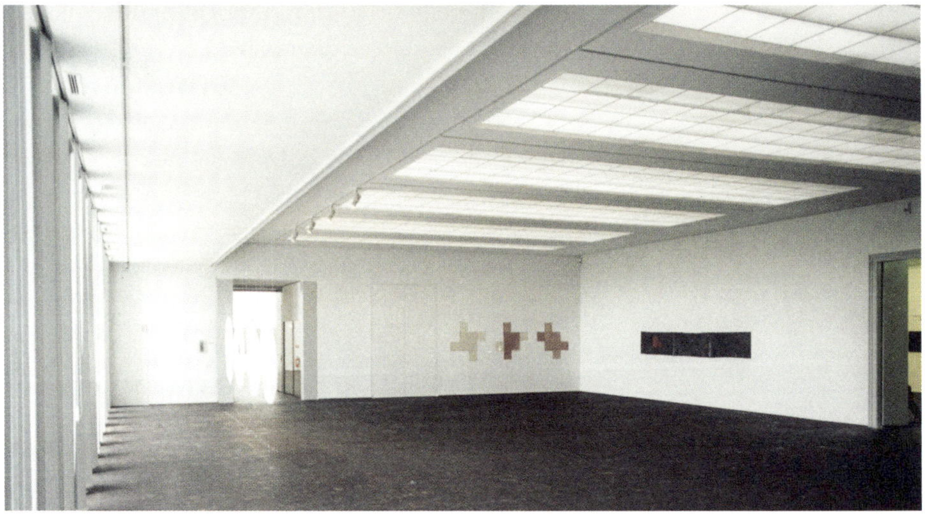

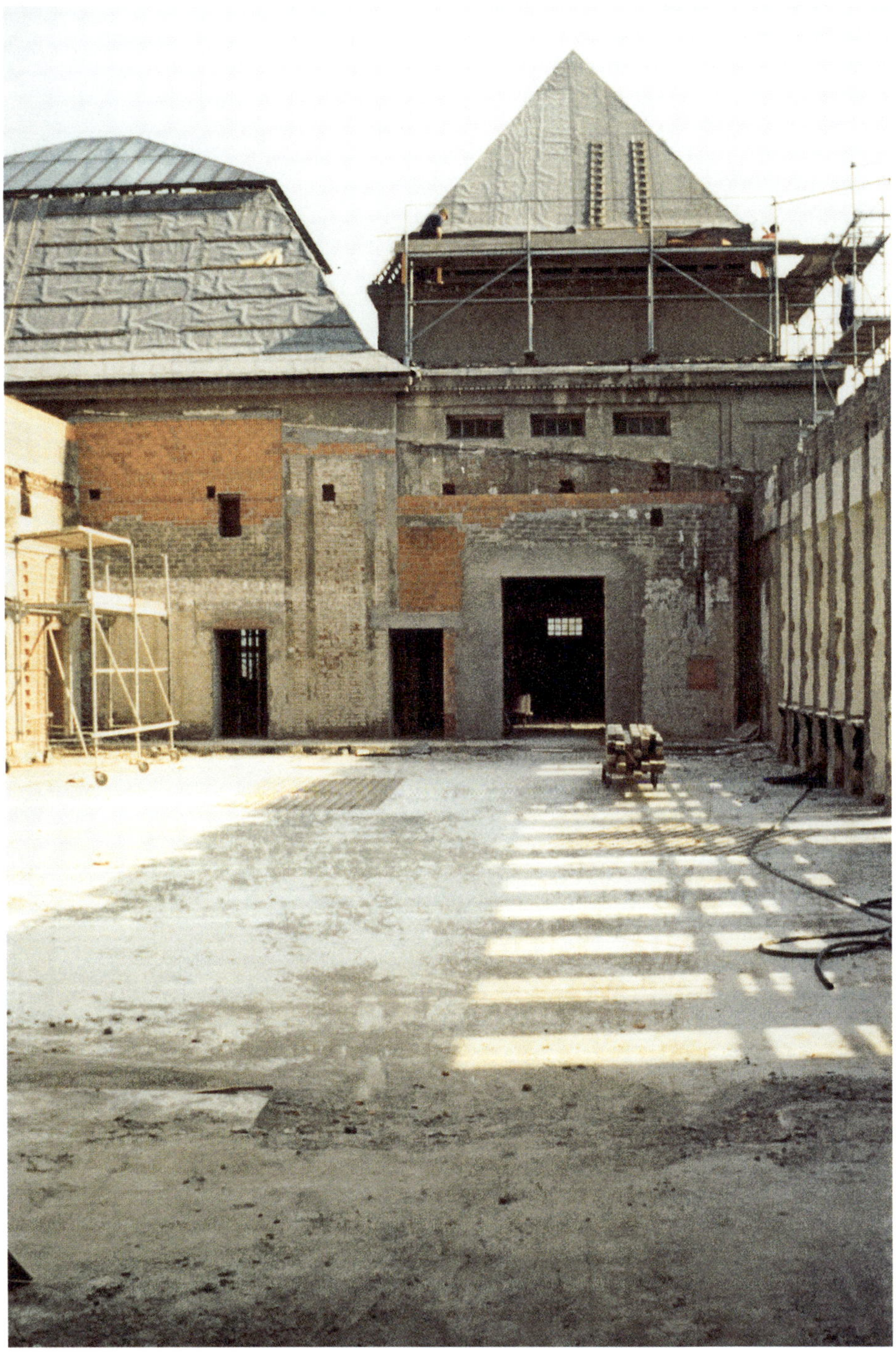

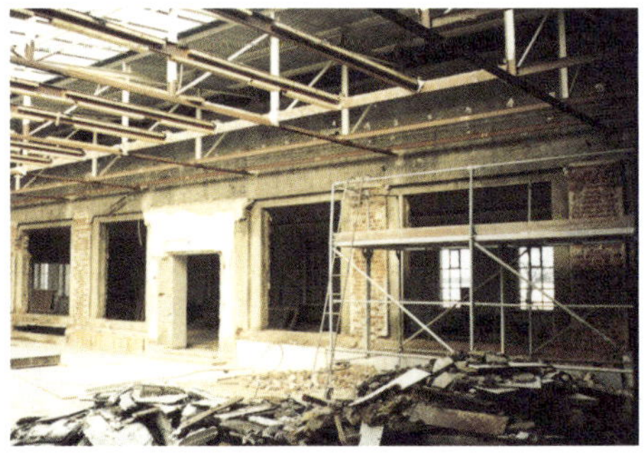

oben: **Blick in die Halle 4 Richtung Norden, Aufnahme nach 1990**

links: **Bei der Sanierung 1976 wurde das Pultdach der Halle 4 abgebrochen, ein neues Dachtragwerk errichtet und die Halle neu gestaltet.**

rechts: **Halle 4, freigelegte Dachkonstruktion der 1950er Jahre und ehemalige Fassade zum Rosenhof, Foto der Umbauphase um 1975**

von der Kongressfunktion zu verabschieden und das Haus wieder ausschließlich für Ausstellungszwecke zu nutzen.[4]

75 Jahre nach der ersten Ausstellung war es wieder ein Jubiläum, das Anlass zu baulichen Veränderungen am Ausstellungsgebäude gab. Die Bausubstanz der Hallen war lange vernachlässigt worden und nicht mehr in vorzeigbarem Zustand. Im Juli 1969 begannen unabweisbare Reparaturen vor allem an den vorgelagerten Terrassen.

Ein neues, von Kunstreferent Bernd Krimmel erarbeitetes Nutzungskonzept schlug 1972 vor, das Haus ganzjährig mit Ausstellungen internationalen und lokalen Formats sowie Vortragsveranstaltungen zu bespielen. Dazu sollten die museumstechnischen Voraussetzungen den gestiegenen Anforderungen angepasst werden. Die Sanierungsphase begann 1974 mit dem Ziel, das Haus zur Jubiläumsausstellung im September 1976 eröffnen zu können.

Die Planung der Baumaßnahmen lag in den Händen des Hochbau- und Maschinenamts unter der Leitung des Baudirektors Heinz Dieffenbach. Mit dem Entwurf war Baurätin Christiane Geelhaar betraut.

Da das Haus für den erweiterten Ausstellungsbetrieb auch Werkstätten, Verwaltungsräume und ein Café bekommen sollte, ergab sich ein Dilemma, denn Erweiterungsbauten kamen aus Denkmalschutzgründen an der West-, Süd- und Ostseite nicht infrage und waren nur an der Nordseite bedingt denkbar.

Die Architekten lösten die Aufgabe mit einem Anbau, der sich mit seiner Pultdachform an den Hang schmiegt und so weit als möglich wegduckt. Er nahm die Magazinräume und die dringend benötigte Werkstatt auf. Der dürftige Verbindungsbau zum Turm mit der Hausmeisterwohnung aus dem Jahr 1959 hatte nur marginalen Denkmalwert und konnte abgerissen werden. Die Lücke wurde mit einem verglasten Verbindungsbau geschlossen, in dem Büros Platz fanden. Aus dem Pultdach des Magazinbaus erhebt sich ein Aufzugsturm, dessen Lastenaufzug den Transport von Material und Exponaten von der Anlieferungsebene und dem Magazin auf die Ebene der Ausstellungen in die Halle 3 ermöglicht. Die Seitenwände des in den Hang gesenkten Werkstattgebäudes signalisieren mit ihrem felsähnlichen Bruchsteinmauerwerk, dass der Bau als Teil der Erdanschüttung zu verstehen ist.

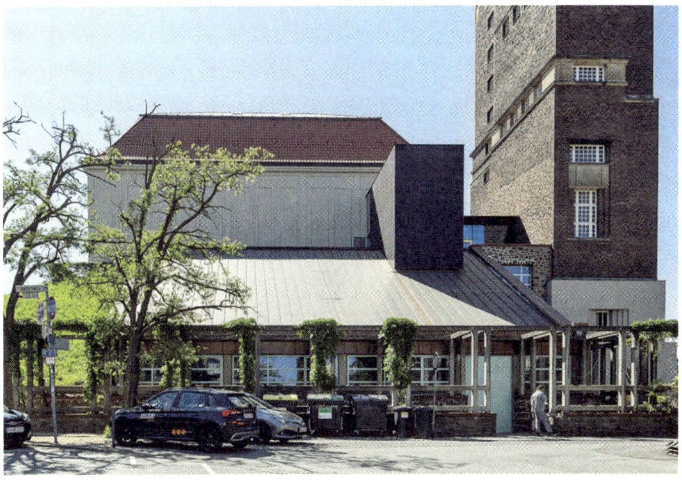

Neugestaltung der verbindenden Bauteile zwischen Hochzeitsturm, Halle 3 und Werkstattanbau durch schneider+schumacher

Die stählernen Dachtragwerke der Hallen wurden saniert, die Glasdächer erneuert und die anderen Dächer mit Tonziegeln neu eingedeckt. Wichtigste Neuerung bei den Sälen war die Anhebung des

4 Ebd., S. 164. Dort auch eine Abbildung der Erweiterungspläne nach Osten.

Fußbodenniveaus der Halle 4 um 20 Zentimeter und damit die Angleichung an die anderen Säle. Das Pultdach der Halle 4 wurde komplett demontiert und durch ein Nordlicht-Sheddach ersetzt.

Zudem korrigierte man endlich einen historischen Fehler der Stadtverwaltung aus dem Jahr 1906. Olbrich hatte fensterlose, reine Oberlichtsäle vorgesehen, doch die Stadtverwaltung verlangte zusätzlich Seitenlicht durch Fenster an allen Außenwänden. Schon zur ersten Hessischen Landesausstellung 1908 haderte man mit den sich daraus ergebenden Problemen. Um störendes Sonnenlicht auszuschließen und um die benötigten Hängeflächen zu schaffen, wurden die Fenster von innen zugestellt und mit Stoffbahnen überspannt. In der Umbauphase 1975 wurden die Fenster nun zugemauert und die Außenwände in einer an die Zeichnungen von Olbrichs Ursprungsentwurf 1905 angelehnten Gliederung recht grobschlächtig verputzt.

Dass der Vorhallenbau eine weitere tiefgreifende Umbauphase erlebte, wird kaum überraschen. Diesmal wurden die Toiletten verkleinert, weil in der Apsis ein behindertengerechter Aufzug eingebaut wurde, der einen Zugang durch einen zweiten Publikumseingang auf Straßenniveau an der Südseite des Gebäudes am Bauhausweg hat.

Das Hauptportal mit einer Einfassung aus weißem Carrara-Marmor wurde vollständig erneuert. Den Windfang ersetzte eine Drehtür, die beiden Treppenläufe zur Garderobe auf der Galerie wurden auf eine schmalere Treppe zurückgebaut, die nun Zugang zu einem Café bildete. Das Café auf der Galerie mit 50 Sitzplätzen ragte wie eine verglaste Veranda in die Halle 1 hinein, eine Konstellation, gegen die sich damals offenbar keine brandschutztechnischen Bedenken erhoben. Das Buffet wurde zum Kassen- und Garderobentresen. Um Platz für die Kleiderablage und Abstellräume zu gewinnen, wurde bei den Hallen 4 und 2 an den Schmalseiten ein gut zwei Meter breiter Raum abgeteilt.

Interessanterweise wurde das Trinkwasserreservoir mit seinem gleichbleibenden Temperaturniveau schon damals für die Temperierung der Hallen – Kühlung im Sommer, Heizung im Winter – genutzt. Ein geschlossener Primärkreislauf entzog dem Wasser mithilfe einer Wärmepumpe Wärme oder führte ihm überschüssige Wärme zu. Diese Technik wurde bei der jüngsten Sanierung erneut aufgegriffen.

Als es neuerlich zu feiern galt – 100 Jahre Künstlerkolonie und Jahrtausendwende –, wurden auch wieder die Bauleute bestellt. Unter der Leitung der Bauverwaltung (Christiane Geelhaar) wurden die Außenanlagen, Treppen, Terrassen, der Brunnen und die schadhaften Fassaden am gesamten Haus instandgesetzt und erhielten einen hellgrauen, groben Kieswurfputz. Eine neue Rundschiebetür mit vergrößerter Durchgangsbreite ersetzte die Drehtür von 1974. Metalllamellen unter den Oberlichtdächern der Hallen 1 und 3 ermöglichten die präzise Kontrolle des natürlichen Lichteinfalls bis hin zur Verdunkelung.

Erstmals seit dem Krieg zeigte sich das Ensemble äußerlich in tadellosem renoviertem Zustand. Die denkmalpflegerische Wiederherstellung der Garten- und Parkanlage erstreckte sich bis ins Jahr 2004. Die Umbaumaßnahmen 1974/75 und die Sanierung 1999/2001 waren der Stand der Dinge, mit dem sich die Planer der jüngsten Sanierungs- und Umbauphase in den 2020er Jahren auseinanderzusetzen hatten. Sie profitierten von der ausführlichen Dokumentation der Diskussionen und der ausgeführten Arbeiten.[5]

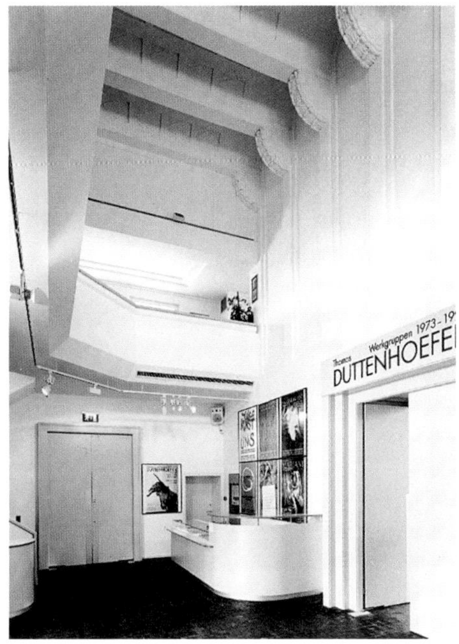

Blick in die Eingangshalle im Jahr 1994. Die historische Farbgebung war übertüncht. Der Kassen- und Garderobentresen lag damals neben dem Haupteingang zur Halle 1. Ganz links der Durchgang zur Halle 4

5 **Siehe vor allem in Buchform: Stadt Darmstadt 2004, Band 3, verfasst von der mit den Arbeiten betrauten Architektin Christiane Geelhaar.**

folgende Seiten: **Das Ausstellungsgebäude aus der Vogelschau, Luftaufnahme aus dem Jahr 2006**

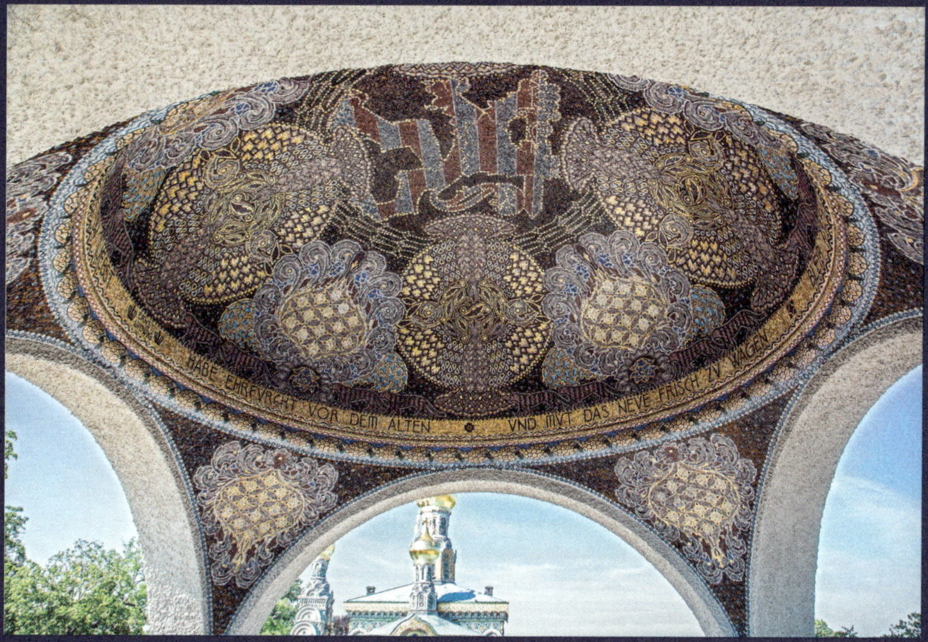

oben: **Die Mosaikkuppel des vorgelagerten Treppenpavillons mit dem viel zitierten Leitspruch des Großherzogs „Habe Ehrfurcht vor dem Alten und Mut, das Neue frisch zu wagen“**

unten: **Baurätin Christiane Geelhaar, Isometrie des neuen Magazin- und Werkstattgebäudes 1974–1976. Der Verbindungsbau, zuletzt im Jahr 1959 umgebaut, wurde für diesen Neubau abgerissen.**

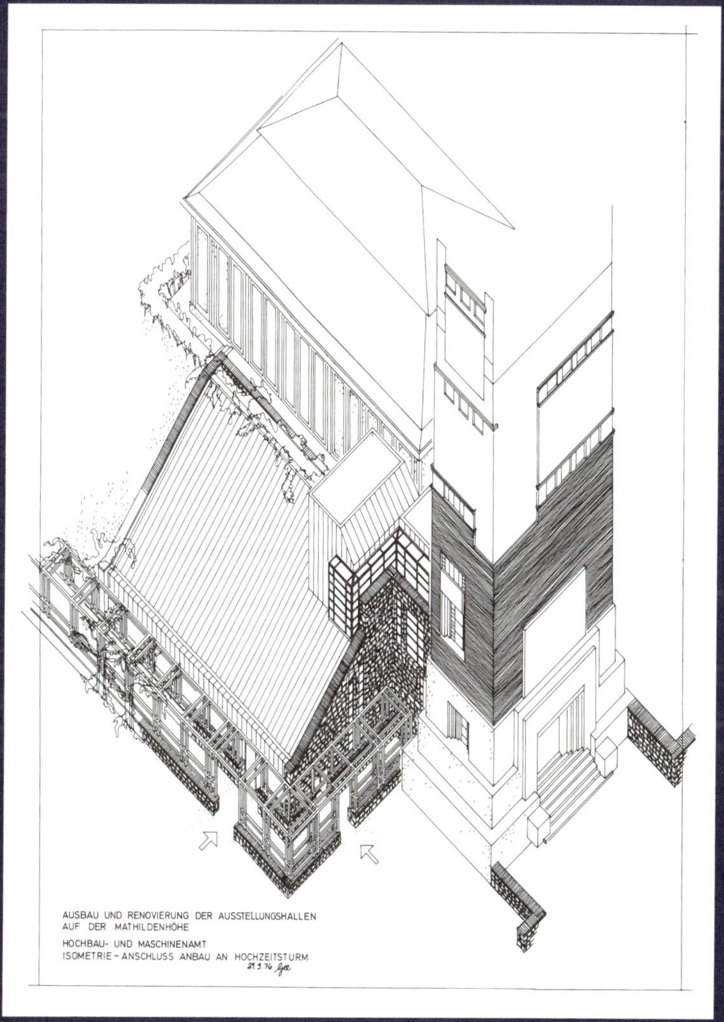

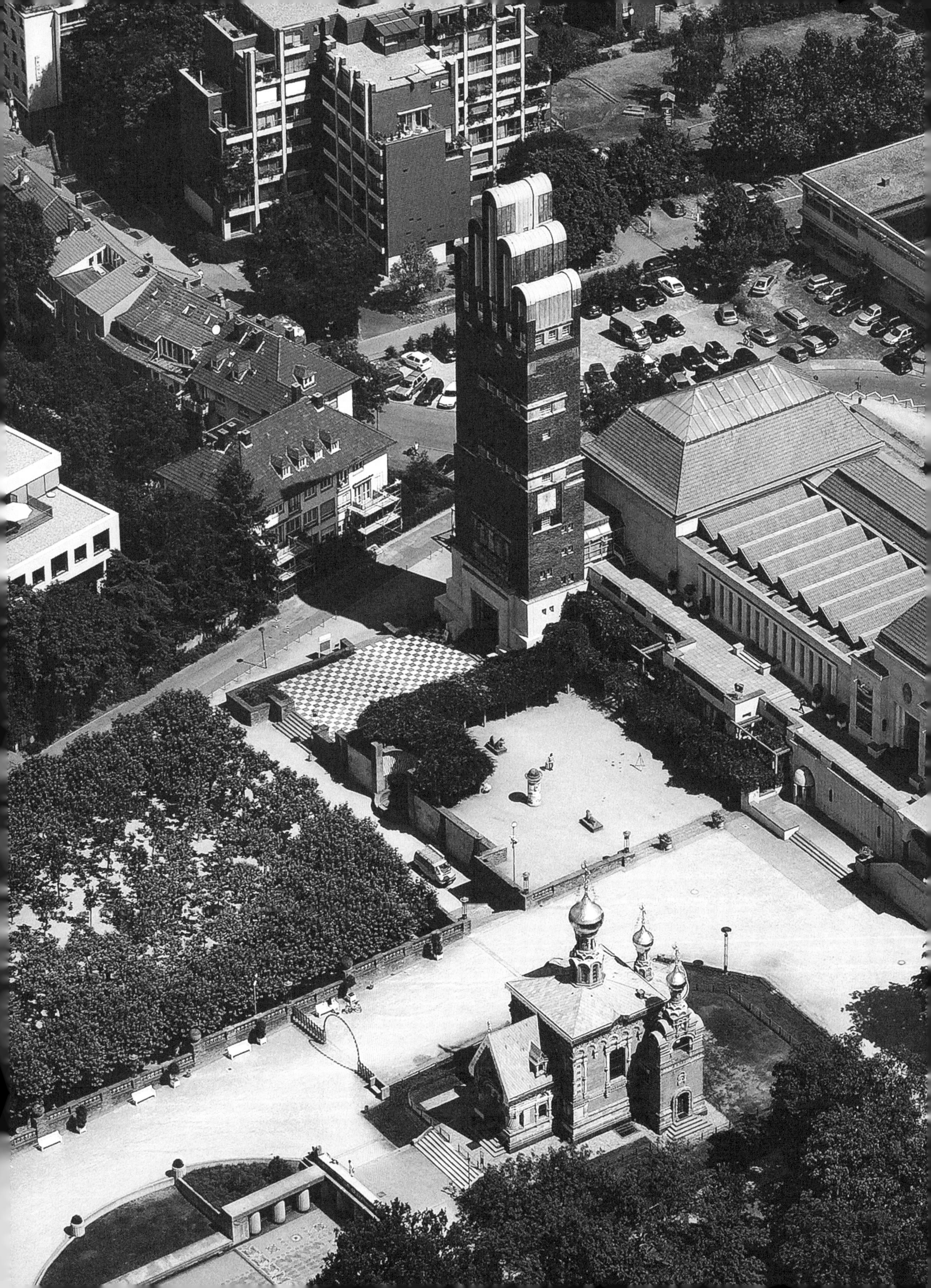

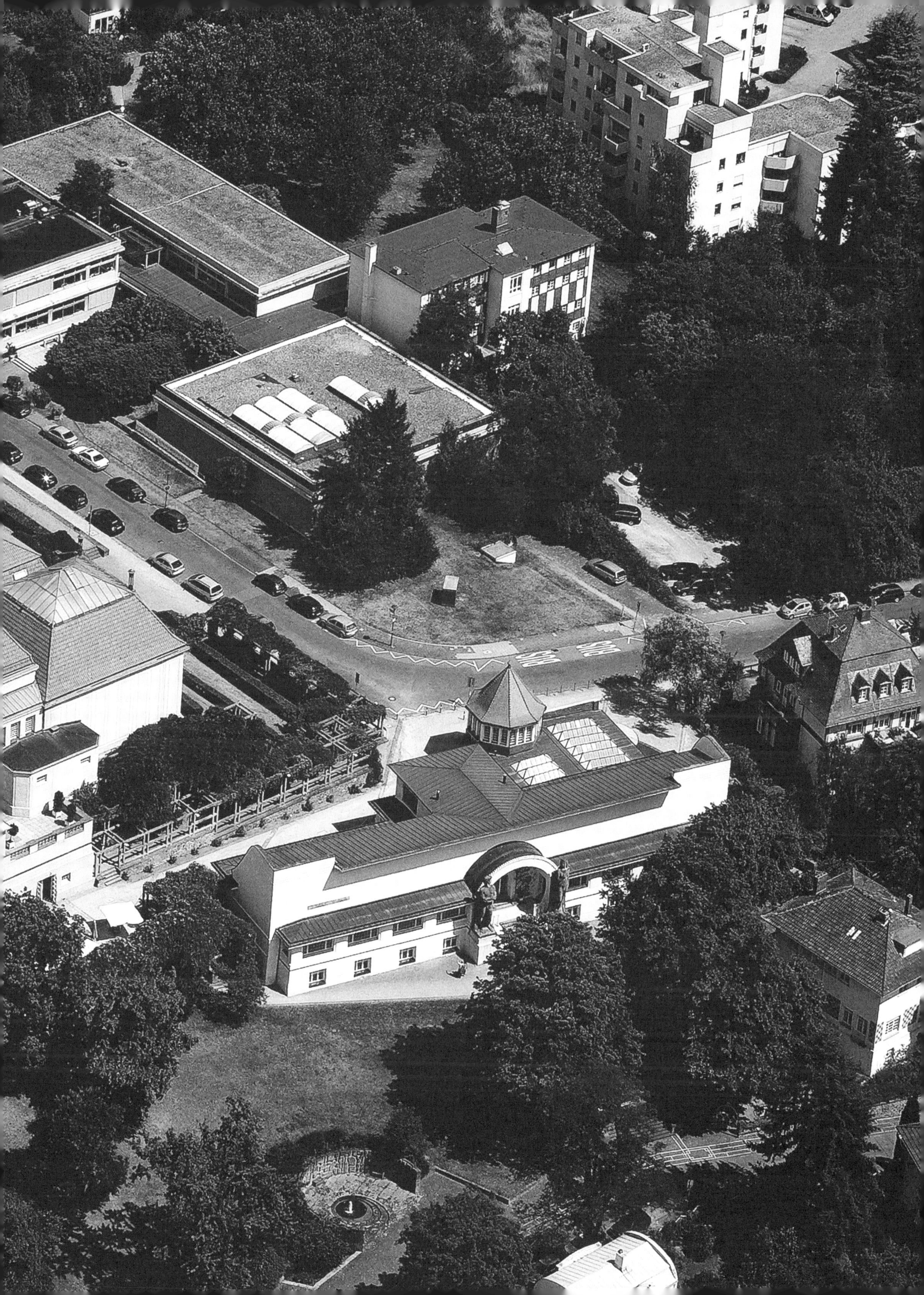

VOM JUGENDSTIL INS ZEITALTER DER NACHHALTIGKEIT

DIE KONZEPTIONEN UND PLANUNGEN DER JÜNGSTEN SANIERUNGSKAMPAGNE

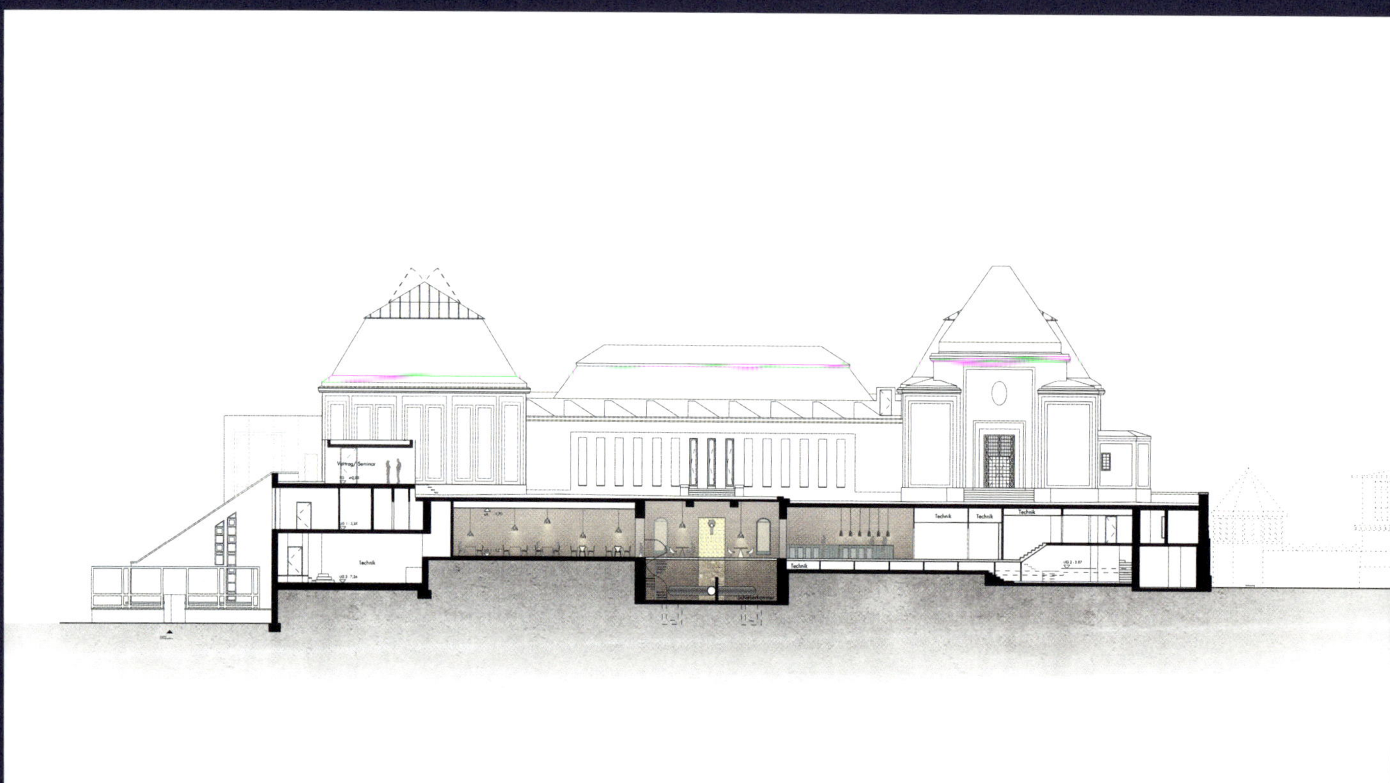

Das Ausstellungsgebäude war wieder einmal in seiner langen Existenz an einen Punkt gekommen, da die letzte Sanierungskampagne (1976) zu lange zurücklag und die aufgelaufenen Mängel und Schäden überhandnahmen. Vor allem die Klimatisierung, aber auch die Haustechnik insgesamt waren veraltet, zu wartungsaufwendig oder wurden den verschärften Vorschriften und Richtlinien nicht mehr gerecht.

Entwurf zum Museumscafé auf der Westseite anstelle der bisherigen Verwaltungs- und Technikflächen, schneider+schumacher, 2016

Die Museumsleute hatten konstatieren müssen, dass sie mit ihrer Anlagentechnik und der Qualität der Oberflächen den Leihgebern und Versicherern von Ausstellungsobjekten nicht mehr die gewünschten Klimabedingungen garantieren können. Der Sollwert lag im Museumswesen vor der Klimakrise bei 20 Grad Celsius plus/minus 2 Grad Celsius Temperatur und 50 Prozent plus/minus 5 Prozent Luftfeuchtigkeit (und wird inzwischen wegen des hohen Energieeinsatzes sammlungsspezifisch individueller gehandhabt). Das war der Auslöser für das Projekt, bei dem man zunächst lediglich vom Austausch der Haustechnik ausging. Welch tiefgreifende Baumaßnahmen notwendig wurden, wurde erst in der Folge deutlich, als man überlegte, wie der Wärmedurchgang der Wände und Dächer, also zu viel Wärmeeintrag im Sommer und zu viel Wärmeverlust im Winter, in Grenzen gehalten werden könne, damit einerseits der Energiebedarf im Rahmen bleibt und andererseits die Anlagetechnik nicht zu voluminös und komplex wird. Denn dafür war zu wenig Raum vorhanden beziehungsweise musste erst geschaffen werden.

Die vorhandenen Lüftungsanlagen waren verschlissen, vielfach umgebaut, unansehnlich präsent in den Räumen und wie die Installationen allgemein nicht mehr zu gebrauchen.

Es wurde also Ende Februar 2012 für die energetische Sanierung ein VOF-Verfahren in Form eines Verhandlungsverfahrens zur Vergabe von Architektenleistungen auf den Weg gebracht – kein Architektenwettbewerb, denn es ging nicht um geniale Entwurfsideen, sondern man beabsichtigte, „Planer zur Sanierung des Wahrzeichens der Stadt auszuwählen, die bei ausgeführten Projekten ihre hohe Kompetenz und Zuverlässigkeit schon unter Beweis gestellt haben. Erfahrungen mit denkmalgeschützten Ausstellungsgebäuden sind dabei von Vorteil“.[1] Es gab zunächst eine Vorauswahl bis auf eine Handvoll Mit-

1 Magistrat der Stadt Darmstadt 1998, Ausschreibung ID 101129 vom 29.02.2012, competitionline 2012

bewerber. Die Auftragsvergabe geschah nach Beurteilung mithilfe einer Matrix durch ein breites Gremium jener Institutionen, die im Weiteren an dem Projekt beteiligt sein sollten. schneider+schumacher bekamen den Zuschlag im Juni 2012.

Für die Auftragsausführung war ein Zeitraum vom 2. September 2012 bis zum 31. Dezember 2014 vorgesehen. Dass dies deutlich zu kurz bemessen war, war den Architekten und fachkundigen Bauherrnvertretern im Grunde von Beginn an klar. Eine Laufzeit bis Ende 2023 konnte sich zum damaligen Zeitpunkt jedoch tatsächlich niemand vorstellen.

„Energetische Sanierung", das musste in diesem Fall weitreichende Folgen für das Bauwerk haben, weil es nicht nur um das Austauschen einiger Installationen und Aggregate gehen konnte. Letztlich waren alle Bereiche des Gebäudes durch die notwendigen Maßnahmen betroffen. Ein Denkmalpflegeproblem erster Ordnung im Übrigen, denn die Entscheidungen hatten Einfluss auf das äußere Erscheinungsbild wie auch die Innenraumgestaltung und die geschützte Originalsubstanz des Gebäudes – ganz zu schweigen von der Bewertung und Einordnung der Qualität und Schutzwürdigkeit späterer Um- und Anbauten.

Zudem musste das Heiz- und Kühlsystem auf eine andere Basis umgestellt werden. Bislang hatte man die große Trinkwasserversorgungsleitung für die Darmstädter Innenstadt, die seit den 1990er Jahren nicht mehr vom Wasserspeicher, sondern vom nahegelegenen Oberfeld gespeist wird, über einen Wärmetauscher als Wärme- beziehungsweise Kältequelle genutzt. Diese an sich sehr smarte Praxis stand nun nicht mehr zu Verfügung, da aufgrund neuer Trinkwasserhygienevorschriften die Temperatur des Wassers nicht länger verändert werden durfte.

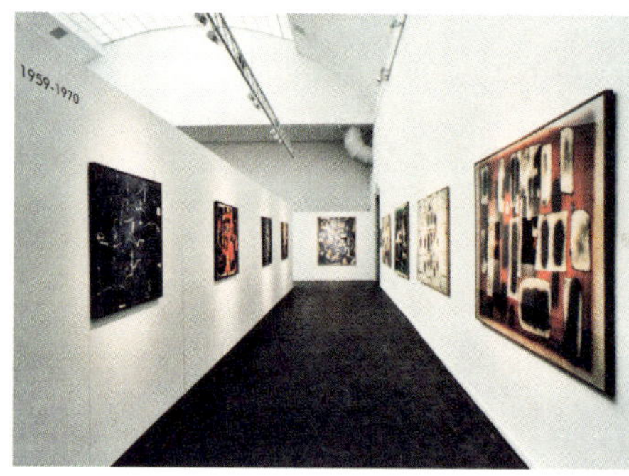

Die Halle 3 vor der jüngsten Sanierungskampagne

„Die Entwicklung des Energiekonzepts nahm einen weitaus längeren Zeitraum in Anspruch als ursprünglich geplant. Gründe dafür sind die hohe Komplexität des Konzeptes mit sich gegenseitig beeinflussenden Bausteinen sowie geänderte Planungsanforderungen im Verlauf des Projektes, die sich auch aus der möglichen Anerkennung als Welterbe ergeben haben", erläuterte Projektleiterin Astrid Wuttke.[2]

In der Tat hatte das Anerkennungsverfahren der UNESCO einen erheblichen Einfluss auf das gesamte Bauvorhaben, formulierte doch deren Kommission ihre eigenen denkmalpflegerischen Vorstellungen und Ansprüche – und die sind mit jenen der hessischen Denkmalpflege nicht unbedingt kongruent beziehungsweise änderten sich im Projektverlauf.

Wuttke listet die wichtigsten Einschränkungen auf: „Die Errichtung eines Schornsteins für ergänzende Heiztechnik ist nicht erlaubt. Ferner darf kein Rückkühler außerhalb des Bauwerks aufgestellt werden. Für die Aufstellung der Lüftungsanlagen ist extrem wenig Platz vorhanden, es gibt keinen großen zusammenhängenden, sondern nur mehrere kleinere mögliche Aufstellorte. An den Außenwänden darf kein klassisches Wärmedämmverbundsystem angebracht werden. Eine Innendämmung wird aufgrund der eingeschränkten Benutzbarkeit der Wände als Hängefläche für wechselnde Ausstellungen nicht akzeptiert. Der Boden kann aufgrund der vorgegebenen Aufbauhöhen keine Dämmung erhalten."[3]

Die Entwicklung des Energiekonzepts im denkmalgeschützten Kontext wurde übrigens 2014 bis 2017 durch eine Förderung der

2 Zippert 2021, S. 149

3 Ebd.

Bundesstiftung Umwelt unterstützt. Das Maßnahmepaket zur Energieeinsparung beinhaltete sechs Punkte:

» Dämmung der Außenwände mit Aerogel-Wärmedämmputz
» Ersatz der einfachen Dachverglasung durch Zweischeibenverglasung mit transluzenter Wärmedämmung, des Sheddachs durch Dreifachverglasung
» Ersatz der einfachen Lichtdeckenverglasung durch Zweischeibenisolierglas
» Reduzierung der Wärmedurchgangswerte von Unterdecken und Dach
» Thermische Aktivierung von Wand- und Deckenflächen für Heizung und Kühlung
» Umstellung der Beleuchtung auf LED

Auf der Energieversorgungsseite wurden vier wesentliche Elemente geplant:

» Mechanische Zu- und Abluftanlagen mit Wärmerückgewinnung in dezentralen Raumluftzentralen
» Einbindung einer Kammer des Wasserreservoirs als thermischer Pufferspeicher
» Einbindung von Erdsonden als Wärme- und Kältelieferanten
» Zusätzliche Heizzentrale im benachbarten Ernst-Ludwig-Haus mit Blockheizkraftwerk und Gasbrennwertkessel für Spitzenlasten

Ein umfangreiches Monitoring überwacht und dokumentiert Betrieb, Energieeinsatz und Klimawerte.

Die Aggregate zur Konditionierung der Raumluft hatten im Lauf der Jahrzehnte und parallel zum Anstieg der Qualitätsanforderungen immer größere Ausmaße angenommen. Um deren Volumina bei der Neuinstallation in Grenzen zu halten, wurden die Heiz- und Lüftungsanlagen dezentraler organisiert, wodurch man nicht mächtige Luftkanäle durchs ganze Haus führen musste. So gibt es getrennte RLT-Zentralen (Raumlufttechnik) für Halle 1 und Foyer, für Halle 2 und 3, für Werkstatt und Magazin, für Halle 3 und das Wasserreservoir, für die Erdsonden und für die Küche. In Abhängigkeit zu den Verfügung stehenden Flächen dürfen außerdem bestimmte Personenzahlen in den einzelnen Hallen nicht überschritten werden, sofern die sehr hohen konservatorischen Anforderungen, die zur Auslegung der Technik herangezogen werden mussten, tatsächlich eingehalten werden müssen.

Die teilweise Umstellung der Heizung von Warmluft auf Strahlungsheizung über Wände und Decken führte dazu, dass nur ein hygienischer Luftwechsel notwendig war und trug ebenso zur Minimierung des benötigten Technikraumvolumens bei. Das Ausstellungsgebäude nutzt den nördlichen der beiden Wasserspeicher als saisonalen Zwischenspeicher sowie die vor dem Haus bis zu 200 Meter tief eingebrachten sieben Erdwärmesonden zur Wärme- und Kältegewinnung.

Um die Anlagentechnik möglichst klein dimensionieren zu können, war neben dem Austausch der Gläser und Dämmung der Dachflächen allerdings auch ein Ertüchtigen der Außenwände erforderlich. Wärmedämmung an der Innenseite kam nicht infrage, weil dann die Wände für wechselnde Ausstellungszwecke unbrauchbar gewesen wären. Außendämmung durch ein Wärmedämmverbundsystem oder hinterlüftete Fassaden schlossen die Architekten von vornherein aus, weil durch mindestens zehn Zentimeter mehr Wandaufbau und eine neue Verkleidung die Gliederung der Fassade, die Wandanschlüsse und Traufe weitgehend verändert und die denkmalgeschützte Optik des Gebäudes zerstört worden wären.

Die Lösung dieses Problems fand sich in einem neuen Putzsystem aus der Schweiz, ein Aerogel-Dämmputz, der mit drei Zentimetern Aufbaustärke das Äquivalent einer acht Zentimeter starken Wärmedämmung bietet. Der Putz ist mineralisch, wodurch auch die Dampfdiffusionswerte im positiven Bereich liegen. Der Planungsvorlauf für das neue Putzsystem war aufwendig der fehlenden Normen wegen sowie der Sonderdetails, die der Bauherr freigeben musste, sowie aufgrund der Abstimmung mit der Denkmalpflege und allen anderen Beteiligten, für die das Putzsystem eine Neuerung darstellte. Hinzu kommt, dass der Putz nicht als Außenhaut geeignet war, sondern noch eine Schutzschicht benötigte, was nur wenige Firmen in der gewünschten Qualität leisten können.

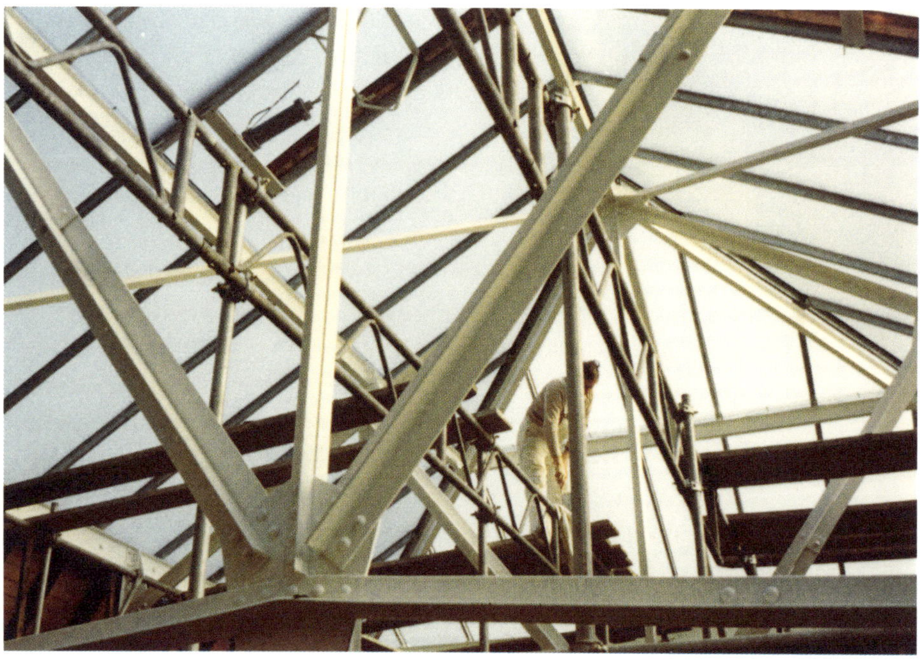

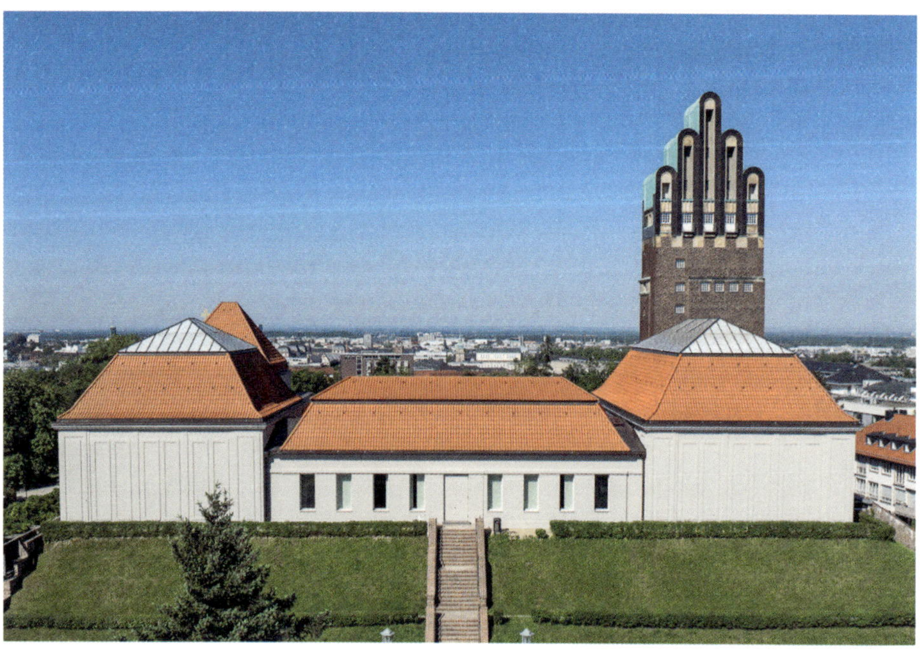

oben: **Die stählernen Dachkonstruktionen der Hallen hatten die Kriegszerstörungen überstanden und konnten erneut instandgesetzt werden. Aufnahme aus dem Jahr 1976**

unten: **Die Hallendächer mit neuer Dachhaut und Verglasung der Oberlichter**

Relief und Profilierung der Außenwände waren schon zu Olbrichs Zeiten variiert worden, vor allem beim Ändern der Befensterung und nochmals in den 1970er Jahren, als die Fenster der Hallen wieder vermauert wurden. Damals orientierte man sich beim Neuverputzen an der Wandgliederung des ersten, fensterlosen Entwurfs von Olbrich.

Die Halle 2 ist nicht mit Oberlicht ausgestattet und hatte ursprünglich Seitenlicht durch Fenster an den Längsseiten. Die Fenster an der Westseite zum Rosengarten hin waren allerdings 1951 geschlossen worden, als der Rosengarten überdacht und zur Halle 4 wurde. Die Ostfenster wurden dann 1974 zugesetzt. Die Öffnung dieser Fenster hatten die Architekten des Büros schneider+schumacher bereits im Bieterverfahren vorgeschlagen und schließlich auch realisiert. Ergänzend entwickelten die Architekten nun ein System verfahrbarer Wände, die in einem Depotraum geparkt sind. Wenn für eine Ausstellung mehr Hängeflächen gebraucht werden und das natürliche Seitenlicht nicht gewünscht wird, können diese Blenden vor die Fenster gefahren werden und es entsteht ein ringsum geschlossener Schauraum.

Wie die neue Fassadenfassung aussehen sollte, an welchen Zeitschichten man sich orientieren sollte, wurde ob der vielen Möglichkeiten zur akademischen Streitfrage und beschäftigte die Architekten und die Denkmalpfleger lange Zeit, insbesondere, als die Kommission der UNESCO im Lauf des fortschreitenden Bewerbungsverfahrens zunehmend Einfluss nahm. Denn mit der Eintragung der Mathildenhöhe in die Welterbeliste der UNESCO am 24. Juli 2021 ergab sich für das Ausstellungsgebäude in Bezug auf die denkmalpflegerische Observanz der Baumaßnahmen eine völlig neue Situation. Plötzlich war nicht mehr der hessische Landeskonservator Herr des Verfahrens, sondern die UNESCO übernahm, durchaus nicht immer mit gleichen Kriterien wie die heimischen Denkmalschützer.

Zuvor hatten die Architekten mit der örtlichen Denkmalpflege ein Konzept entwickelt, wie mit den Zeitschichten umzugehen sei. Die Gestaltungen der 1970er Jahre sollten eher in den Hintergrund rücken, die Olbrich-Zeit eine größere Rolle spielen. Die gängige Doktrin des ICOMOS, des die UNESCO beratenden internationalen Rats für Denkmalpflege, besagt jedoch, dass authentisch ist, was man vorfindet. Dazu zählt in diesem Fall auch der Umbau der 1970er Jahre. Der ICOMOS hat deshalb sehr genau hingeschaut, welche Elemente aus jener Zeit erhalten werden können beziehungsweise wie das Gedankengut der 1970er Jahre bewahrt werden kann. Diese Diskussion hat mit anderthalb bis zwei Jahren sehr viel Zeit benötigt.

Konkret ging es zum Beispiel um den Werkstättenanbau, dessen baukulturellen Rang sowie die Tatsache, dass er einen Teil der Originalfassade von 1908 abdeckt und wie damit umzugehen sei. Viel diskutiert wurde auch der Außenputz. Im Lauf der Bauuntersuchungen hatte sich gezeigt, dass die vorgefundene minderwertige und marode Außenhaut nicht erhalten werden konnte. Es handelte sich um den Putz aus den Jahren 1974 bis 1976, einer Zeit, in der der Denkmalschutz sich gerade erst neu aufstellte und begann, Statur zu gewinnen. Wenige Jahre später wäre der sehr grobe, dicke Putz, mit dem alle Details, alle Feinheiten der Fassade zugekleistert worden waren, nicht mehr akzeptabel gewesen. Es ging also um eine mögliche Freilegung der Olbrich'schen Fassade und um die Frage, welche Zeitschicht der aufzubringende Putz repräsentieren kann beziehungsweise soll. Das Ergebnis ist eine Rekonstruktion der Putzgliederung der 1970er Jahre – eine Forderung der Denkmalpflege, die man durchaus diskutieren kann, denn die Architekten hatten eine eigene Gliederung vorgeschlagen, die als Ausdruck der 2020er Jahre nicht weniger legitim gewesen wäre als jene der 1970er Jahre.

Die Fassade der Halle 2 entspricht weitgehend dem Original. Deren Fenster sollten wieder in Holz ausgeführt werden. Den Plänen Olbrichs von 1906 und einer Bauaufnahme des mit dem Wiederaufbau befassten Architekten Heinrich Berger aus dem Juli 1947 sowie Fotos aus der Vorkriegszeit ist die ursprüngliche Sprossenteilung zu entnehmen, ein dichtes Netz aus horizontalen, vertikalen und diagonalen Sprossen, die die Fläche in 32 Glasdreiecke teilte und das Bild der Fassade stark prägte.[4] Die Architekten hatten diese Version zunächst übernommen. Originale materielle Befunde gab es nicht und die Planunterlagen waren der ICOMOS-Kommission nicht stichhaltig genug, sodass sie für sprossenlose Fensterflächen plädierte. Auch die Idee der Architekten, die Glasflächen dann in die vordere Fassadenebene zu legen, um den modernen Eingriff deutlich zu machen, wurde verworfen.

Die Fenster der Halle 4 an der Westfassade, ursprünglich ja nur Wanddurchbrüche zum Rosengarten, erhielten sehr schlanke, in der Laibung versenkte Rahmen, sodass nur Glas sichtbar ist und sie wieder wie die ursprünglichen Scharten wirken.

Die Fenster der Hallen 1 und 3 waren 1975 zugemauert worden, wodurch das Belichtungskonzept Olbrichs mit ausschließlich Oberlicht wieder zum Tragen kam. Hier bot sich deshalb an, auch die Fassadengliederung am ersten, fensterlosen (nicht ausgeführten) Entwurf Olbrichs auszurichten. Er wollte die großen Wandflächen durch im Relief ausgeführte Blendfenster und kassettierte Rahmungen gliedern. Die Kassettierung wurde nach dem Vorschlag der Architekten noch durch den Wechsel der Putzart akzentuiert, indem sich gröberer und feinerer Putz abwechseln.

Die Neueindeckung der Dächer führte zu ausgiebigen Grundsatzdiskussionen der Denkmalpflege. Vor dem Krieg hatten die Dachziegel eine starke Vertikalprofilierung; das Dach wirkte fast wie mit Mönch- und Nonne-Ziegeln gedeckt. Gemäß der UNESCO-Doktrin galt aber die Deckung der 1970er Jahre mit Tonziegeln, die sich ihrerseits an den Wieslocher Pfannen von 1947 orientierten, als letzter authentischer Stand und als Vorbild für die Neueindeckung.

Das noch von Olbrich entworfene stählerne Dachtragwerk der Hallen 1 und 3 hatte den Brand während des Bombenangriffs 1944 ohne gravierende Schäden überstanden. Da es einen hohen Denkmalwert besitzt und unangetastet bleiben sollte, aber von begrenzter Tragfähigkeit ist, galt es, bei Glasdach und Lichtdecke Konstruktionsgewicht zu sparen.

Indes gehörten die Glasdächer mit ihren Einscheibengläsern zu den problematischsten Bauteilen mit den größten Energieverlusten. Dreischeibengläser waren aber zu schwer, und so suchten die Architekten nach leistungsfähigen Zweischeibengläsern mit akzeptablem Leistungsprofil. Nur die jüngeren und damit tragfähigeren Sheddächer der Halle 4 wurden mit Dreischeibengläsern ausgestattet.

Im Inneren der Ausstellungshallen sind vor allem die Fußböden und die Decken zu erneuern gewesen. Da im Deckenbereich Installationen hinzukamen, Leucht- und Sicherheitstechnik, Zulufteintrag an den Rändern etc. und die Belüftung der Deckenzwischenräume

4 Stadt Darmstadt 2004, Band 3, S. 131

neu geregelt wurde, war es geboten, die Rabitztonnen der 1950er Jahre durch Gipskartonplatten zu ersetzen. Hinzu kam eine Bauteilaktivierung in den oberen Wandbereichen und in den Tonnendecken als Teil des Energiekonzeptes.

Die Abluft wird über Lamellenöffnungen in den Fußleisten abgesogen. Für die Kanäle boten sich die bauzeitlichen Kriechgänge unter den Hallen sowie die ehemaligen Nischen der zugesetzten Fenster an. Die einstigen Fensternischen der Halle 2 zum Rosengarten hin (jetzt Innenwand zur Halle 4) konnten in der haustechnischen Planung ebenfalls unauffällig mit Lüftungsschächten besetzt werden.

Wie es die Architekten frühzeitig erkannt hatten, erweiterte sich der Planungs- und Bauauftrag schrittweise. Ging es anfangs um die energetische Sanierung, so wurde den Verantwortlichen klar, dass sich damit Weiterungen auch in Bezug auf die konstruktiven Verhältnisse, die räumlichen Nutzungen und die Ästhetik und denkmalrechtlich relevanten Eingriffe ergeben mussten. Und schließlich ergaben sich neue Wünsche und Ideen der Nutzer, die architektonisch umgesetzt werden sollten.

Zweite Aufgabe für die Architekten war denn auch die Neuorganisation aller Räumlichkeiten neben den eigentlichen Ausstellungssälen. Dabei ging es um Funktionsabläufe im Gebäude, um Lasttransporte und um barrierefreie Zugänge. In diesen Bereichen gab es auch Potenzial für kreatives Weiterbauen, für neue Gestaltungselemente, für das Hinzufügen einer neuen Zeitschicht.

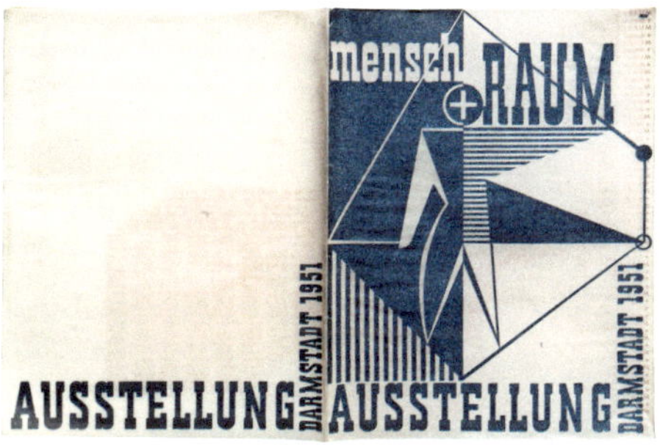

Katalogumschlag zur Ausstellung „Mensch und Raum“, die 1951 in den nunmehr vier Hallen des Ausstellungsgebäudes stattfand und fünfzig Jahre nach Gründung der Darmstädter Künstlerkolonie einen geistigen und kulturellen Neuanfang nach der Katastrophe des Zweiten Weltkrieges markierte.

So wurde zum inzwischen siebten Mal der Vorhallenbau umgebaut, wenngleich sich die Funktionen diesmal nicht so grundlegend änderten. Links neben dem Eingang wurde die enge zweiläufige Treppe zur Galerie ersetzt. Neu ist die behindertengerechte Toilette, die daneben Platz fand. Rechts vom Eingang, der nun statt der Rundschiebetür einen Windfang mit zwei Türanlagen aufweist, wurde das Damen-WC umgebaut und ist nun Herren-WC, während die geräumigere Toilettenanlage links neben dem Aufzug den Damen vorbehalten ist.

Anstelle der Garderobe links neben dem Eingang zu Saal 1 empfängt ein neu entworfener Tresen die Gäste und dient nun auch der Kasse. Die Galerie des ehemaligen Cafés wurde etwas zurückgebaut, damit der Raum wieder besser erlebt werden kann. Sie ist bei heutigen Sicherheitsvorschriften wegen der Fluchtwegesituation nicht mehr für den Publikumsverkehr geeignet. Auch Arbeitsräume zum dauernden Aufenthalt sind nicht möglich, weshalb sie gemäß Planungsstand 2023 keiner spezifischen Nutzung zugewiesen sind.

Eine weitere Maßnahme zur Befreiung aus der Raumnot war die Verkürzung der Hallen 2 und 4 auch an der Nordseite um eine Achse (am Südende waren die Halle 4 schon 1950 und die Halle 2 bereits 1975 verkürzt worden). Das brachte zwar Verlust an Ausstellungsfläche mit sich, machte sie aber wieder symmetrisch zur Gesamtanlage und ergab einen Zugewinn an dringend benötigten Neben- und Haustechnikräumen.

Die Planung eines neuen Cafés stand von Anbeginn auf der Agenda der Architekten. Da Olbrich im bauzeitlichen Ausstellungshaus keinen Restaurationsbetrieb vorgesehen hatte und ein solcher nicht erst heute zum Raumprogramm eines Museumsbaus dazugehört, gab es zwischenzeitlich zwei verschiedene Lösungen. 1960 wurde das Restaurant in den schon zehn Jahre zuvor dafür vorgesehenen Räumen des Verbindungsbaus zwischen Hochzeitsturm und Halle 3 realisiert. Es hatte 48 Plätze. 1975, als das Werkstattgebäude entstand, wanderte es, nun als Café geführt, auf die Galerie in den Vorhallenbau. Dort war es zuletzt nur noch geduldet und konnte aus baurechtlichen Gründen nicht mehr länger bleiben.

schneider+schumacher sahen von Beginn an die Chance, das Sockelgeschoss der Hauptansichtsseite nach Westen hin zu aktivieren und attraktiver zu gestalten. Links und rechts der vorgeschobenen Schieberkammer waren 1914 unter den neuen Terrassen Nebenräume entstanden. Dieses Erdgeschoss der Schauseite fristete seitdem, hinter Treppenanlage, Pergola und dichtem Bewuchs verborgen, ein eigenartiges Schattendasein. Die vor dem Wasserspeicher gelegene Raumzone von geringer Tiefe diente im linken Teil als Büro. Im mittleren, etwas vorkragenden Bauteil lag die Schieberkammer des Wasserspeichers, rechts daneben Technikräume.

Diese Nutzungen konnten ausgelagert werden. Die Architekten hielten die Räume vorausschauend frei. Als das Café dann 2016 zum Projektumfang hinzukam, konnte die lang gestreckte Raumflucht auf ganzer Breite vom Hochzeitsturm bis zur Freitreppe für das Café in Anspruch genommen werden. Das Café mit insgesamt 75 Plätzen hat eine interne Verbindung über die Küche zum Südeingang und wird von dort aus beliefert.

Die vorhandene kurze Vortreppe, die zum südlichen Technikraum (heute Gastraum) gehörte, wurde erneuert und führt nun vom Vorplatz direkt zum Haupteingang. Rechts daneben bietet ein neuer Aufzug den barrierefreien Zugang vom Vorplatz zum Café. Dem linken Raum des Cafés (Hauptgastraum) ist eine Terrasse vorgelagert, die vom Platz her über eine Freitreppe zugänglich ist und nun vom Café als Freisitz bedient werden kann. Die einstige Schieberkammer in der Mittelachse zeigt noch historische Elemente der Wassertechnik, die zur stimmungsvollen Atmosphäre des als Bar eingerichteten Raums beitragen. Zwei schmale Türöffnungen sind nach wie vor der Durchschlupf zu zwei Innenwandtreppen, Zugang zu den beiden Wasserspeicherkammern, von denen eine im gefüllten Zustand zu sehen und die andere als Eventraum vorgesehen ist. Allerdings setzen die verwinkelten Zugänge einer Nutzung enge Grenzen und erlauben keinen permanenten Publikumsbetrieb. Ebenso verhält es sich mit dem tiefsten Raum unter der Schieberkammer, der über eine stählerne Spindeltreppe zugänglich ist. Gastbetrieb ist dort nicht möglich, aber Interessierte

Das neue Museumscafé im Bereich ehemaliger Verwaltungs- und Technikflächen.

Gold: Gastraum mit Bar in der Schieberkammer des historischen Wasserspeichers

Blau: Küche mit Nebenräumen und Lieferanteneingang

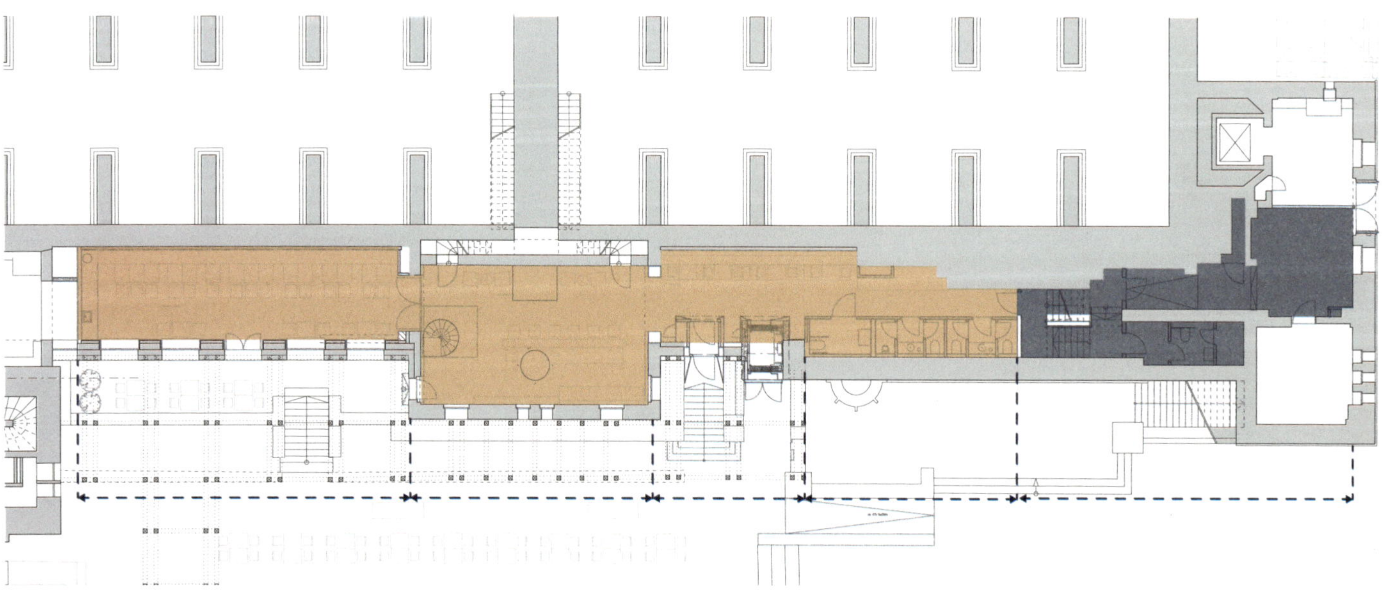

können sich die technikgeschichtlich bedeutsamen Installationen aus der Betriebszeit des Wasserreservoirs ansehen; immerhin ist der Speicher ein eingetragenes Industriedenkmal.

Zu den Baumaßnahmen, die ursprünglich nicht im Auftrag der energetischen Sanierung vorgesehen waren, gehört auch der Umbau des Werkstattgebäudes aus dem Jahr 1975 an der Nordseite. Das Dach und der Aufzugturm erhielten eine neue Kupferverkleidung. Die postmoderne gläserne Verbindung zum Hochzeitsturm konnte entfallen und der Verbindungsbau ist nun ein Geschoss niedriger ausgeführt, um die nordwestliche Gebäudeecke des Ausstellungsbaus freizustellen.

Auf dem unteren, zum Olbrichweg ebenerdigen Niveau -3 liegt neben der Anlieferung für die Ausstellungshallen die Werkstatt. Im Geschoss -2 befinden sich das Depot und das Zwischenlager für Ausstellungen; darüber, auf -1, die Hausmeisterei mit Technik-, Sanitär- und Personalräumen. Der Aufzug reicht noch ein Geschoss höher auf die Ebene 0 der Ausstellungshallen und des Verbindungsbaus und dient der Beschickung aller Ausstellungen. Über den Verbindungsbau gibt es die Möglichkeit, bei besonderen Anlässen – Trauungen und dergleichen – in Pagen-Begleitung barrierefrei in den Hochzeitsturm zu gelangen, denn er hat als Raum zwischen Hochzeitsturm und Halle 3 zu diesen jeweils einen Zugang. Der voll verglaste Raum mit Aussicht ist für Empfänge und dergleichen frei bespielbar. Er hat vorgelagert eine kleine Terrasse nach Norden für den Drink im Freien und eine Treppe nach Süden als Verbindung zur großen frontalen Terrasse und zum Haupteingang des Ausstellungsgebäudes. Er kann im Bedarfsfall auch als zusätzlicher Ausstellungsraum dienen.

Insgesamt hat sich das Bauvorhaben von Umfang und Aufwand her erheblich ausgeweitet. Das anfängliche auf die energetische Sanierung eingegrenzte Projekt mündete in eine umfassende Sanierung des Gebäudes samt Um- und Anbauten. Die Bausumme stieg dementsprechend von anfänglich veranschlagten 6,69 Millionen auf 33 Millionen Euro.

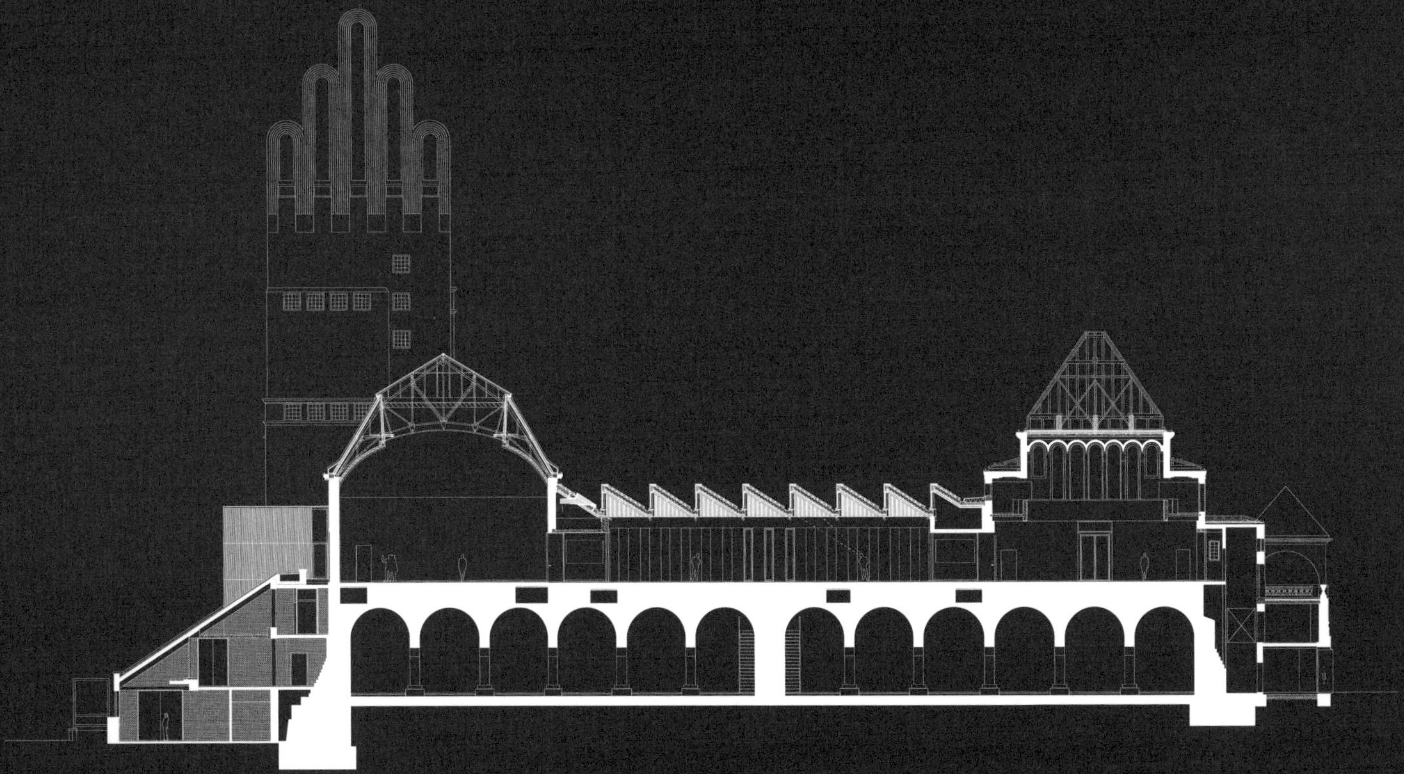

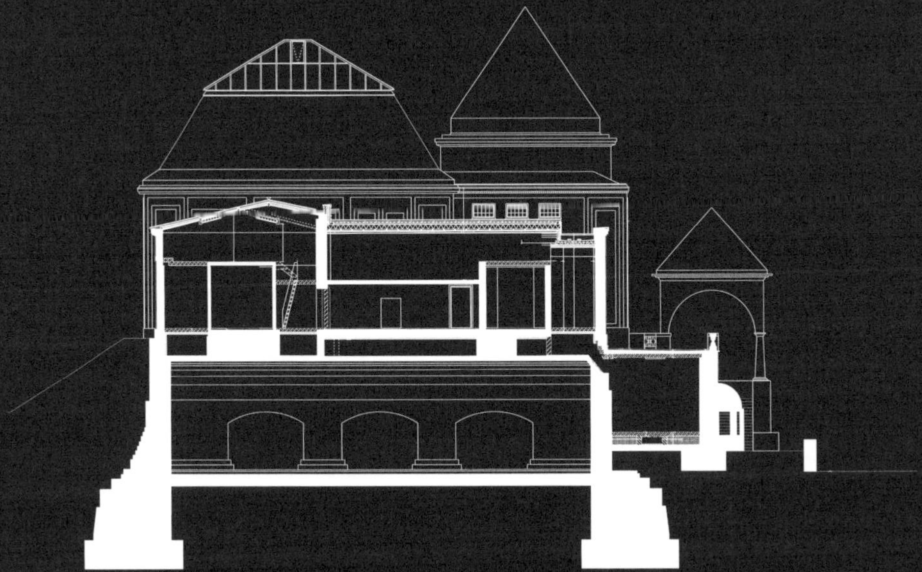

oben: **Längsschnitt durch die Hallen 3, 4 und das Eingangsgebäude**

unten: **Querschnitt durch die Hallen 2 und 4 unmittelbar am Übergang zu Halle 1 und das Café**

rechte Seite oben: **Grundriss Ausstellungsgeschoss**

rechte Seite unten: **Grundriss Sockelgeschoss mit Wasserspeicher**

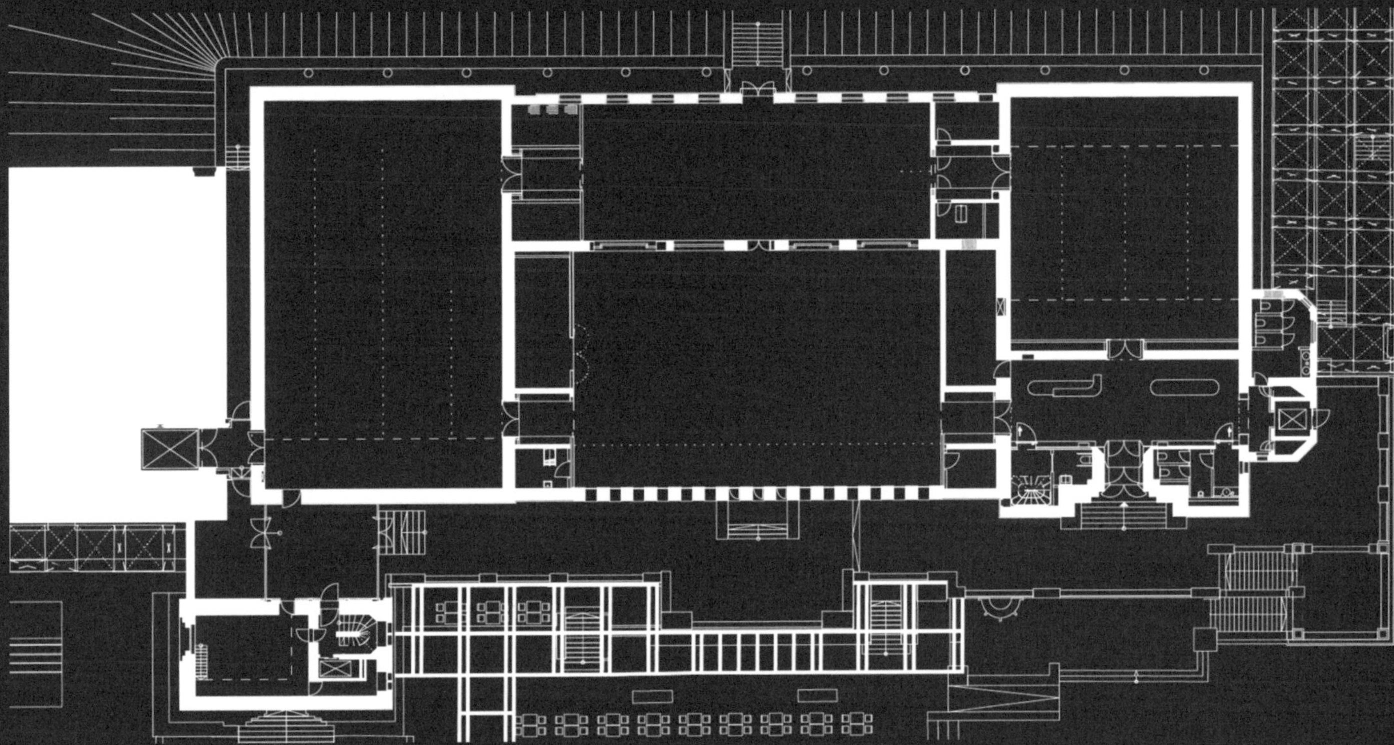

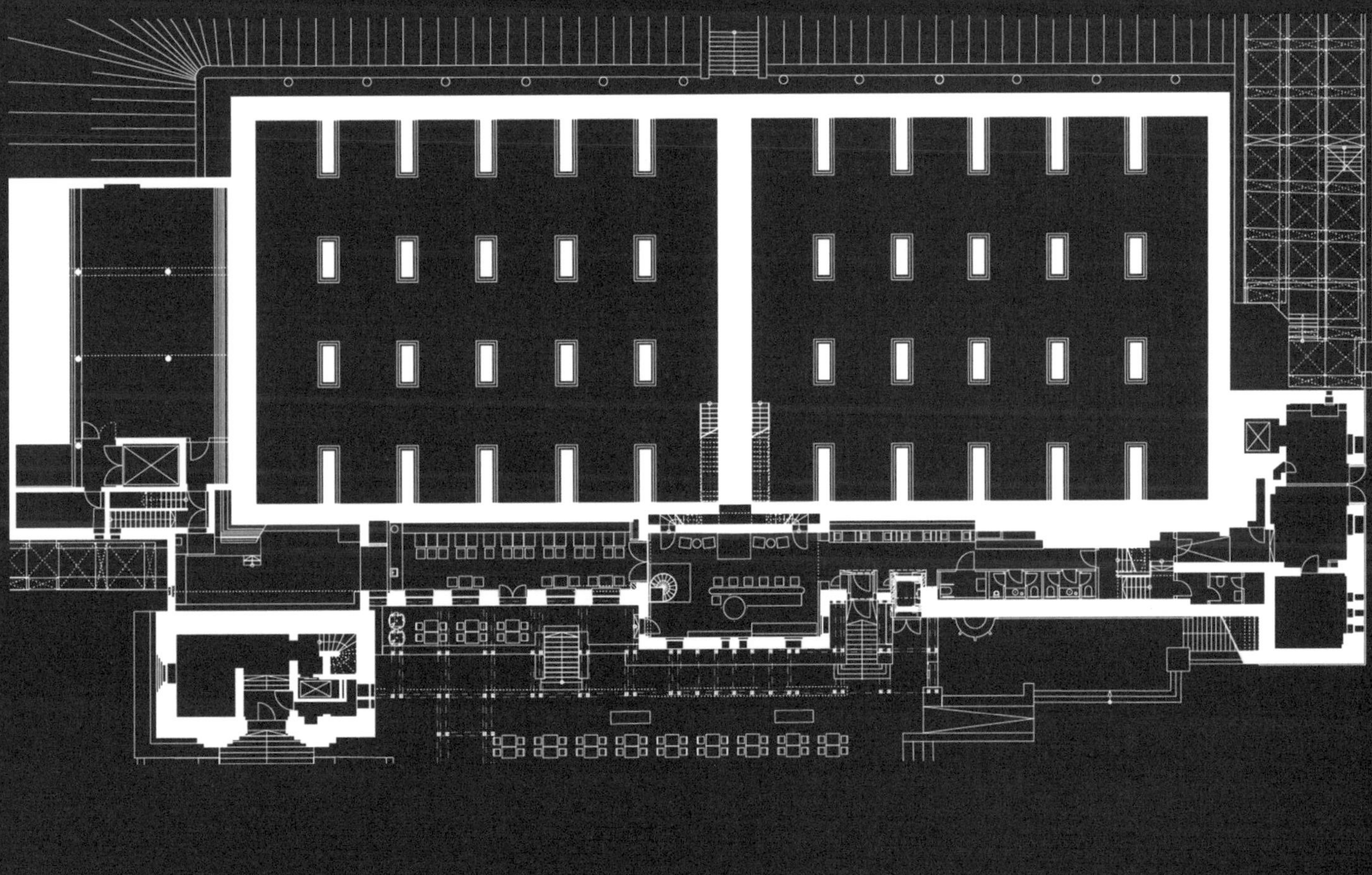

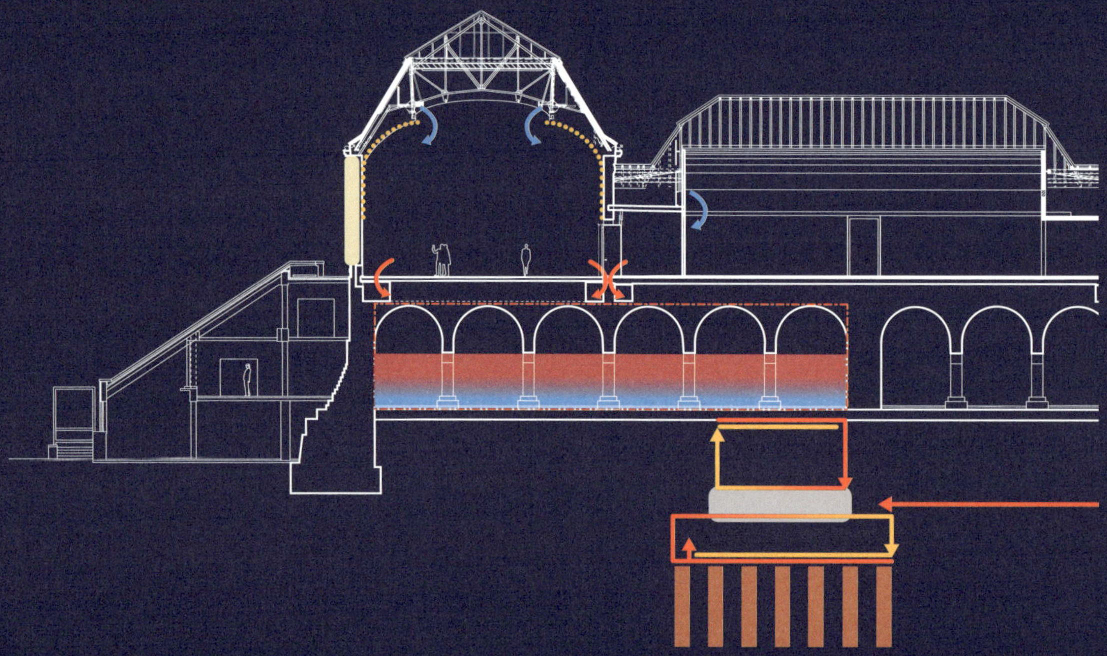

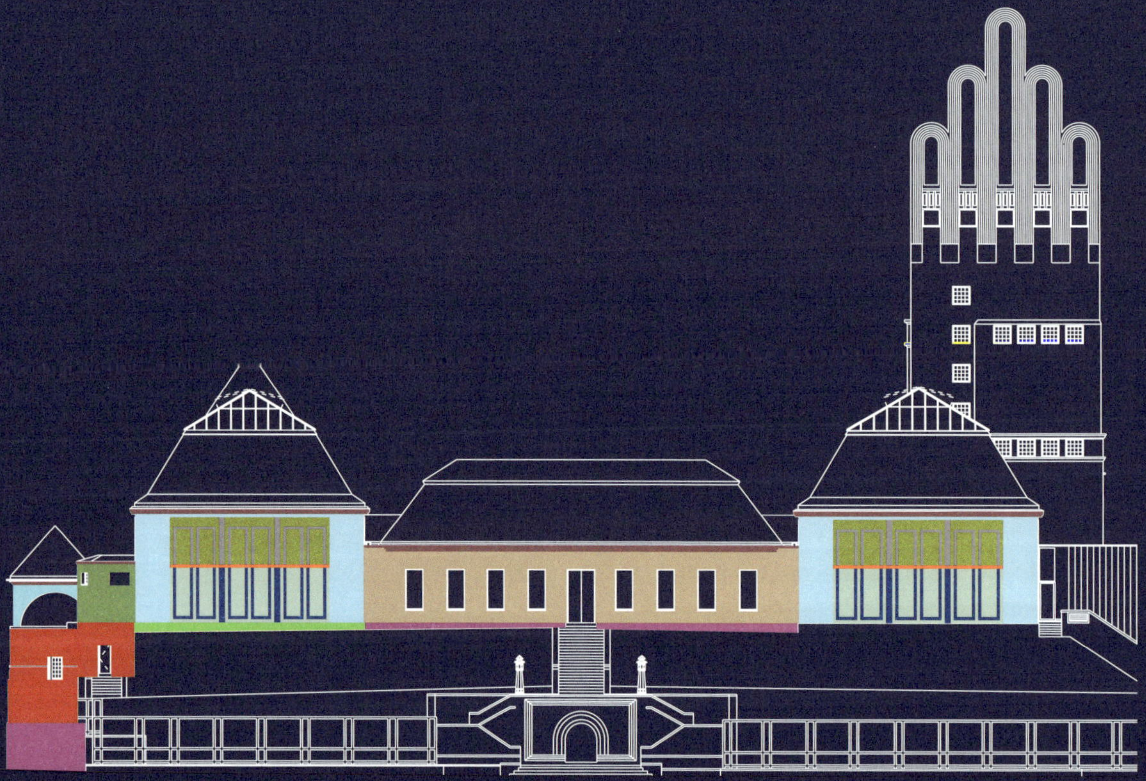

linke Seite oben:
Energiekonzept mit Wasserreservoir als Wärmespeicher, ergänzenden Erdwärmesonden und Nahwärmeversorgung aus dem benachbarten Ernst-Ludwig-Haus. Zuluft von oben, Abluft durch die vorhandenen Kriechgänge, die ursprünglich als Heizung dienten

linke Seite unten:
Ansicht Ost, Übersichtszeichnung zur Erneuerung der Putzflächen. Jeder Farbton steht für einen anderen Putzaufbau.

diese Seite unten:
Dezentrale Anordnung der neu organisierten Energietechnik:
1, 2, 4, 5 und 8 neue dezentrale Lüftungstechnik
3 ergänzende Brennwerttechnik im Ernst-Ludwig-Haus
6 Erdsonden im Vorfeld des Hauses
7 Wärmetauscher

folgende Seiten:
Isometrisches Schaubild der haustechnischen Ausstattung des Ausstellungsgebäudes. Es sind nur technische Anlagen dargestellt, keine Böden, Wände oder Decken. Bei den sehr hohen konservatorischen Anforderungen ist dies das erforderliche Minimum an Haustechnik.

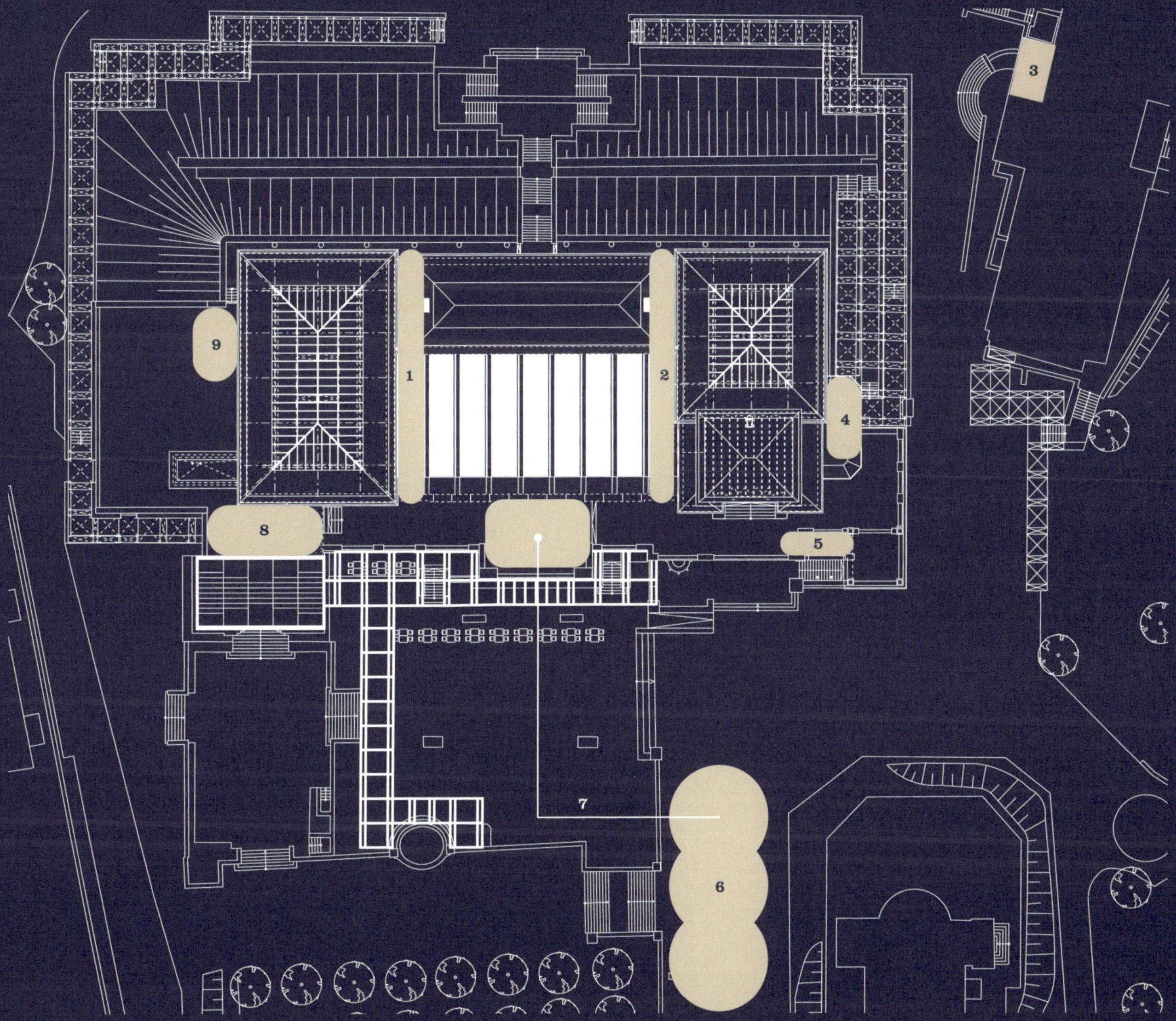

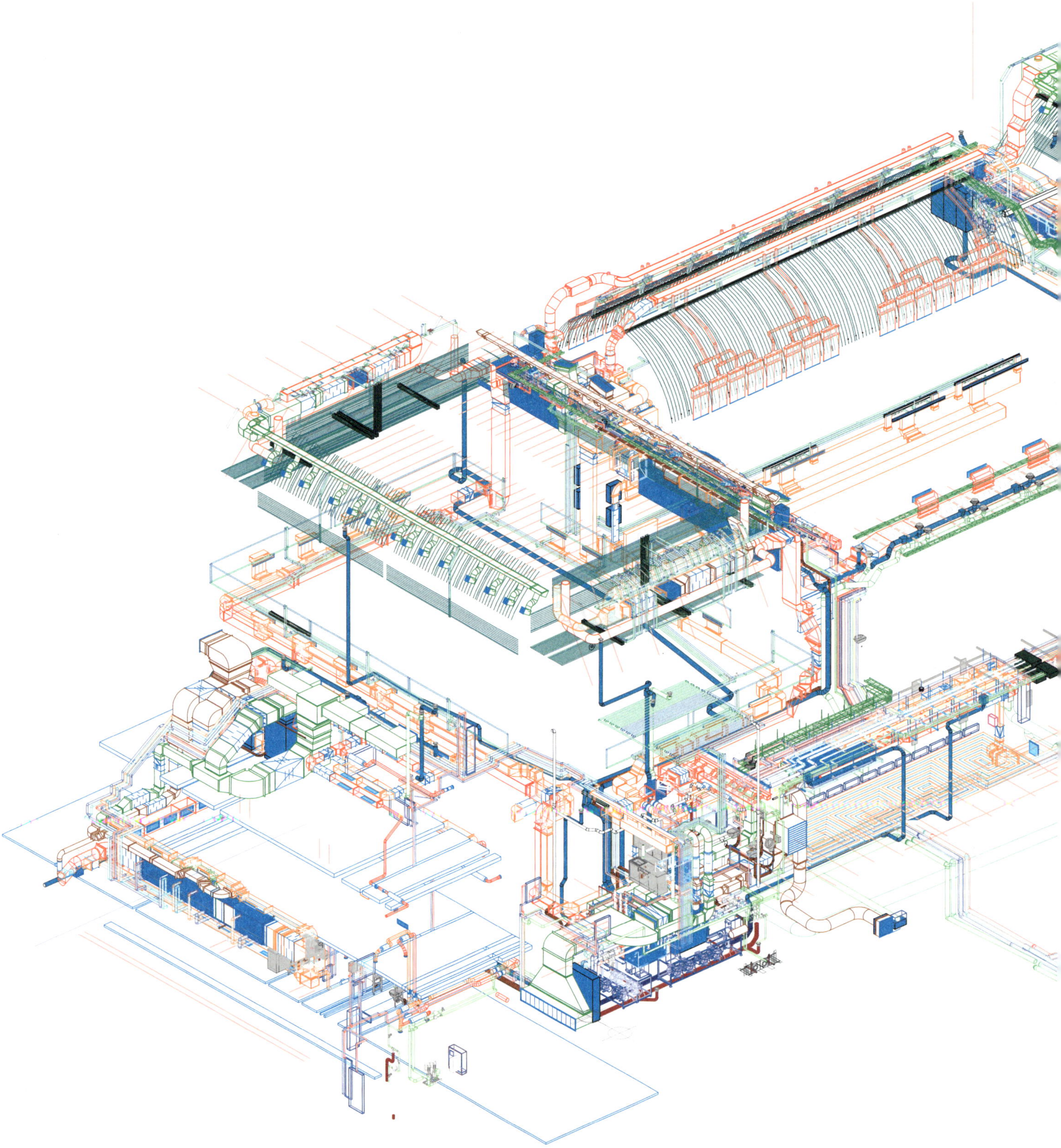

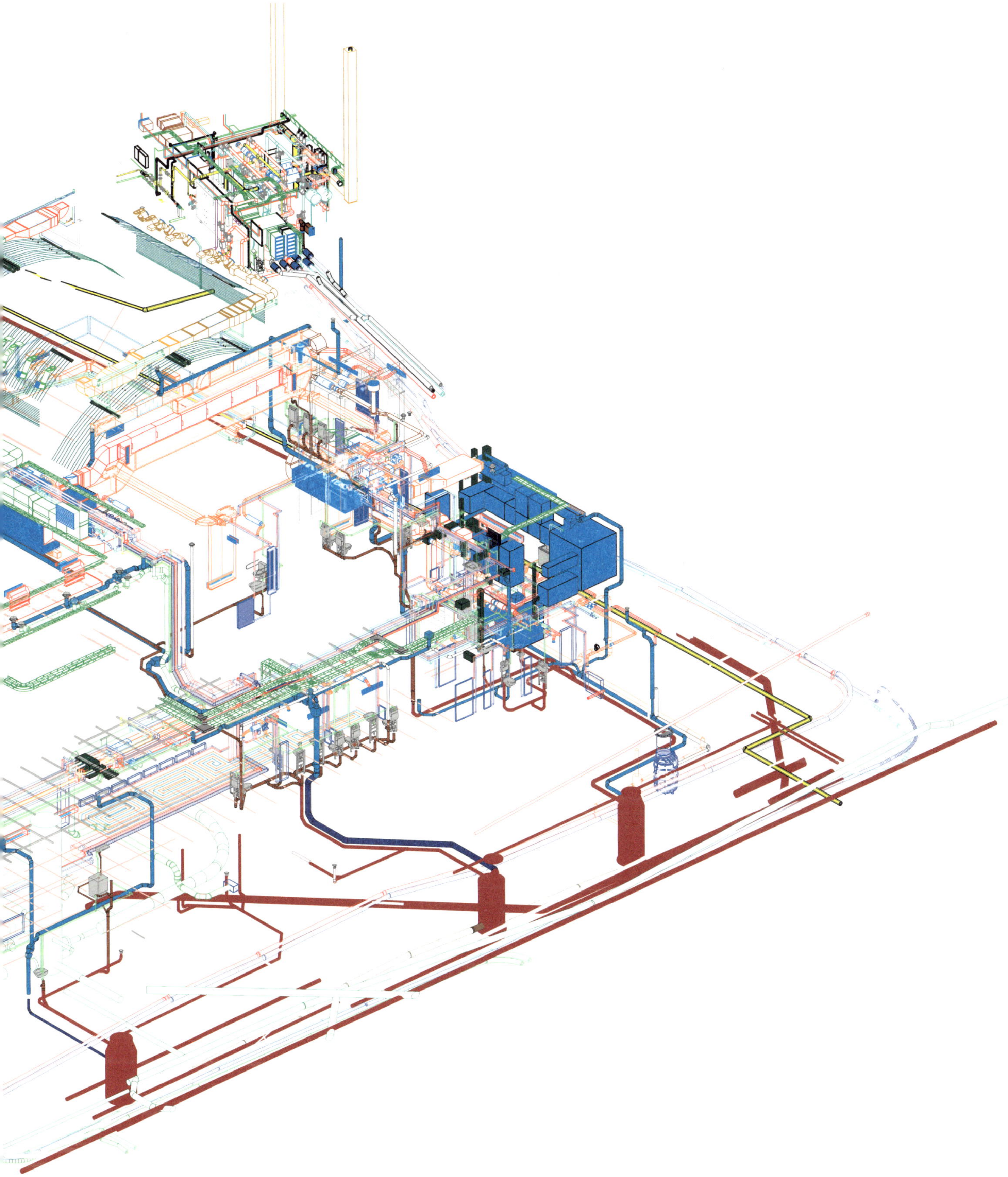

VON SMARTEN AEROKÜGELCHEN UND SCHIMMERNDEN MESSING-PORTALEN

DER BAU IST VOLLER ÜBERRASCHUNGEN

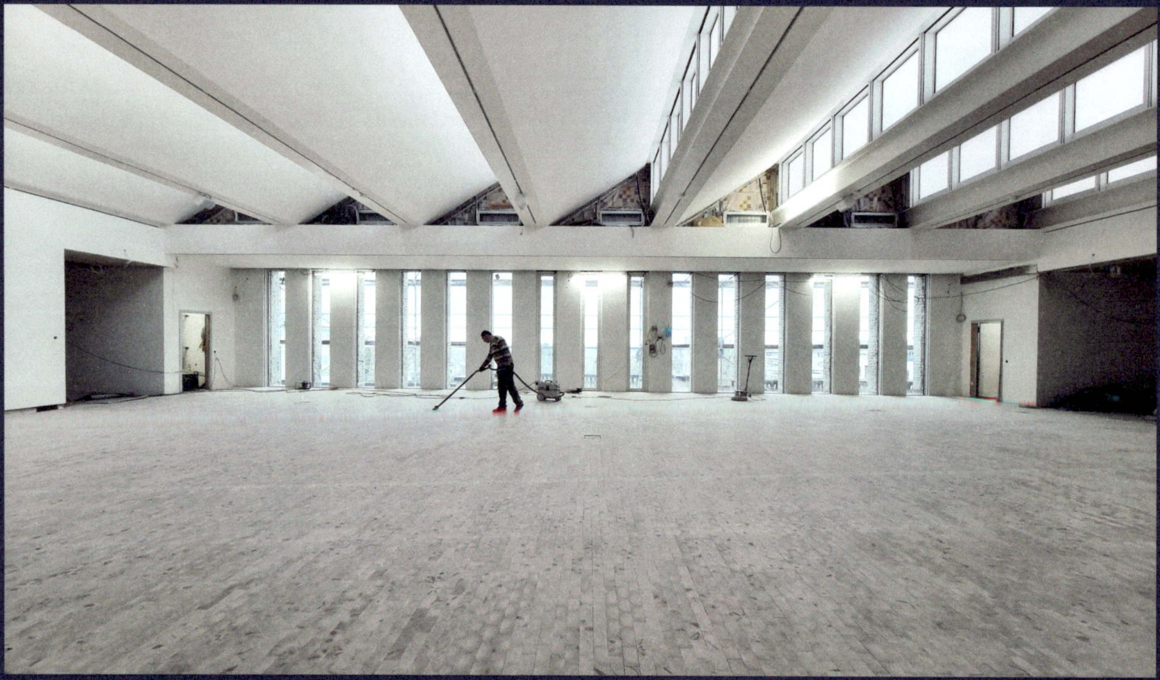

Im Sommer 2017 ging es an die Baustelleneinrichtung und der Bauzaun wurde aufgestellt. Den Neubaumaßnahmen gingen der weitgehende Rückbau der verschlissenen Haustechnik sowie die Schadstoffbeseitigung voraus. Mit unliebsamen Überraschungen durch gesundheitsschädliche Baustoffe ist bei Sanierungsbauvorhaben immer zu rechnen, meist, wenn es höchst ungelegen kommt und oft mit erheblichen Kosten im Schlepptau.

Die Hirnholzfußböden der Hallen konnten aufgrund schädlicher Emissionen nicht beibehalten werden und wurden durch neues Hirnholzpflaster mit Öl-Wachs-Oberfläche ersetzt.

So konnten zum Beispiel entgegen der Planung die durchaus noch intakten Hirnholzfußböden in den Ausstellungshallen aus den 1970er Jahren nicht beibehalten werden, da sie mit Klebern verlegt worden waren, die noch immer Schadstoffe in nach heutigen Regeln unzulässiger Konzentration ausdünsten. Das Parkett musste also entsorgt und nach dem Vorbild von 1976 ersetzt werden. Viele zu behebende Schäden konnten erst durch den Rückbau und präzise Substanzuntersuchungen erkennbar werden. Dass die Betondecken der Terrassen vor der Westfassade unrettbar marode waren, konnte man ihnen zuvor nicht ansehen.

Dass die Baumaßnahmen zwei Jahre später als geplant begannen und statt zwei letztlich sieben Jahre in Anspruch nahmen, lag nicht nur an Unvorhergesehenem (über das man bei Sanierungsfällen wie diesem aber auch nicht allzu überrascht ist) und am haustechnischen Konzept, das im Lauf der Planung und Baumaßnahmen an Komplexität zunahm. Viel Zeit nahm das 2021 glücklich abgeschlossene Verfahren zur Anerkennung der Mathildenhöhe als UNESCO-Welterbe in Anspruch. Die Abstimmung denkmalrelevanter Fragen mit einer eigens eingerichteten Kommission ging weit über das übliche Maß an Absprachen mit den heimischen Denkmalschutzbehörden und deren Anforderungen hinaus und hatte Auswirkungen auf den Baubeginn.

Die Überlegungen, wie mit den Fassaden umzugehen sei, begannen 2014 mit einer Befunduntersuchung der Ostseite als Musterfassade, wobei bauzeitliche Gestaltungssysteme, Materialitäten und Farbfassungen erforscht wurden. Unter der dicken Putzschicht kam die bauzeitliche Wandgliederung ans Licht, insbesondere die Gesimsteile aus Beton sowie Reste des Zahnschnittfrieses aus Olbrichs

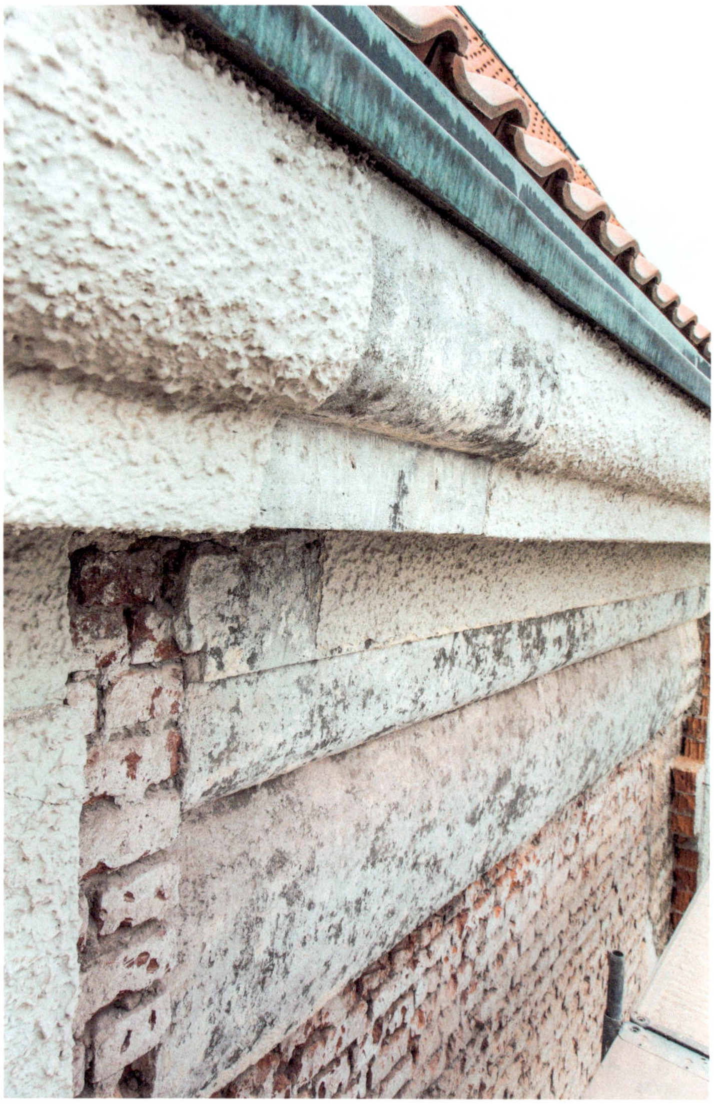

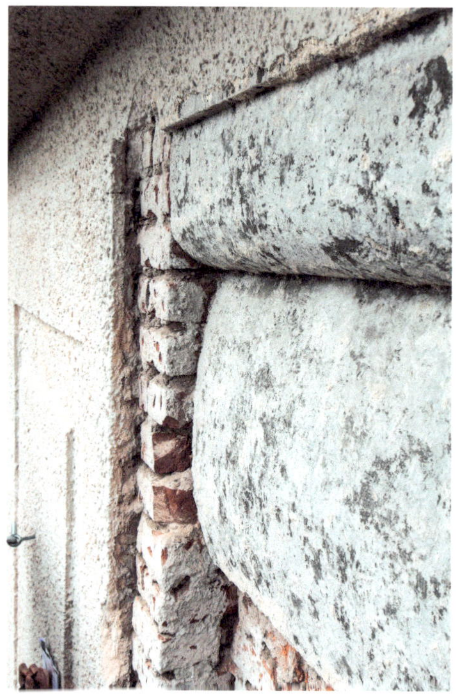

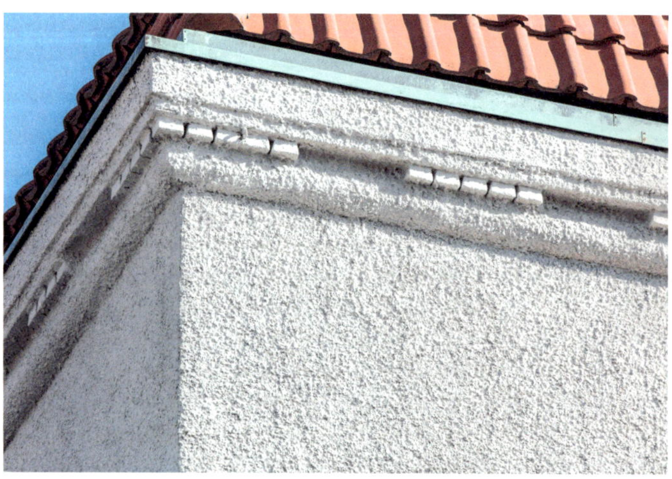

Zeiten, aber auch mit Hochlochziegeln vorgemauerte und verputzte Wandschilde aus den 1970er Jahren. Die konservatorischen Befunde flossen in die Planung der Außenhaut und deren Gestaltung ein.

Schließlich wurde der Putz großflächig abgenommen. Das Zwischenstadium – ohne Putz – zeigte anschaulich das Schicksal des Gebäudes mit mehreren Umbauten und Fassadenvariationen. Kurze Zeit stand das Haus so als Denkmal seiner selbst und seines eigenen Schicksals vor Augen.

Da auf die Außenwände aus Denkmalschutzgründen keine konventionelle Wärmedämmung aufgebracht werden konnte und aus Nutzungsgründen Wärmedämmung an der Innenseite nicht infrage kam, hat man sich für einen neuartigen Aerogel-Wärmedämmputz entschieden, der mit nur vier Zentimeter Stärke optisch einem konventionellen Putz nahekommt und es ermöglicht, die historischen Reliefstrukturen und die Anschlüsse an Dächer und Fenster zu repetieren. Dessen Aerogelkügelchen bestehen zu 90 bis 98 Prozent aus Luft; sein Wärmedurchgangswert entspricht einer Normaldämmung doppelter Stärke.

Die Oberfläche des feuchteempfindlichen Dämmmaterials wurde im Regelfall mit vier Millimeter Einbettmörtel sowie drei Millimeter Deckputz geschützt. Gemäß dem neuen Entwurf für die Wandgliederung der Hallen wurde der Deckputz in zwei verschiedenen Körnungen verbaut, grober in den eingetieften Reliefpartien, feiner auf den erhabenen Flächen.

oben und Mitte: **Bei Abnahme des Verputzes an der Ostfassade traten zuvor verdeckte bauzeitliche Betonprofile zutage.**

unten: **Der neu aufgebrachte Putz lässt die historischen Gestaltungselemente wieder zur Geltung kommen.**

Über die gesamte Fassade hinweg ergaben sich wegen der heterogenen Untergründe und der unterschiedlichen Wandstärken und Anforderungen eine Vielzahl von verschiedenen Putzaufbauten und -stärken. Die Architekten zeichneten mehr als 40 unterschiedliche Putzdetails. Den Wetterschutz der neuen Außenhaut bildet eine Silikat-Überrollfarbe. Die derart aufgebaute Beschichtung ist durchgehend mineralisch, diffusionsoffen und gegen Feuchtigkeit und Schimmelbefall unempfindlich.

Für das komplizierte Putzsystem kam nur eine spezialisierte Firma infrage, die mit dem neuen Material umgehen konnte. Da es sich bei dem Aerogel-Wärmedämmputz um ein recht neues Material ohne hinreichende Erfahrungen im Denkmalschutz handelte, mussten im Vorfeld der Ausführung zahlreiche Muster erstellt werden, um die einzelnen Arbeitsschritte exakt festlegen zu können.

Beim Neuaufbau der Terrassen wurden die Außentreppen komplett ab- und wieder neu aufgebaut. Problematisch erschien dabei die nach Hessischer Bauordnung zu geringe Höhe der Terrassenbrüstungen. Es gelang jedoch, die Berechnungsweise der Landesbauordnung in Baden-Württemberg zu übernehmen, nach deren Bestimmungen Breite und Tiefe der Brüstung zusammengerechnet werden können, um zum geforderten Wert zu kommen.

Das Hauptportal, mit Rahmung und Laibung aus Carrara-Marmor nobilitiert, war im Lauf der Zeit mehrfach umgebaut worden. Der Wechsel der Türanlagen ging zulasten des Innengewändes. Die Rahmung wurde sorgfältig saniert und das fehlende Innengewände mit neuem Carrara-Material ergänzt. Eine neue, doppelte Türanlage mit Windfang ersetzt die bisherige Drehtür. Das markante, türkisfarbene Gittertor mit goldfarbenen Akzenten der 1970er Jahre wurde sorgsam restauriert und wieder eingebaut.

In der Vorhalle blieben nach dem teilweisen Rückbau der Emporen die vergoldeten Knaggen der Deckenunterzüge und die

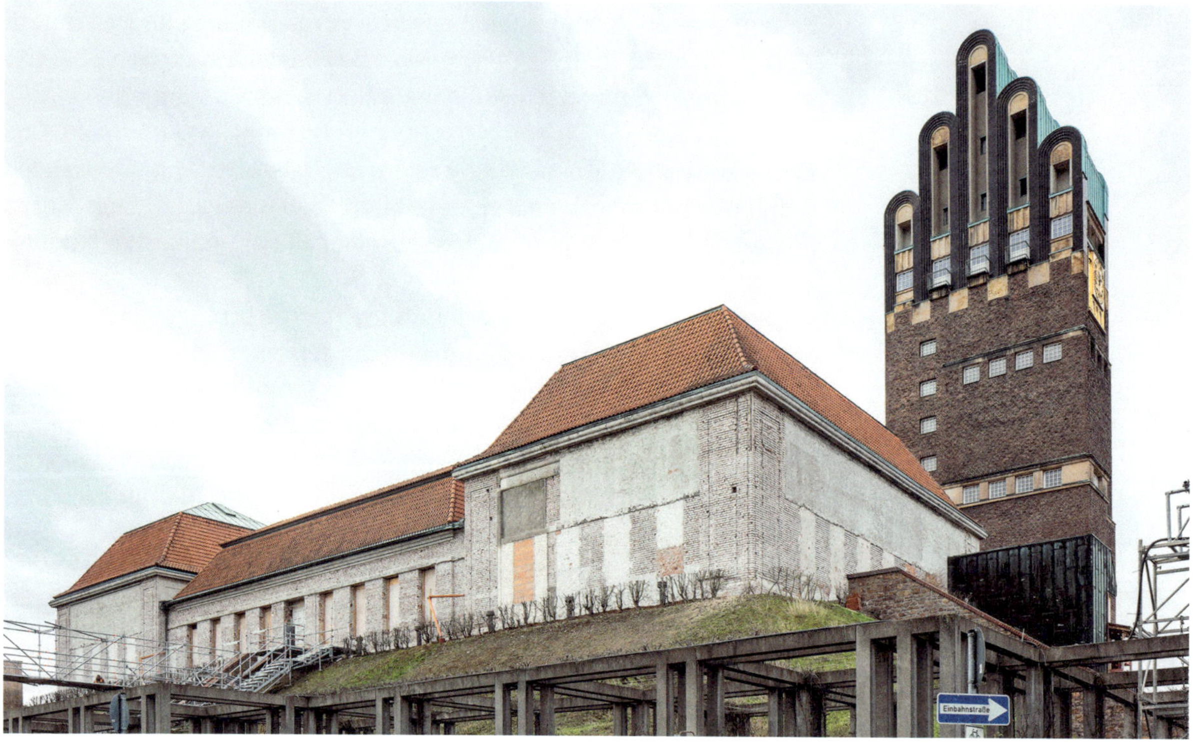

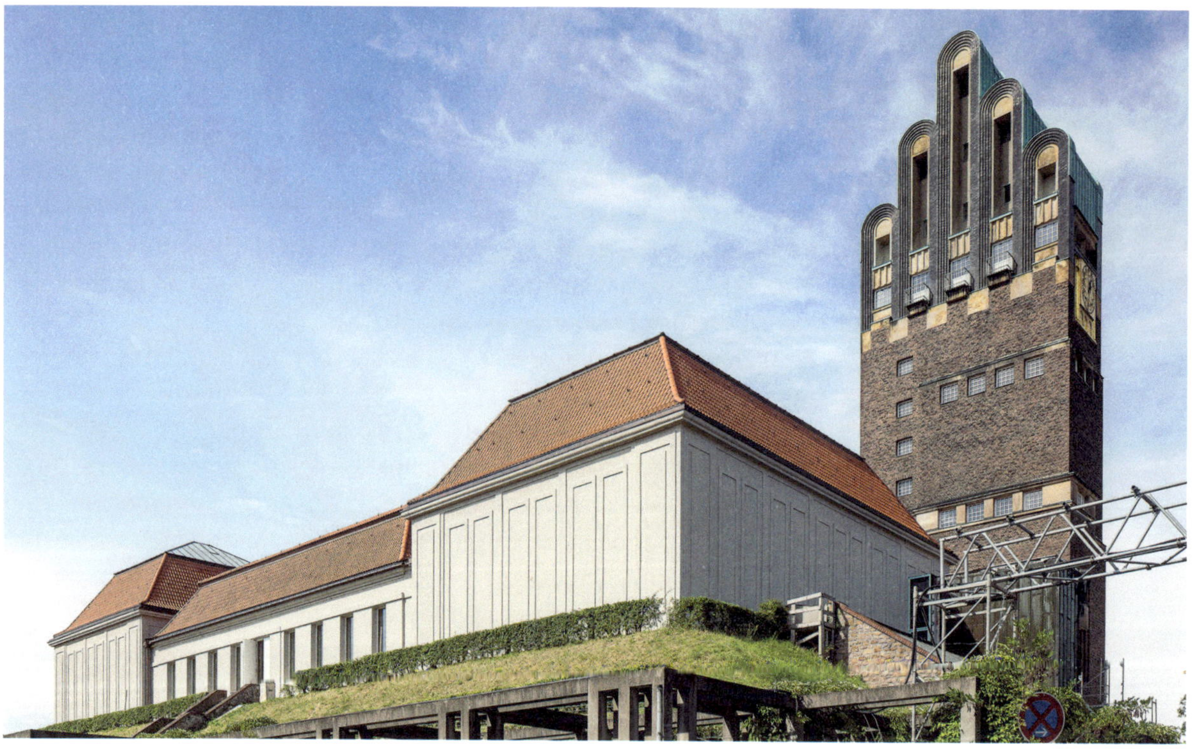

oben: **Die vom Verputz der 1970er Jahre befreite und auf die bauzeitliche Substanz zurückgeführte Ostfassade mit den vermauerten Fenstern**

unten: **Für die Fassaden der Hallen 1 und 3 wurde die Gliederung in Erinnerung an Olbrichs ersten Projektentwurf mit geschlossenen Blendfensterbahnen der 1970er Jahre wiederhergestellt. Die Seitenlichtfenster der Verbindungshalle 2 wurden wieder geöffnet.**

Bemalung der schmalen Gewölbetonnen zwischen den Unterzügen über die gesamte Bauzeit erhalten.

Was im Inneren des Gebäudes um- und eingebaut wurde, ist längst unter den Oberflächen verschwunden. Installationen für Heizung, Lüftung und Beleuchtung sollten aus Gründen der optischen Zurückhaltung in den Schauräumen nicht in Erscheinung treten. In solchen Fällen bieten sich eine Fußbodenheizung oder eine Wandflächenheizung an. Erstere ließ sich wegen der Aufbauhöhen nicht realisieren, auch, weil man lange davon ausgegangen war, den Hirnholzboden zu erhalten. Wände als Kollektorflächen sind im Museumsbetrieb an Stellen nicht möglich, an denen Exponate angedübelt werden sollen. So wurden nur die Wandpartien außerhalb der Hängeflächen und die Decken für thermische Bauteilaktivierung genutzt. Zuluft wird im Deckenbereich eingeführt. Die Kriechgänge unter den Hallen, die ursprünglich als Warmluftzuführungen dienten, boten hinreichend Installationsraum für die neuen Abluftkanäle.

Olbrich hatte für die Hallen 1 und 3 Oberlicht vorgesehen. Tageslicht fällt durch Glasdächer in den Dachraum und weiter durch Lichtdecken in die Ausstellungshallen. Sowohl das bauzeitliche Dachtragwerk als auch die Tonnenkonstruktionen der Lichtdecken blieben erhalten. Es mussten lediglich in beiden Ebenen neue Gläser eingebaut werden. Doch was einfach klingt, war wegen der heute erforderlichen Dämmwerte eine Herausforderung. Die Architekten initiierten die Beauftragung einer thermischen Simulation, um festlegen zu können, an welcher Stelle welche Art von Gläsern notwendig und möglich sind, um die geforderten Werte zu erreichen. So kamen bei der äußeren Dachhaut keine Dreifachgläser zum Einsatz, denn die wären zu schwer gewesen, stattdessen aber Zweischeibenpaneele mit transluzenter Wärmedämmung im Zwischenraum in Form einer von zwei Glasvliesen umhüllten Kapillarplatte. Das Vlies sorgt für die Abgabe von gleichmäßigem Streulicht. Eine zusätzliche UV-Folie (Museumsfolie) filtert Strahlung mit Wellenlängen unterhalb 390 Nanometer heraus. Leistungsfähige satinierte Wärme- und Strahlungsschutzgläser mindern auch in der Lichtdecke die Wärmeverluste und Wärmeeinträge im geforderten Maß. Die Lichtdecke neu zu verglasen, war auch wegen der Verformungen und der geringen Maßhaltigkeit der bauzeitlichen Rahmen aufwendig. Die zahlreichen Einzelscheiben konnten unter Anwendung moderner parametrischer Planungswerkzeuge typisiert und dann passend angefertigt werden.

Die Steuerung der Beleuchtung durch das Oberlicht geschieht im Dachraum zwischen Glasdach und Lichtdecke. Wie in den

links: **Beispielhafter Aufbau des Aerogel-Wärmedämmputzes von HASIT mit VK Mauerwerk (1), Mauerwerk Bestand (2), Spritzbewurf (3), Dämmputz 35mm (4), Oberflächenstabilisierung (5), Amierschicht (6), Putzgrund (7), Oberputz (8) und Anstrich (9)**

rechts: **Vergleich des Endenergiebedarfs nach DIN V 18599 vor (links) und nach der Sanierung (rechts), unterschieden nach Kühlung (1), Lüftung (2), Beleuchtung (3) und Heizung (4)**

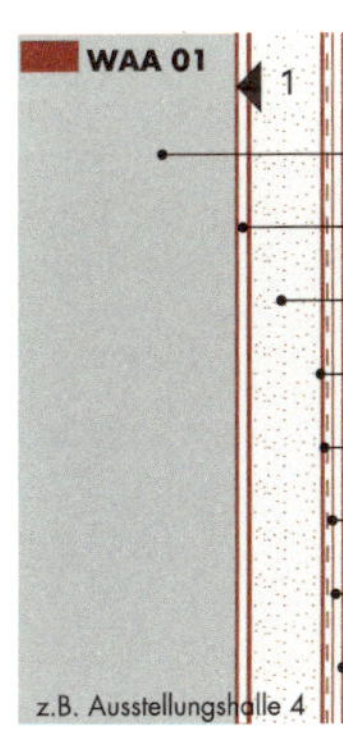

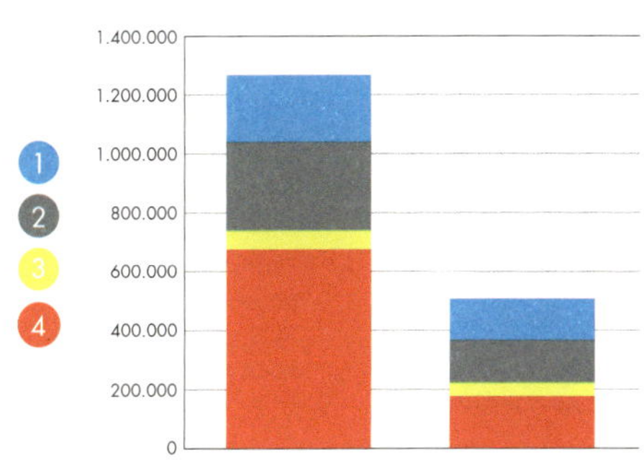

1970er Jahren eingeführt, steuert hier weiterhin eine Verdunkelungsanlage den natürlichen Lichteinfall, der nach Bedarf durch Kunstlicht ergänzt oder ersetzt wird.

Als die Generalsanierung des Ausstellungsgebäudes in Angriff genommen wurde, ging es zunächst nur um eine energetische Sanierung. Deren Ergebnis ist eindrucksvoll ausgefallen. Der nach DIN V 18599 berechnete Energiebedarf konnte von 1.270.000 auf 520.000 Kilowattstunden pro Jahr gesenkt werden, wobei die Minderung des Heizwärmebedarfs den größten Anteil an den Einsparungen einnimmt.

Wenn ein Museumsbau fertig und abgenommen ist, kann man noch lange nicht die Ausstellung einräumen und die Türen für das Publikum öffnen. So muss beispielsweise die Klimatisierungsanlage „eingefahren" werden. Während eines wochen-, manchmal monatelangen Vorlaufs werden Sensoren angepasst, Regler kalibriert, Kontrollmessungen ausgeführt, bis die Maschinerie unabhängig von Wetter und Jahreszeit die geforderten Grenzwerte für Temperatur und Luftfeuchtigkeit stabil einzuhalten vermag. Was nicht bedeutet, dass man sich dann zurücklehnen kann, denn anschließend will auch der Publikumsbetrieb mit seinem Wärme- und Feuchtigkeitseintrag gemeistert werden. Üblich sind bis zu zwei Jahre, bis eine Museumsklimatisierung justiert ist. Erst dann gehen die letzten Bauleute des Projekts von Bord.

folgende Seiten
82/83: **Nach Abbruch des Verbindungsbaus aus dem Jahr 1976 verbindet ein neues Sichtbetondach den Hochzeitsturm mit der Halle 3.**

84/85: **Die dem Reservoir vorgelagerten schmalen Büroräume unter der Terrasse wurden zum Gastraum des Cafés umgebaut.**

86/87: **Rückbau des Deckenausschnitts in der Eingangshalle in Anlehnung an die ursprüngliche Größe. Die kurz vor der Gesamtsanierung bereits aufwendig restaurierte Tonnendecke ist die einzige Oberfläche, die nicht überarbeitet wurde.**

88/89: **Die Halle 4 während der Sanierung. Die Sheddach-Konstruktion wurde bis auf das tragende Stahlskelett rückgebaut.**

90/91: **Wände und Decken der Halle 4 wurden neu verkleidet, das Nordlicht-Sheddach wurde neu verglast.**

92/93: **Halle 1, Blick nach Westen nach dem Rückbau. Die zum früheren Café im Foyer gehörige Galerieveranda aus dem Jahr 1974 über dem Hauptzugang wurde wieder zurückgebaut, die Deckengeometrie anhand der vorgefundenen Konstruktion restauriert.**

94/95: **Das bauzeitlich stählerne Dachtragwerk konnte erhalten werden und wurde saniert. Die Dachfläche und die Glastonnen über den Hallen erhielten neue Verglasungen.**

96: **Sockel des Wasserreservoirs im Depot des Werkstattgebäudes**

97: **Die Lüftung, Heizung und Kühlung der Hallen geschieht über dezentrale, dicht belegte Energieversorgungseinheiten.**

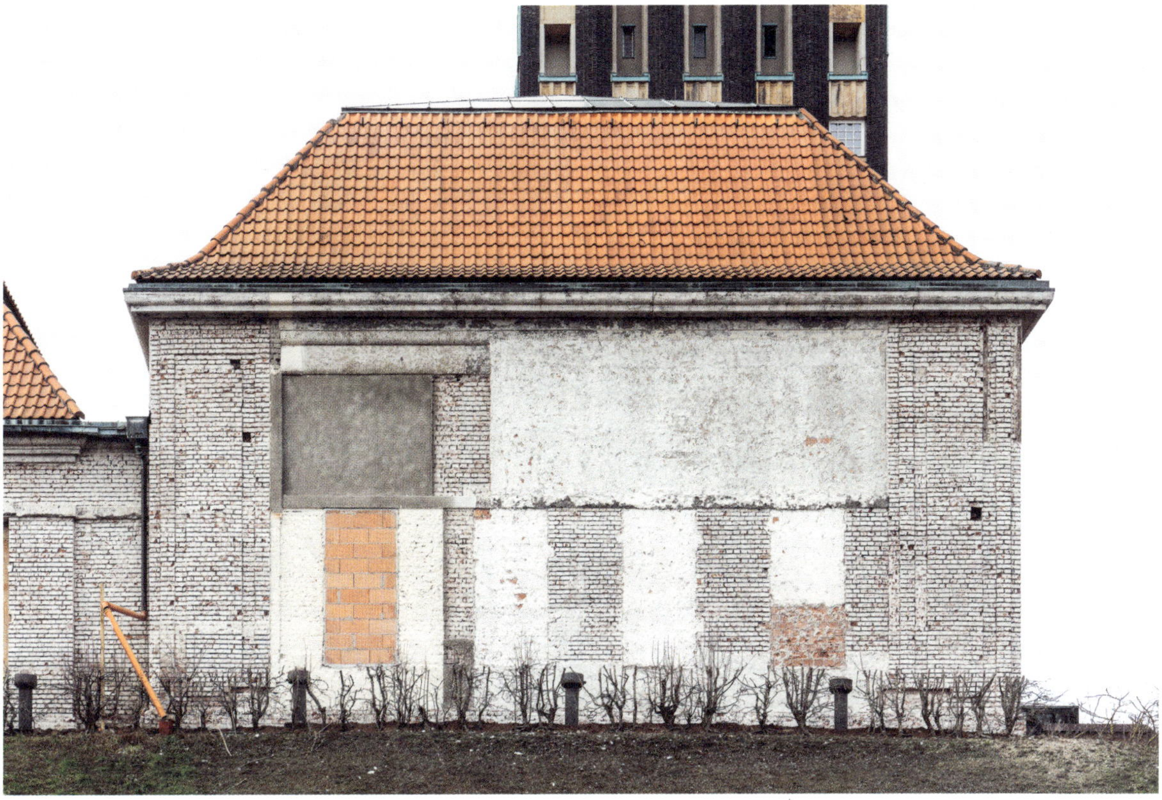

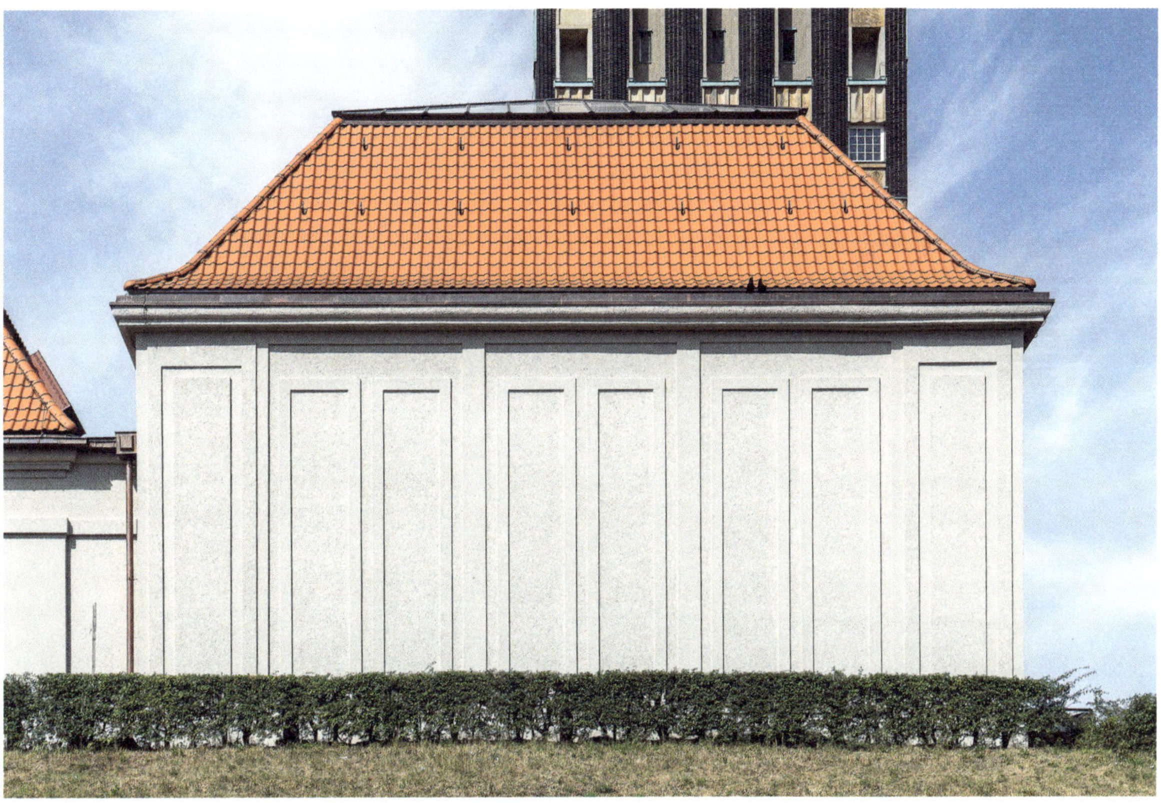

oben: **Vom Putz befreite Ostfassade der Halle 3 mit den unterschiedlichen Zeitschichten und -spuren**

unten: **Die neue Putzfassade an der Ostseite der Halle 3**

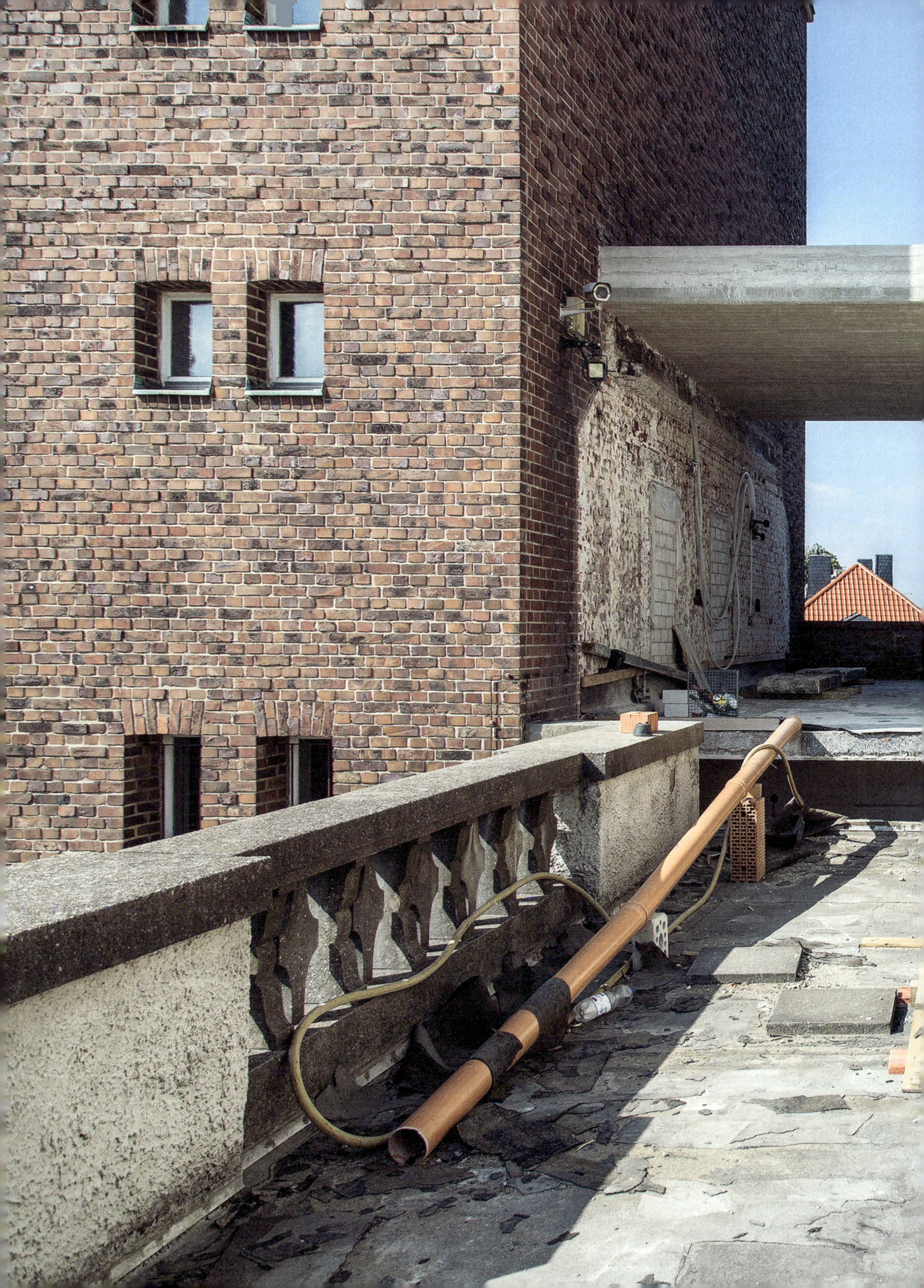

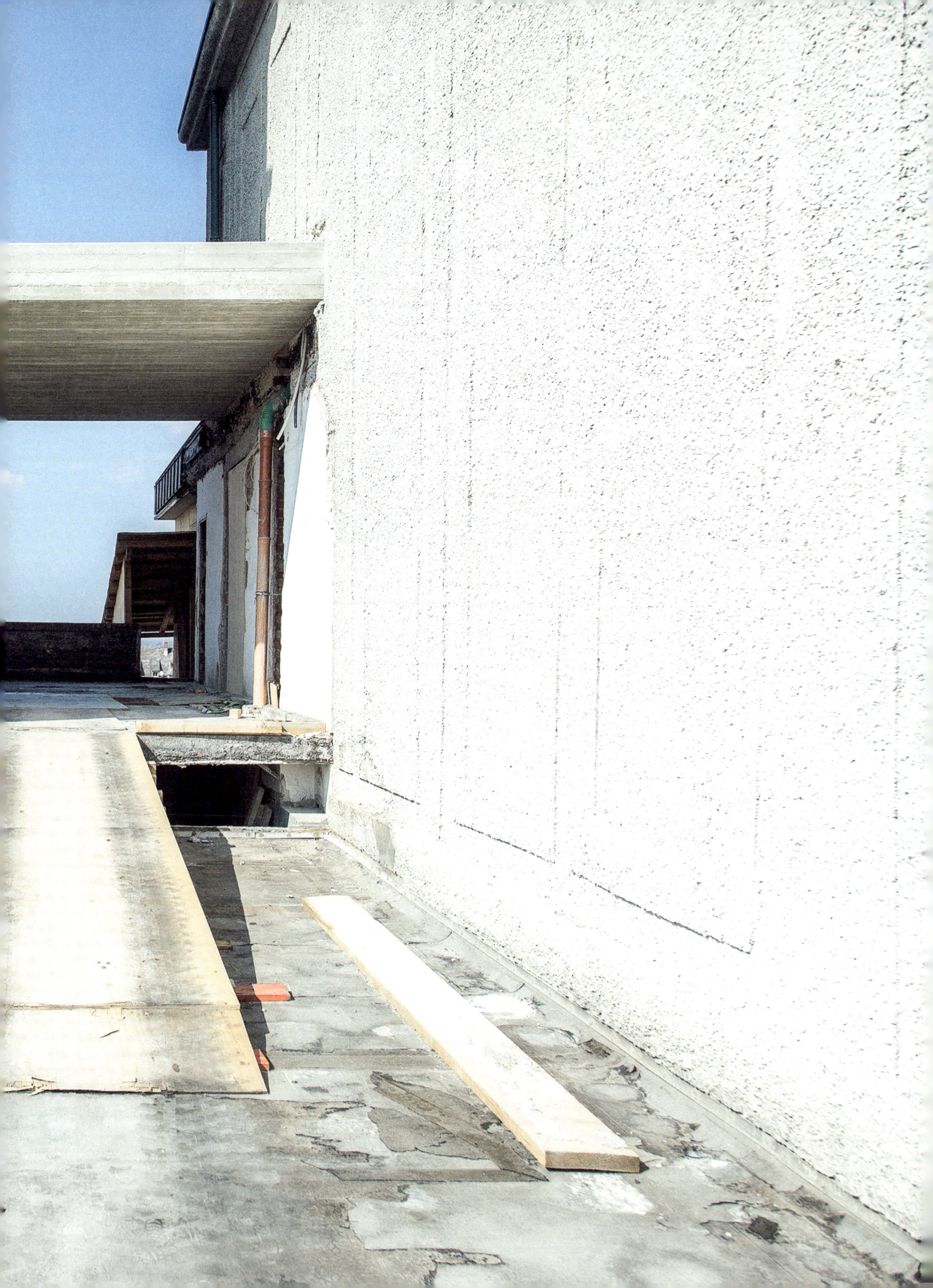

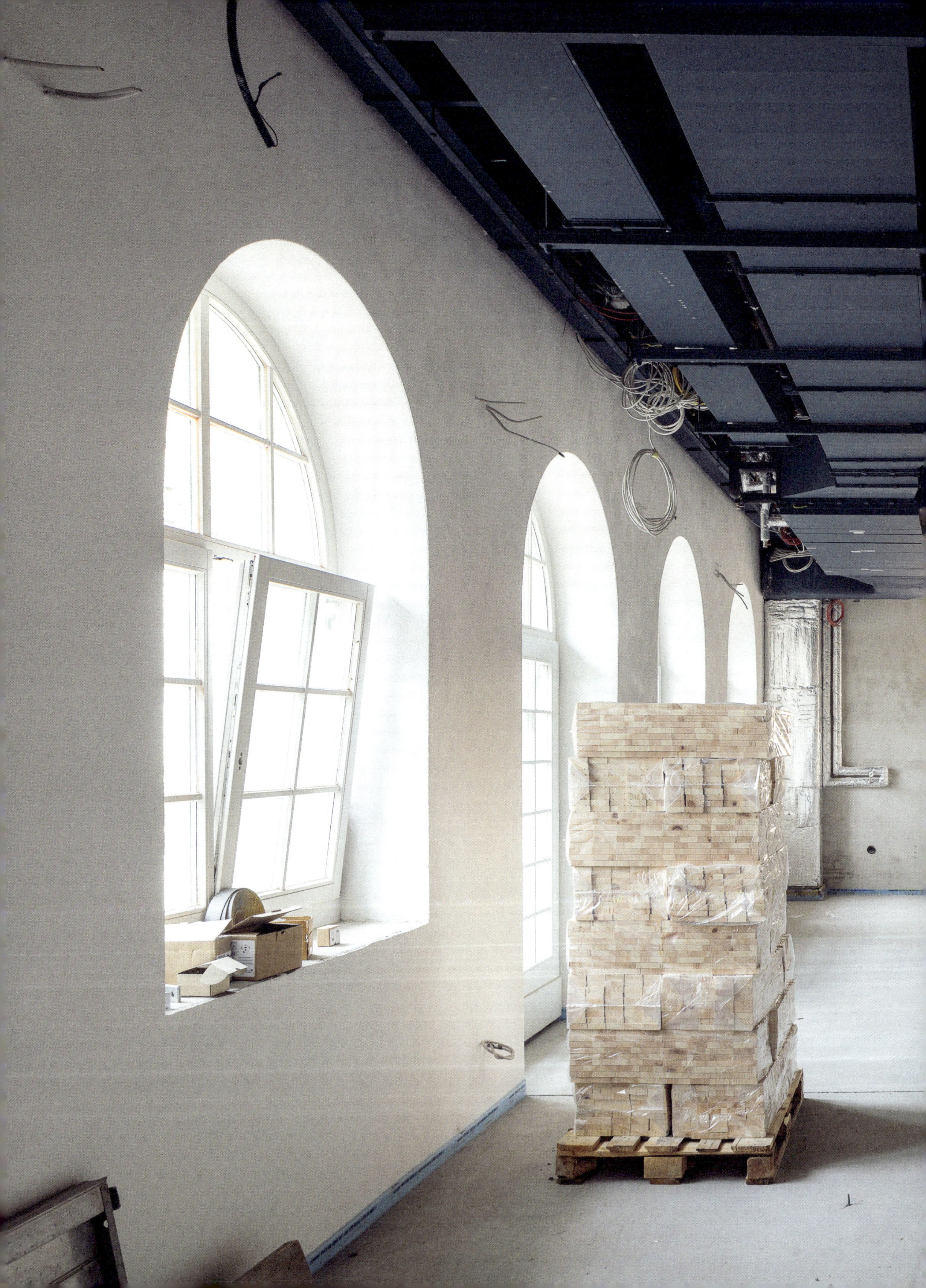

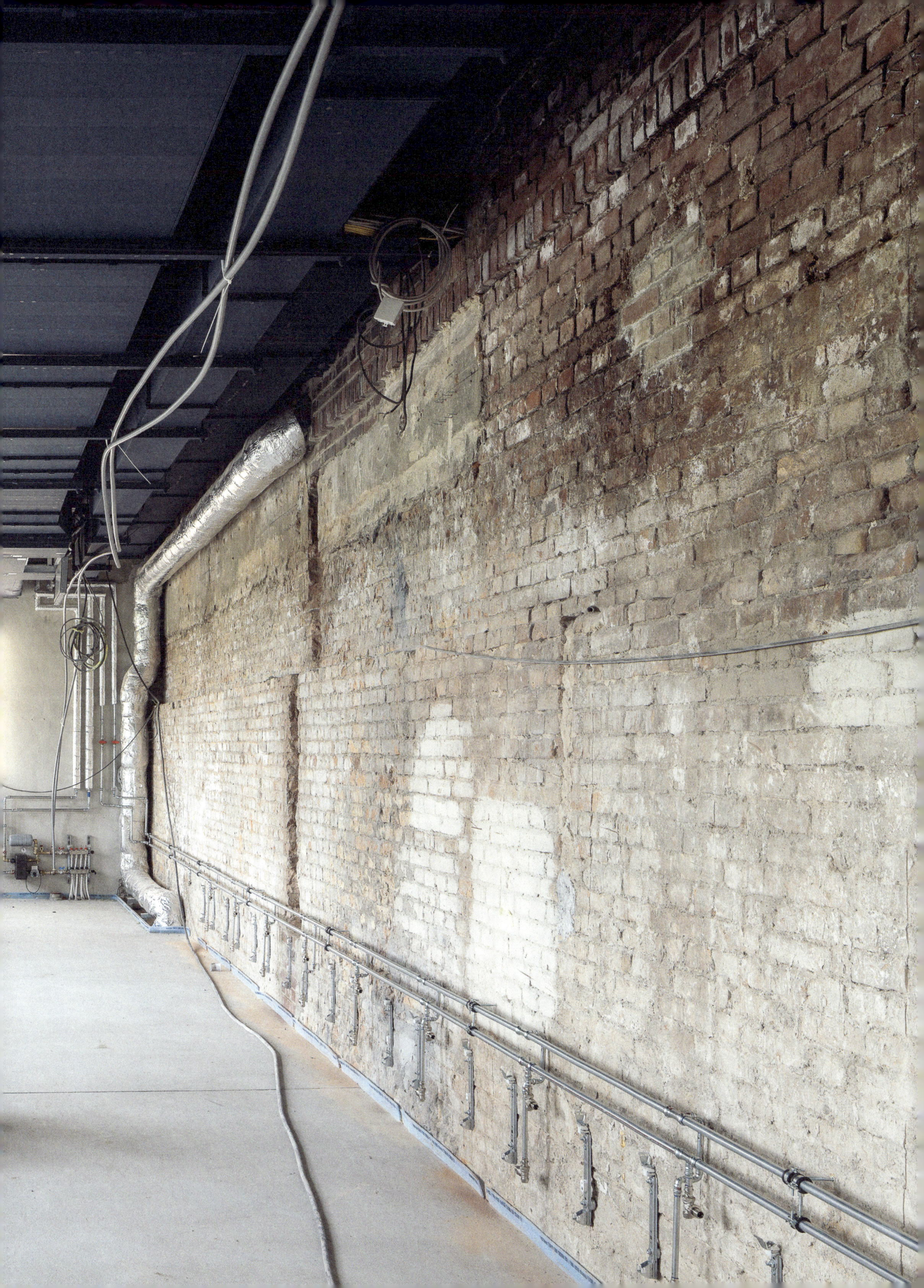

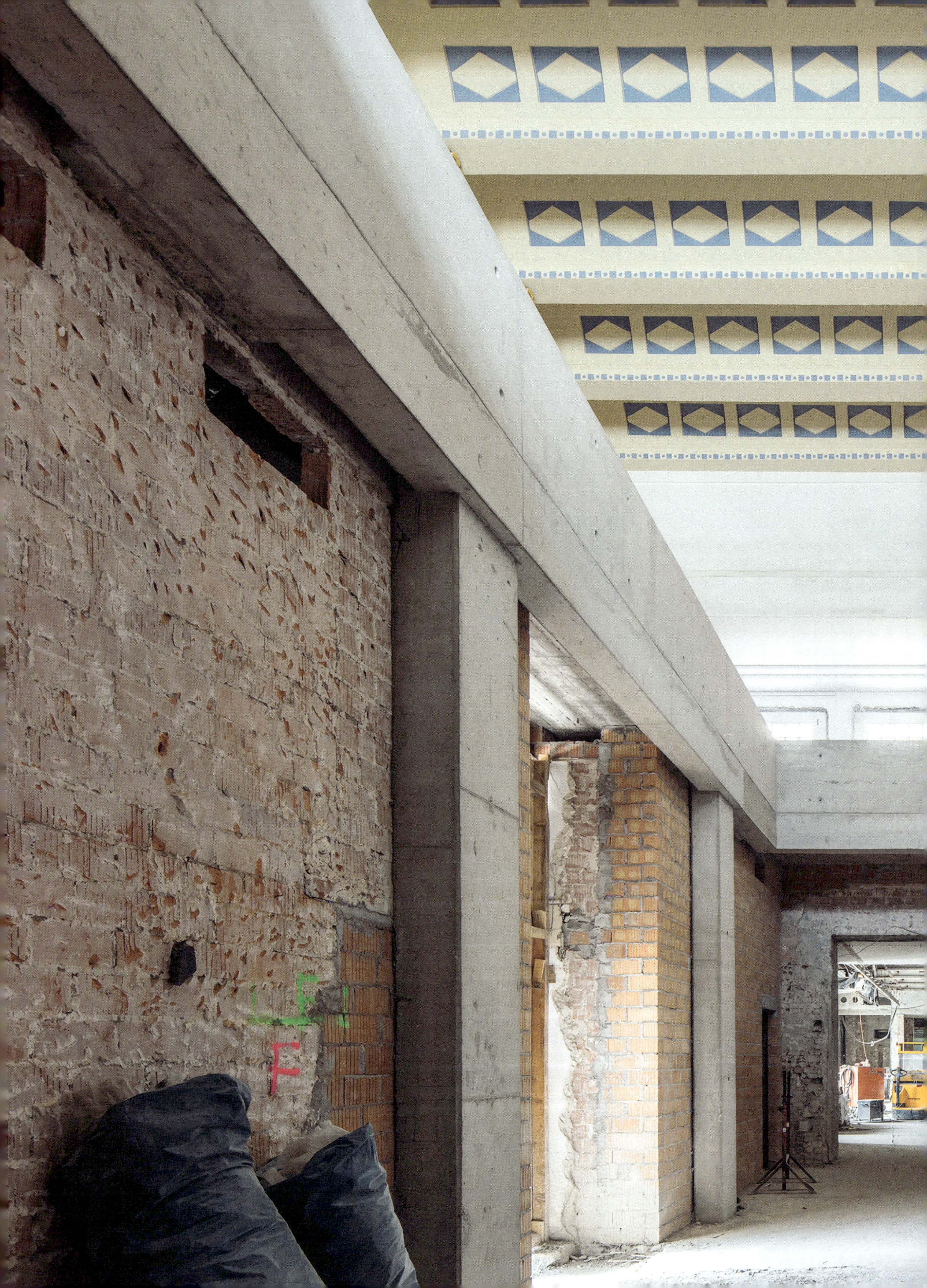

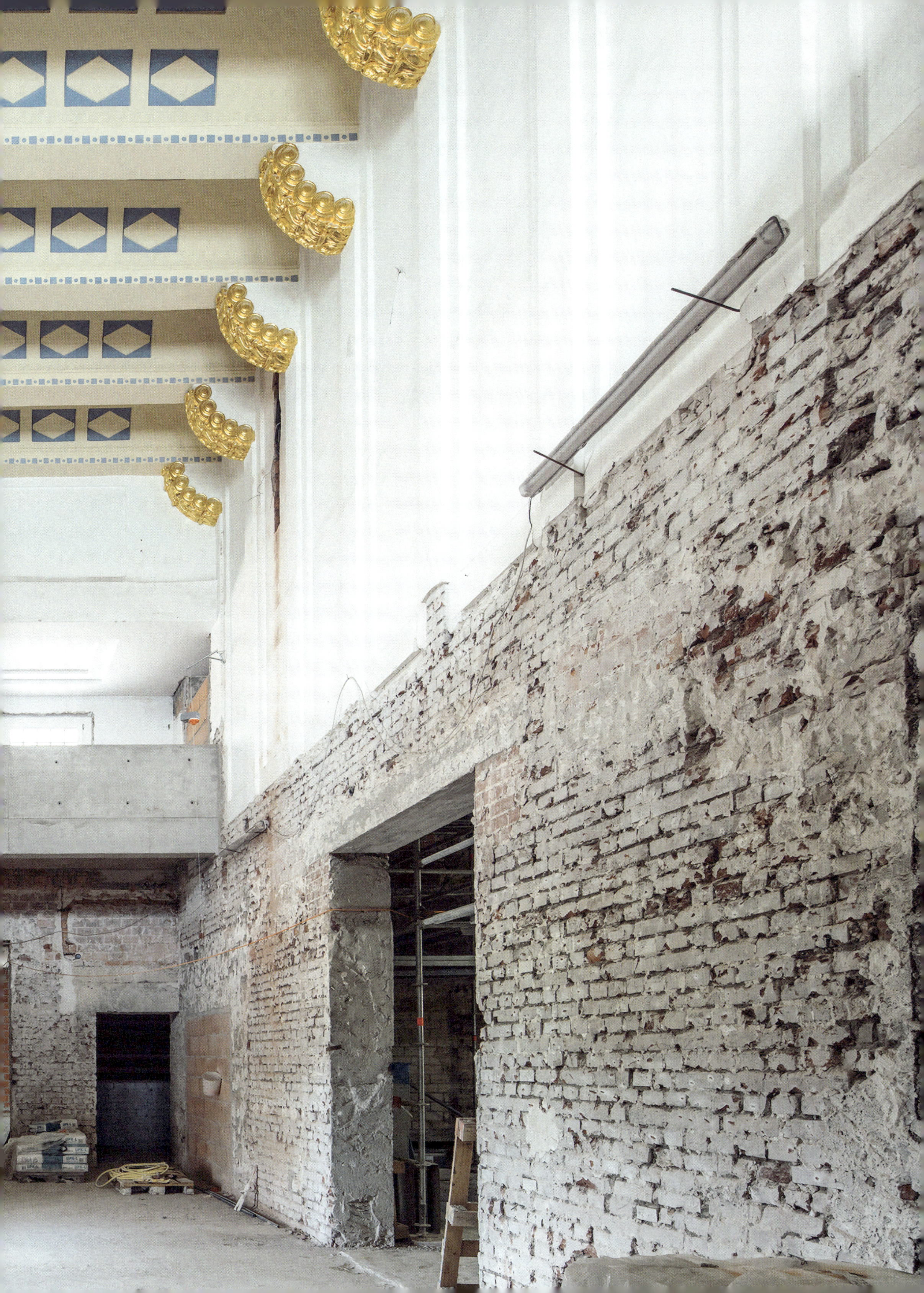

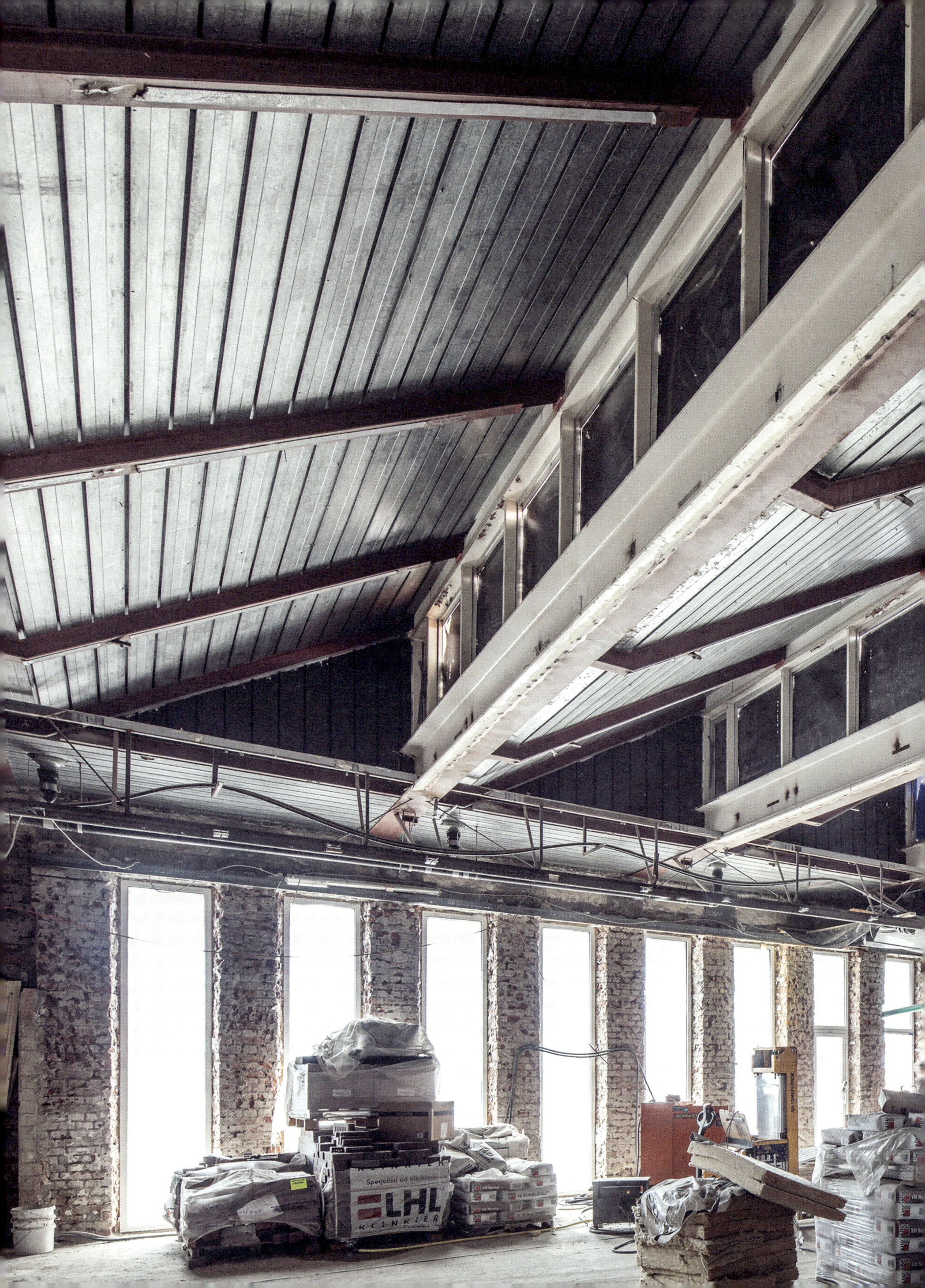
LHL
KLINKIER

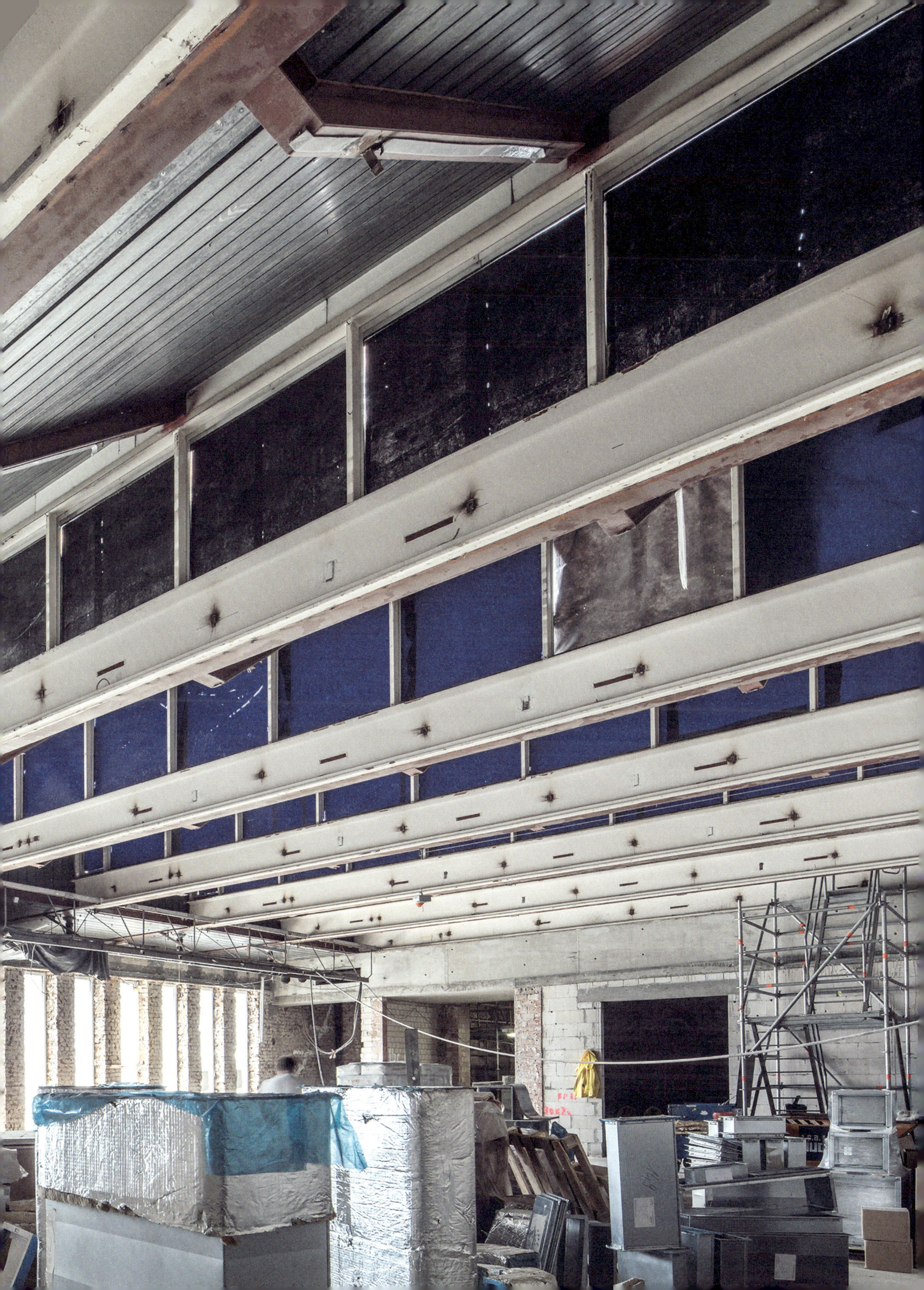

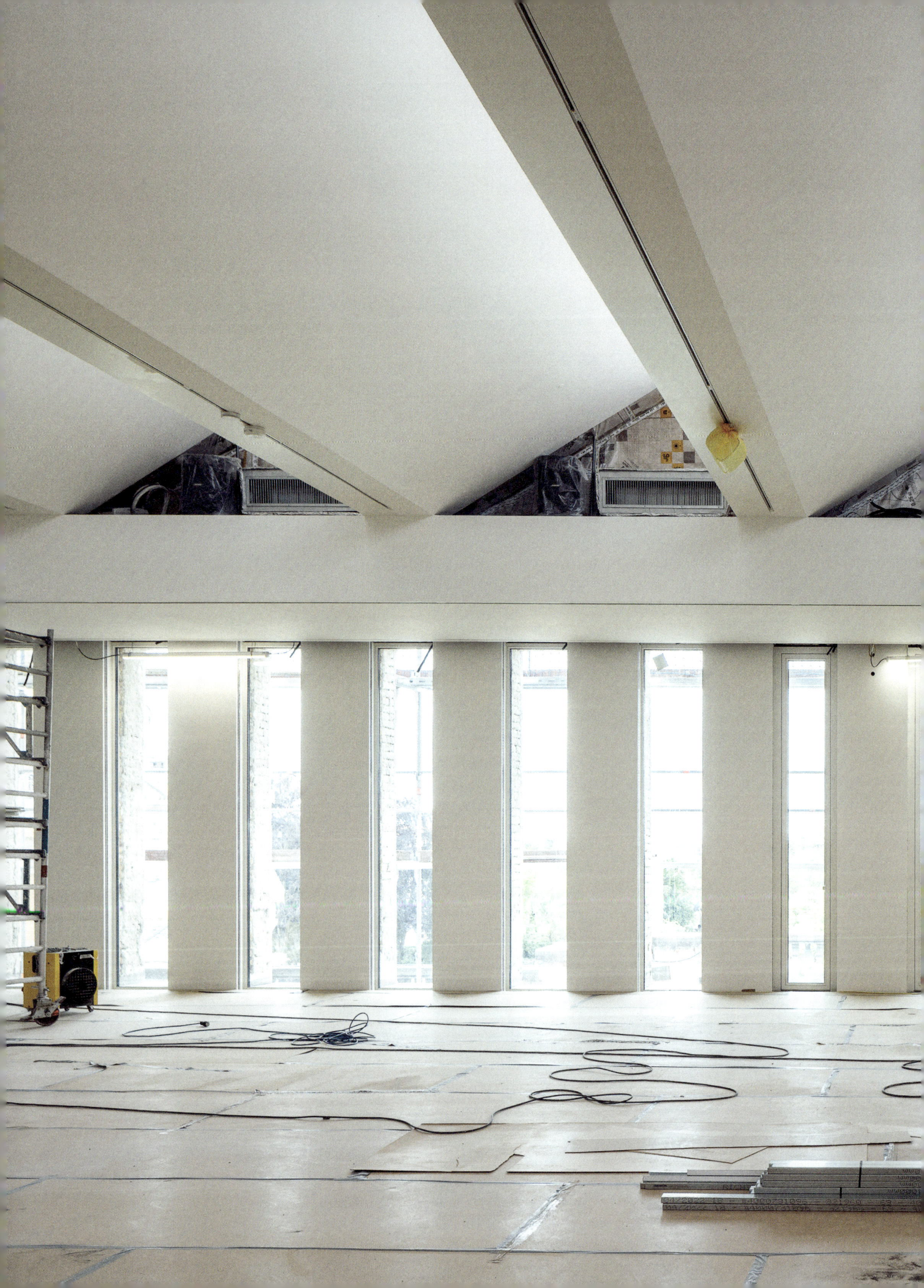

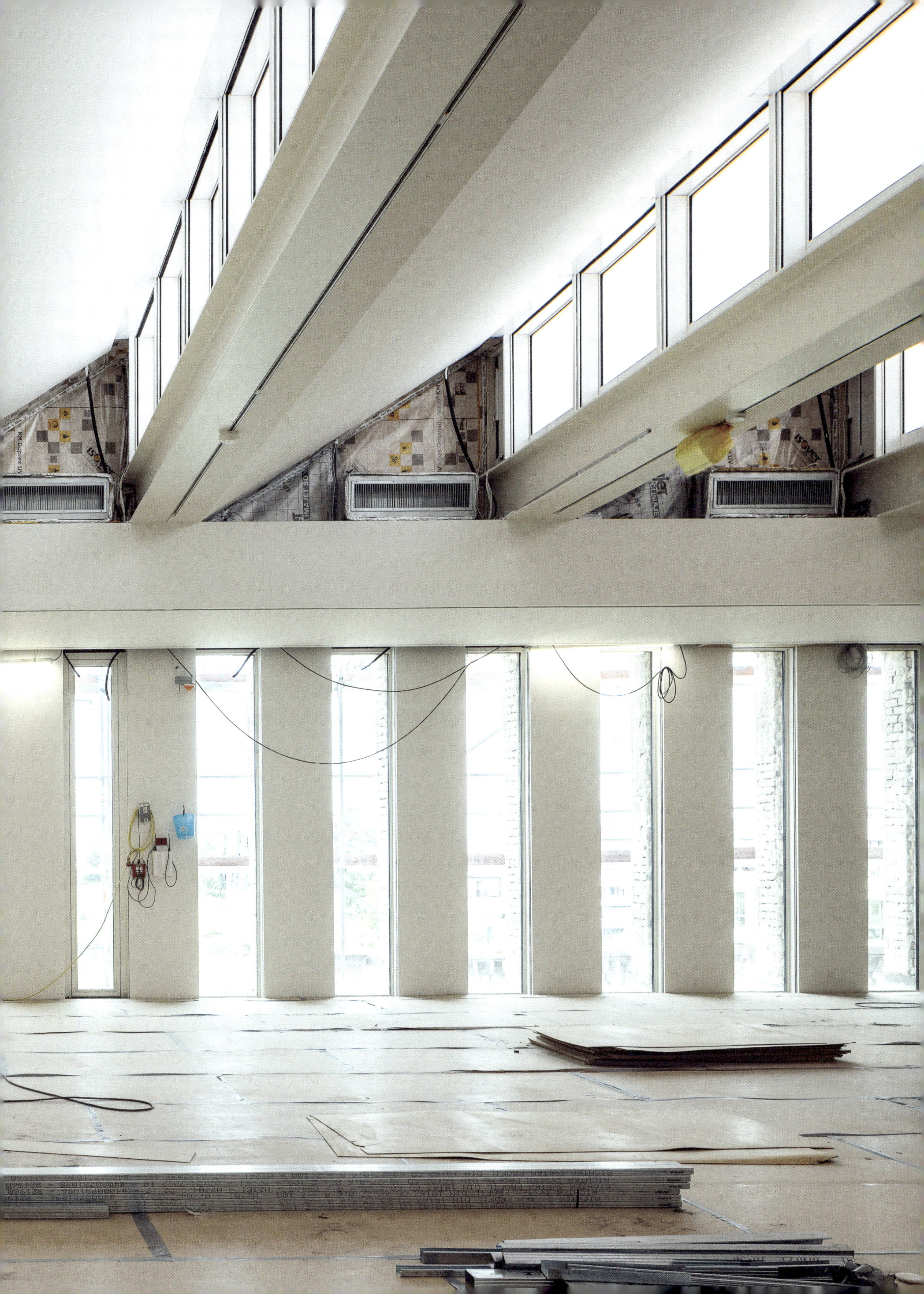
isover

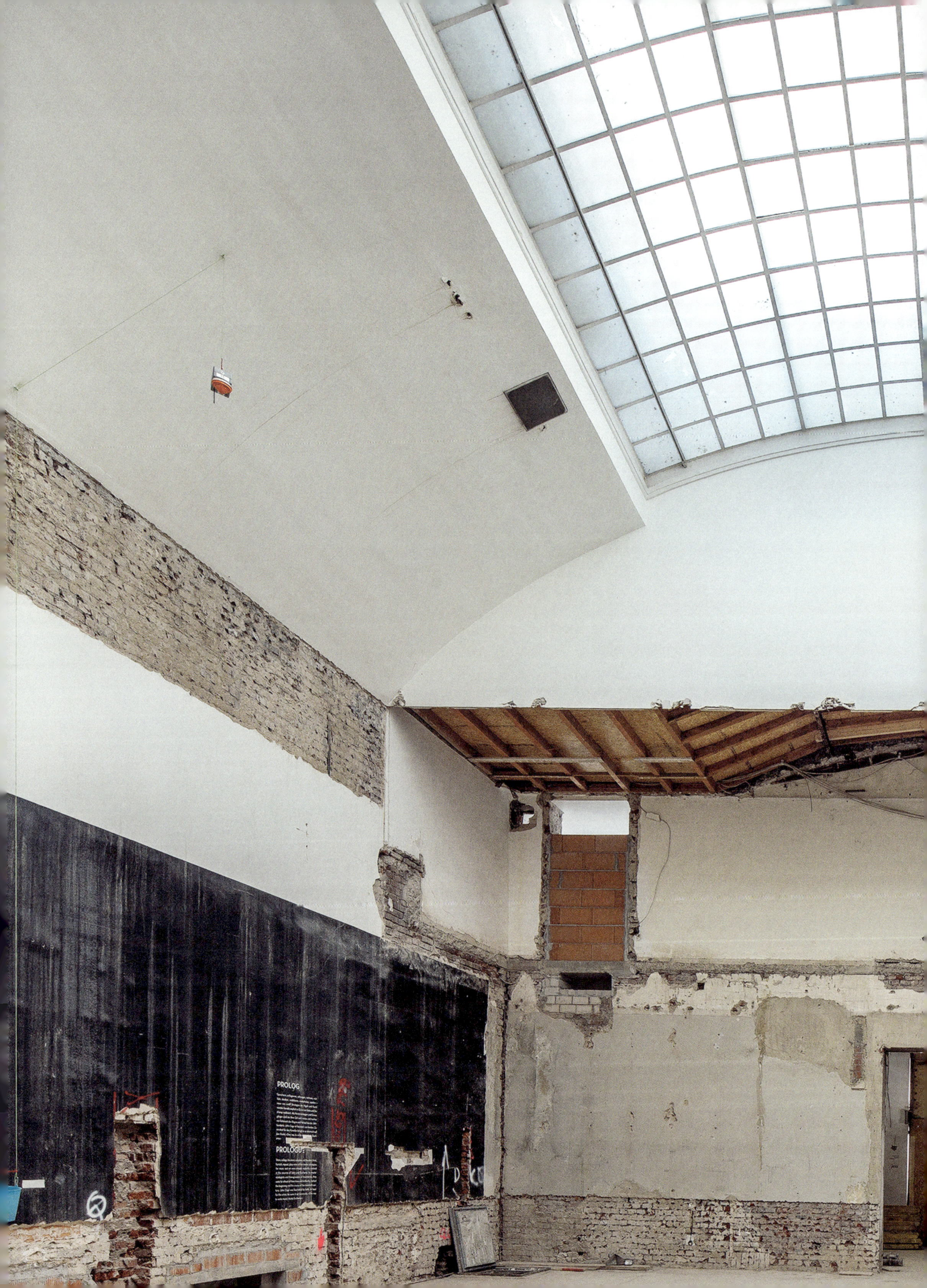
PROLOG
PROLOGU

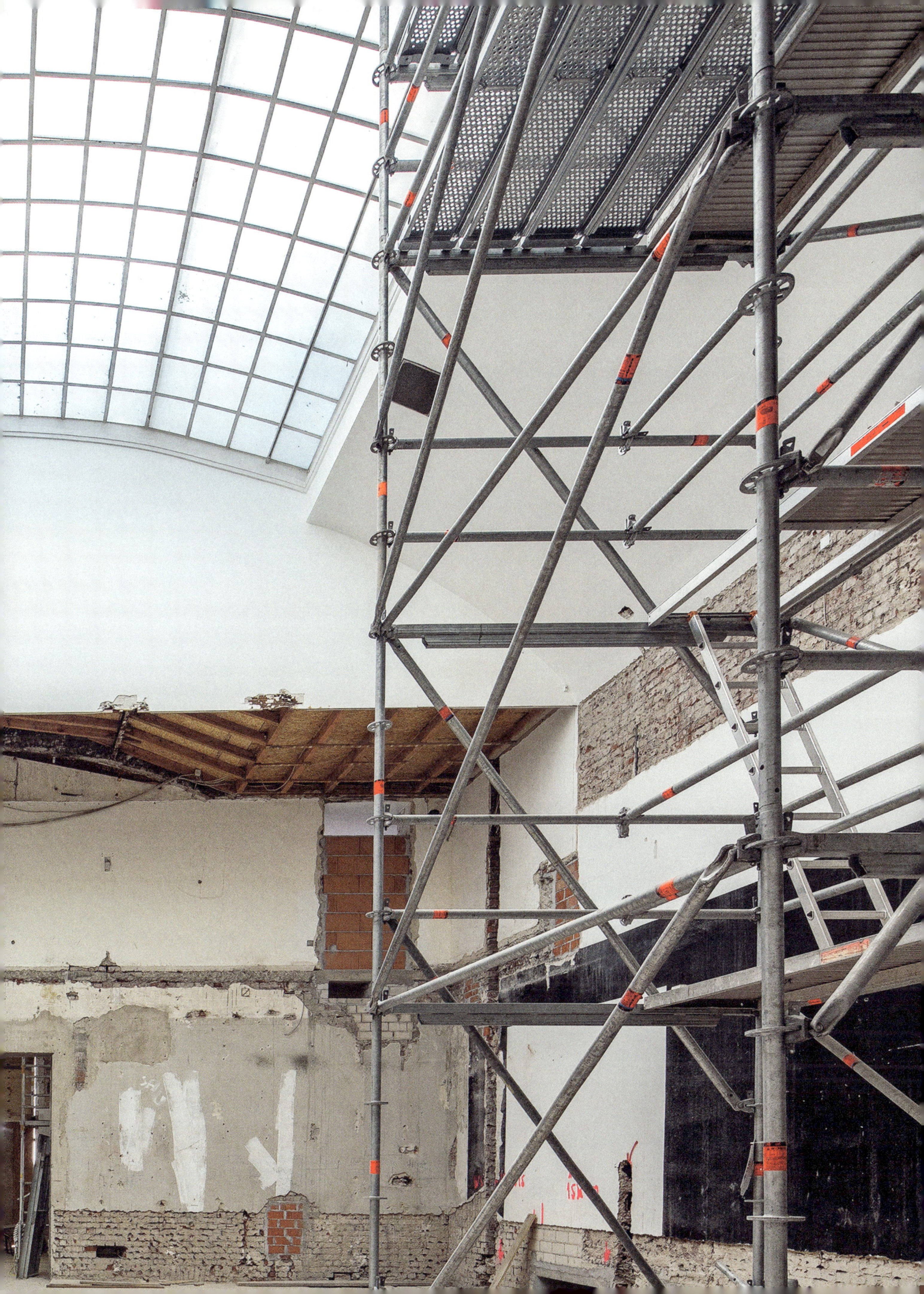

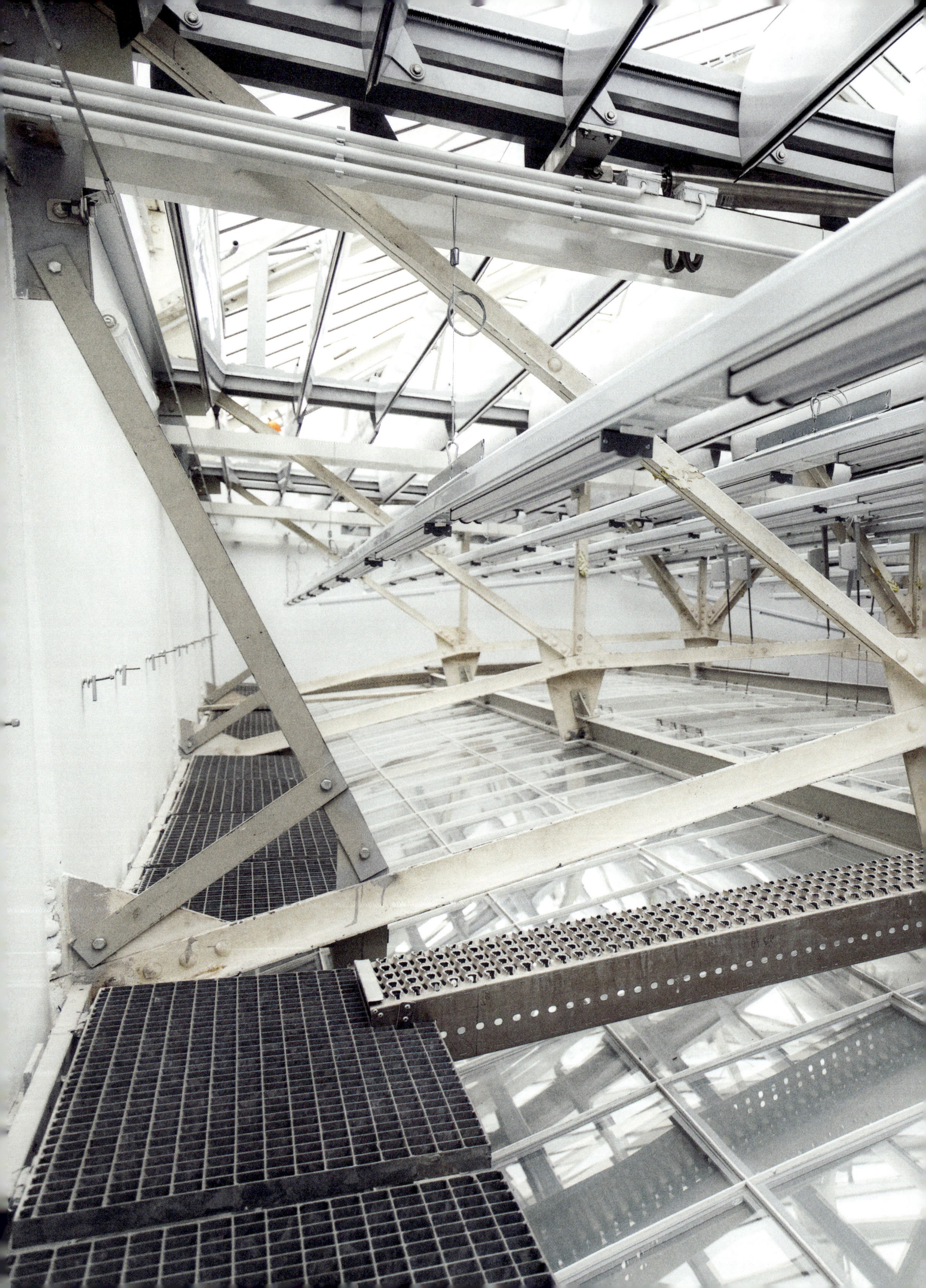

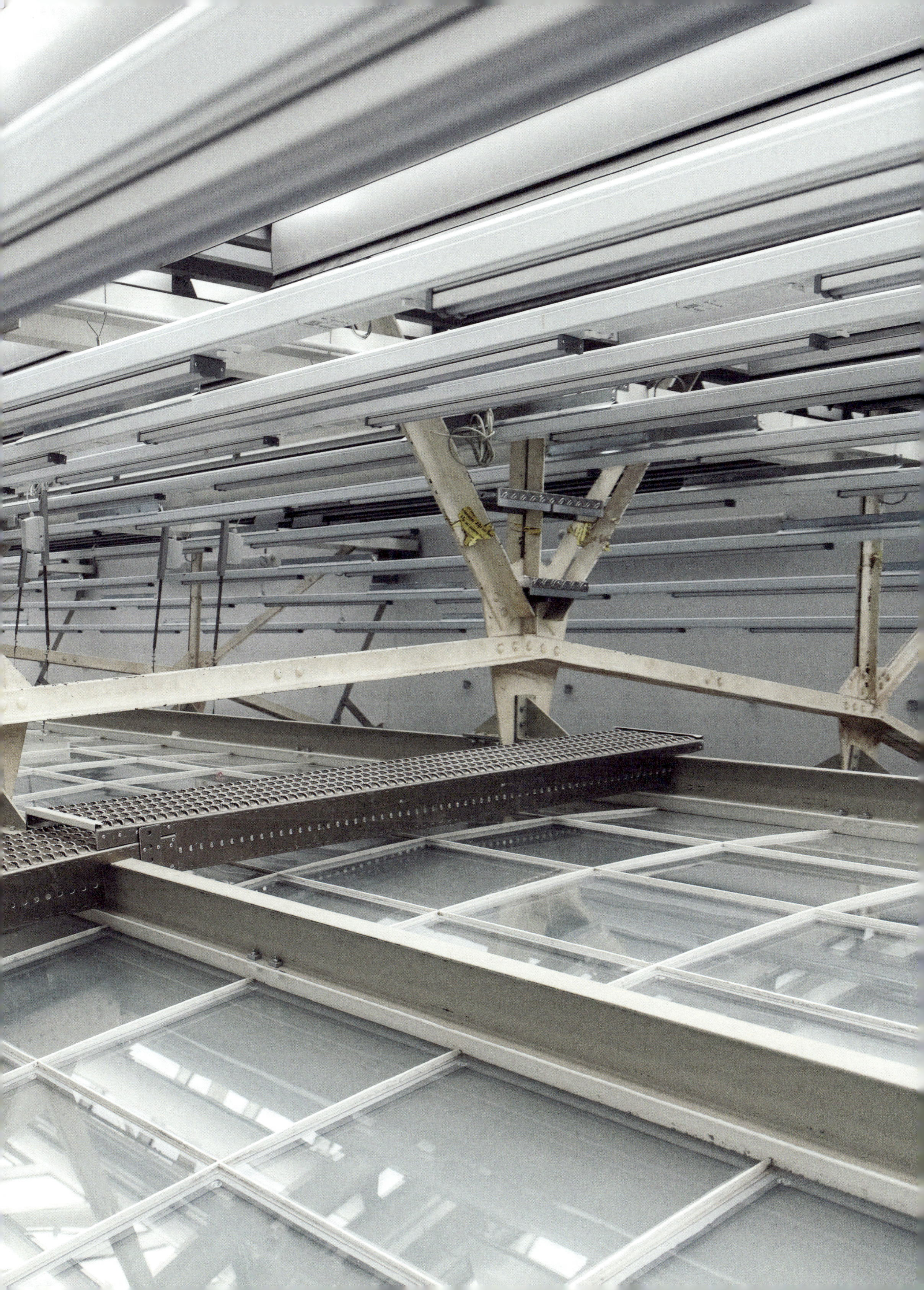

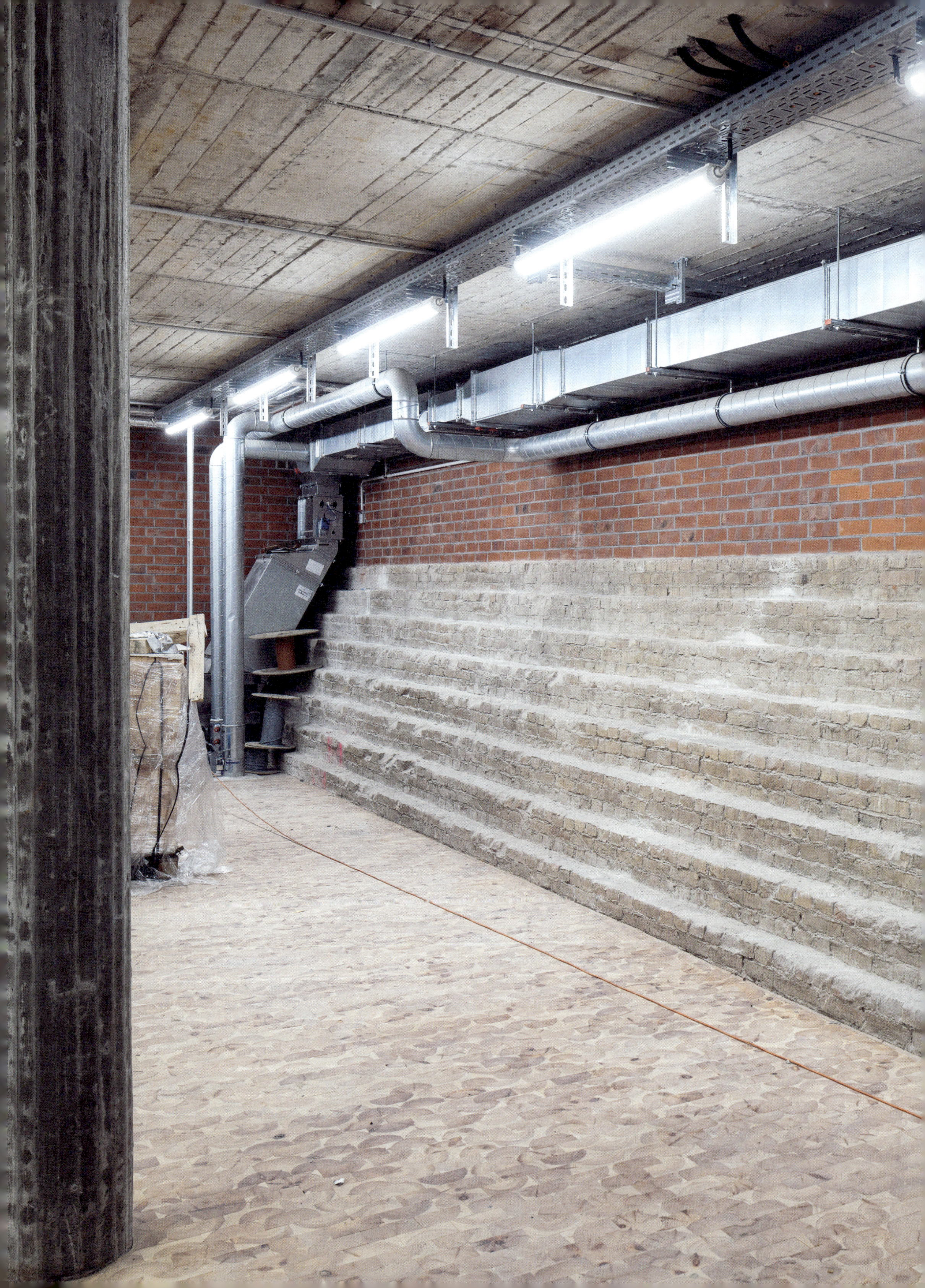

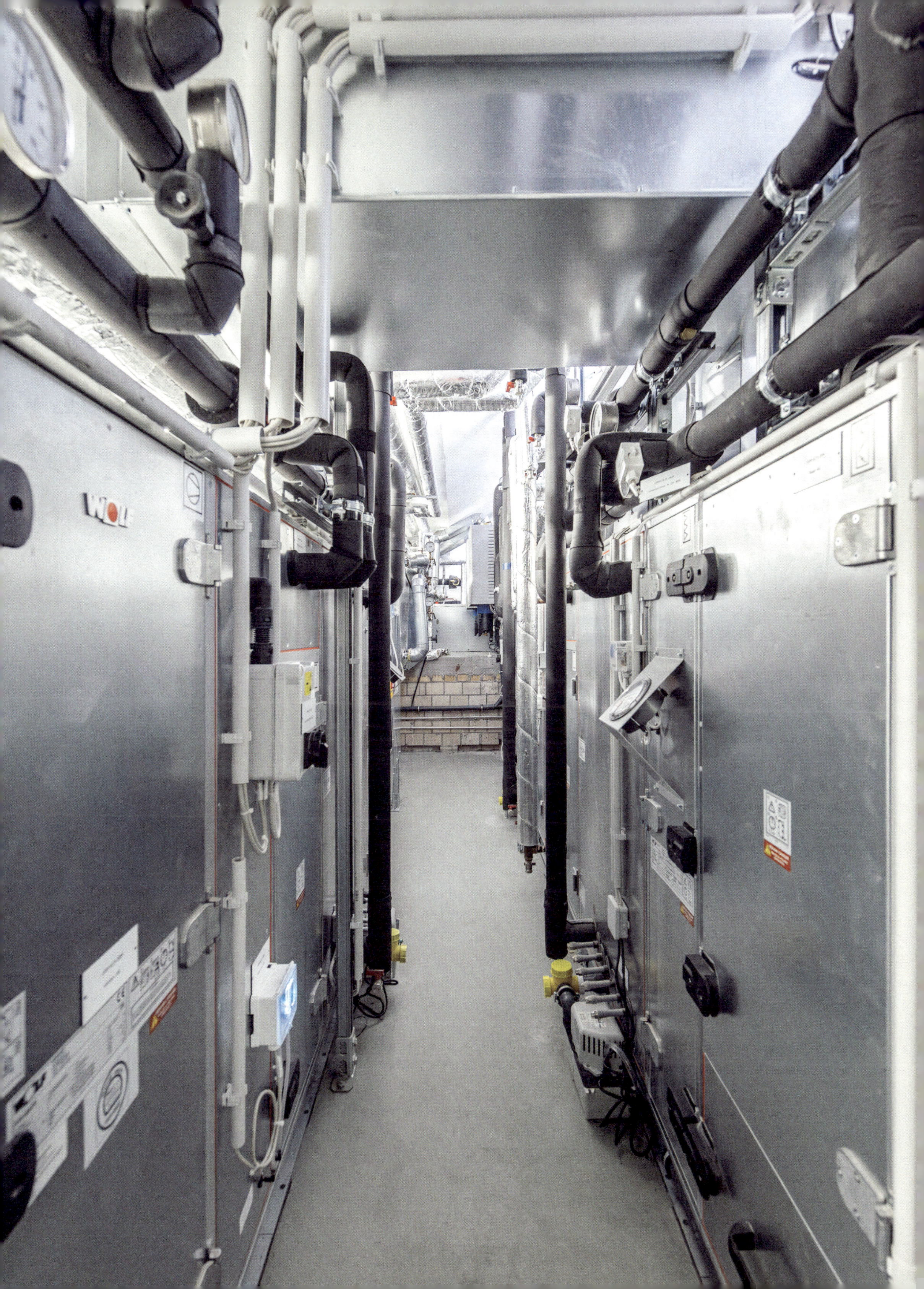
WOLF

AURA ÜBER DER MATHILDENHÖHE

DAS AUSSTELLUNGSGEBÄUDE IST WIEDER DIE STRAHLENDE STADTKRONE

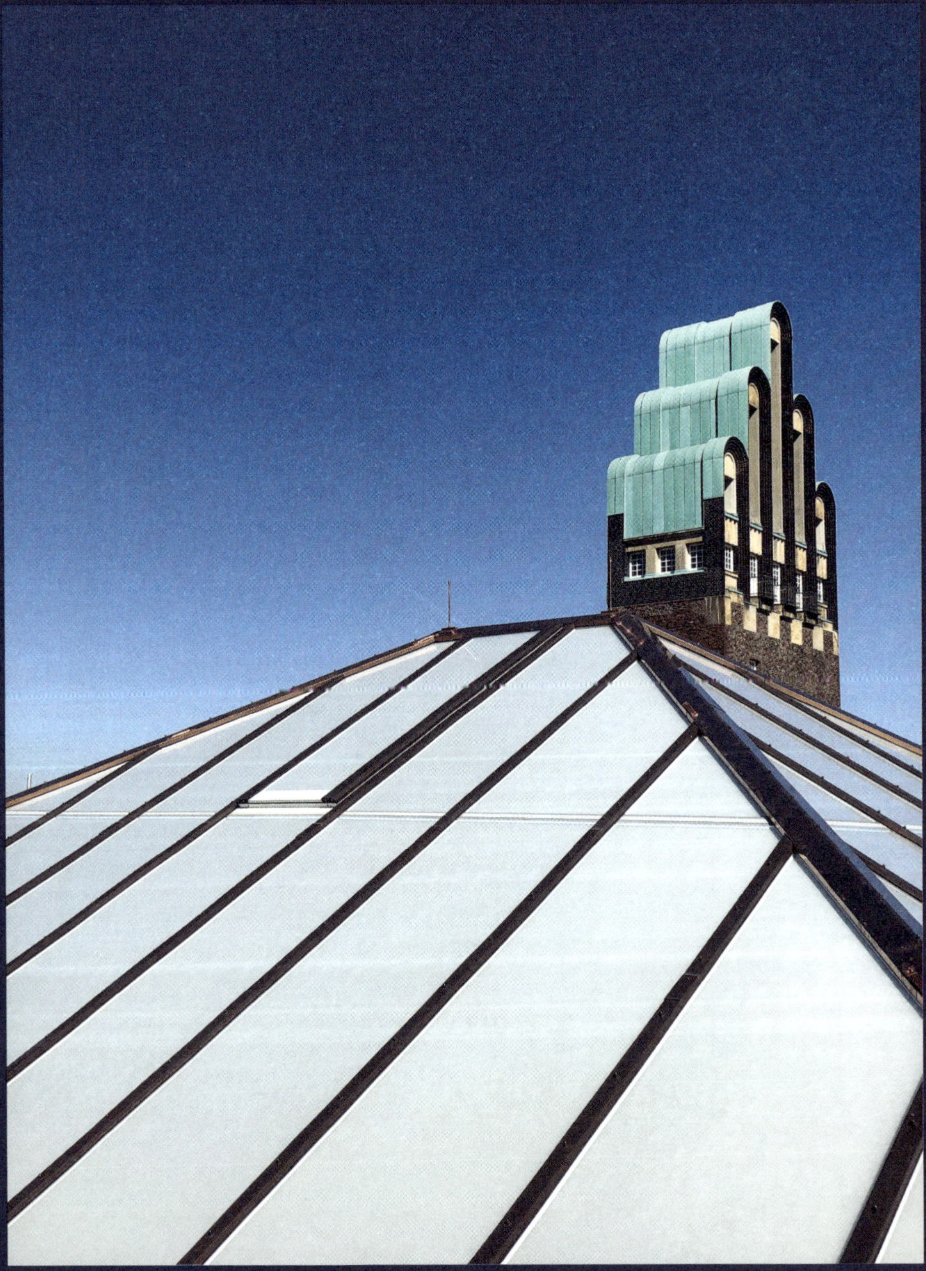

War sie lange Jahre verblasst, so ist die Vision Joseph Maria Olbrichs nun in schönster Form erlebbar: die Vorstellung von einer Baugruppe, die die Künstlerkolonie als weithin sichtbares Zeichen überragt. Also etwa das, was Bruno Taut ein Jahrzehnt später „Stadtkrone" nennen sollte. Auch bei der Annäherung von der Innenstadt her über den Nikolaiweg werden Veränderungen deutlich.

links: **Neue Verglasung des Pyramidendachs über der Halle 1**

rechts: **Der Südeingang am Fuß das Eingangsgebäudes ist gleichzeitig barrierefreier Zugang zum Aufzug ins Foyer.**

Das Ausstellungsgebäude erstrahlt in frischer Prägnanz. Die Pergolen aus Gussbeton, die Olbrich zum Teil dreireihig und mehrgeschossig rings um das Gebäude gelegt hatte, umspielen das Ensemble und unterstützen mit ihrem Bewuchs aus Wein und Rosen Olbrichs Idee, das Gebäude aus dem angeschütteten Hügel und einem Grüngürtel herauswachsen zu lassen, wie er es im Aquarell festgehalten hat.

Die Terrassenanlage vor dem Haus zwischen Hochzeitsturm und Freitreppe sowie der gesamte Sockelbereich, zuvor ein merkwürdig dunkler, überwucherter Un-Ort an zentraler Stelle, sind wieder belebt und in ihrer Wirkung als architektonische Raumschicht erfahrbar, vor allem weil hier die Pergolaanlage von übermäßigem Bewuchs befreit wurde. Ein attraktives Terrassencafé empfängt das Publikum.

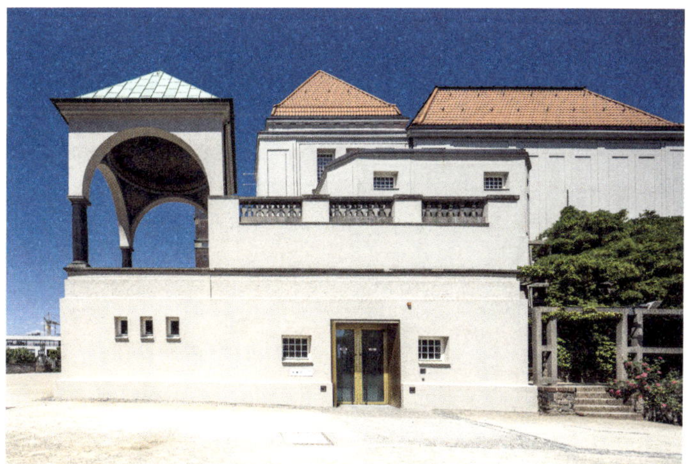

Der Eingang zum Café ist mit seinem Portal aus brüniertem Messing sichtlich eine moderne Zutat, ebenso die Tür zum neu eingebauten Aufzug rechts daneben für den barrierefreien Zugang. Das Material ist Zeichen für die neu gestalteten Zugänge und taucht folgerichtig auch bei der Laibung des Südeingangs auf, der für das Publikum aufgewertet wurde und mit seinem Lift den bequemen Zugang zur Ausstellungsebene bietet.

Und noch an anderer Stelle ist die neue Architektursprache zu entdecken. Ein Stockwerk höher zwischen Hochzeitsturm und Ausstellungsgebäude zeigt der gläserne Verbindungsbau eine Attika aus demselben Material. Die architektonische Situation an dieser Stelle war immer irgendwie ungeklärt gewesen. Weder das Olbrich'sche Heizhaus noch das Café mit aufgesetzter Hausmeisterwohnung der 1950er Jahre oder der Treppenturm der 1970er Jahre konnten zwischen dem vertikalen Volumen des Turms und der horizontal gelagerten Halle 3 harmonisch vermitteln.

Das scheint nun gelungen, nachdem der Anbau des Aufzugsturms zurückgebaut, die Volumina geklärt und dadurch Hochzeitsturm und Halle 3 klar ablesbar freigestellt wurden. Der neue, gläserne Verbindungstrakt nimmt sich so weit zurück, dass er als fast rahmenloses, transparentes Volumen wenig in Erscheinung tritt und dem Turm und der Halle, die ja von sehr unterschiedlicher Architektursprache sind, die eigenständige Wirkung belässt.

Zur denkmalpflegerischen Wahrhaftigkeit gehört, dass an der Flanke des Hochzeitsturms im Mauerwerk durch dezenten Material- und Farbwechsel die Konturen der früheren Anbauten abzulesen sind.

Links um die Ecke hat der Werkstattbau, zuvor an der Schnittstelle zum Hochzeitsturm ziemlich verbaut, nun eine klarere Kontur, ebenso der Aufzugsturm mit seiner neuen, zurückhaltenderen Kupferverkleidung. Das patinierte Kupferblechdach nähert die Werkstatt assoziativ der grasbedeckten Erdanschüttung an, aus der der Bau zu wachsen scheint. Neue Fenster erhielten wieder die postmoderne türkisfarbene Rahmen- und Sprossenfarbe als Referenz an der Zeitschicht der 1970er Jahre.

Die Ostseite des Ensembles strahlt die frühere Erhabenheit aus. Von ihrem Habitus her – im Gegensatz zur spannungsreichen Baukörperkomposition der Westseite eine streng symmetrische Anlage – erschien sie nie wie eine Rückseite und war auch nicht als solche konzipiert. Die axiale Freitreppe führt wie ein japanischer Tempelweg hinauf zum prominenten zentralen Tor, das dennoch schon von Anbeginn nur Nebeneingang oder Ausgang war und auch heute lediglich als Notausgang dient. Aber Joseph Maria Olbrich wollte das Gebäude, weil es auf dem Scheitelpunkt der Anhöhe steht, von allen Seiten ansehnlich gestalten.

Mit dem publikumsoffenen Südeingang ist nun auch die Flanke an der Südseite aufgewertet worden. Der Baldachinpavillon über dem Podest der Vortreppe erfüllt mehr denn je die von Olbrich vorgesehene Funktion des städtebaulichen Dreh- und Angelpunkts mit dem Überblick in alle auf das Ensemble zulaufenden Achsen.

Die Ansichten ringsum, vor allem die Ostansicht, haben durch die neue, reichere Gliederung und die kräftigere Farbe an Statur gewonnen. Olbrich hatte den Putz des Gebäudes in einem relativ dunklen Grau mit Quarzzuschlägen ausführen lassen. 1976 griff man zu einem hellen, fast reinen Weiß. Nun näherte man sich der bauzeitlichen Fassung wieder etwas an und wählte ein mittleres Grau. Feine farbliche Differenzierungen ergeben sich durch den Schattenwurf der Reliefierung und die Lichtreflexionen an unterschiedlich gekörnten Putzflächen. Durch diese Nuancierungen und durch die Wiedergewinnung zuvor unter der dicken Putzschicht verschwundener Architekturdetails haben die massiven Baukörper mehr Körperlichkeit und Struktur und kommen der architektonischen Idee Joseph Maria Olbrichs wieder recht nahe.

Der Hochzeitsturm, der bei dieser Sanierungskampagne ansonsten unangetastet blieb, erhielt am Sockel einen neuen Verputz, der dem Sockelputz des Ausstellungsgebäudes entspricht.

Wer heute durch das Portal des Haupteingangs tritt, erlebt die Vorhalle, die durch Einbauten lange Jahrzehnte eingeengt war, wieder als freieren Raum. Der Blick geht wieder ungehindert hinauf zur Decke, zu den merkwürdig prominent herausgearbeiteten, vergoldeten Knaggen. Sie stützen eine enge Balkenlage, die mit zwischengespannten, schmalen Tonnengewölben Lasten zu tragen bereit sind, die es eigentlich nicht gibt. Ein Manierismus, den Olbrich sich nur in der Vorhalle erlaubte, aber nicht mehr in den puristischen Hallen.

Eine hölzerne Rundumsitzbank im Wartebereich zur Rechten und den Kassentresen zur Linken haben die Architekten in reduzierten, schlichten Formen gestaltet und in einem dezenten, dennoch kraftvoll selbstbewussten Papyrusweiß, einem hellen, warmen Grauton, gefasst. So ist die Vorhalle eine Symbiose zwischen modernem Interieur und historischer Hülle geworden.

Die anschließenden Ausstellungshallen hatte Joseph Maria Olbrich neutral weiß gehalten und auf Dekor verzichtet. Lediglich den oberen Rand der Wände zierte ein schlichter Regulae-Fries (der beim Wiederaufbau 1947 nicht rekonstruiert wurde). Ohne Fries, aber gänzlich weiß wie zu Olbrichs Zeiten, entsprechen die Hallen weitgehend heutigen Ansprüchen an möglichst neutrale und flexible Schauräume. Nach der Eliminierung der Luftkanäle und anderer störender Installationen sind die beiden Oberlichthallen mit ihren kraftvollen Rundbögen von einer sanften Erhabenheit und bieten, bei aller formalen Neutralität, ein anregendes Architekturerlebnis.

Durchaus kurzweilig ist der anschließende Besuch des Museumscafés mit seinem eleganten Interieur, das von den Architekten in ähnlicher Weise wie die Vorhalle modern ausgestaltet wurde, zum Beispiel mit einem langen Bartresen aus grüner Majolika. Der mittlere Gastraum, die ehemalige Schieberhalle, lebt mit seinen rohen Wänden und dem Warzenblechboden vom Industriecharme und der Ausstrahlung der Relikte der historischen Wassertechnik.

Den hinteren Gastraum, früher unterteilt in kleine Büroräume mit Rundbogenfenstern zur vorgelagerten Terrasse, haben die Architekten durch großflächige Verspiegelung der Rückwand optisch verdoppelt. Eine lederbezogene Sitzbank mit vorgestellten Bistrotischen begleitet die Rückwand auf ganzer Länge und trägt zur optimalen Raumnutzung bei. Das Café mit seinem gleichermaßen ungewöhnlichen wie eleganten Ambiente eignet sich zum Ausklang bei Veranstaltungen, Hochzeiten oder Museumsbesuchen ebenso wie zur anlasslosen Einkehr.

Die „Energetische Sanierung des Ausstellungsgebäudes“ mit ihrer Metamorphose zur Generalsanierung nahm letztlich zwölf Jahre in Anspruch, davon die Bauarbeiten knapp sieben Jahre. Immerhin hatte sich, im Unterschied zu so manchem Flughafen, der teurer wurde, ohne Mehrwert zuzulegen, der Umfang der Bauleistungen vervielfacht und aus der energetischen Ertüchtigung war eine Rundumerneuerung geworden. Man hat nicht nur das Optimum, sondern größtenteils das Maximum erreicht, hat das Ausstellungsgebäude mit großer Perfektion instandgesetzt und zukunftsfähig gemacht, ohne irgendwelche notwendigen Maßnahmen auf spätere Zeiten zu verschieben.

„Habe Ehrfurcht vor dem Alten und Mut, das Neue frisch zu wagen“, dieses Zitat des Großherzogs Ernst Ludwig von Hessen, in der mosaikgeschmückten Baldachinkuppel über der Vortreppe Schwarz auf Gold wiedergegeben, ist so oder ähnlich schon häufig gesagt worden. „Ohne Vergangenheit keine Zukunft“ wäre eine andere, oft bemühte synonyme Version – wie auch immer, es ist eine Maxime des Denkmalschutzgedankens. Und es war auch den Architekten eine Richtschnur für die bei der Ertüchtigung dieses zum Welterbe gehörenden großartigen Denkmals. Die Ehrfurcht, die zu jeder Anstrengung führt, das auf uns gekommene baukünstlerische Erbe nach Kräften zu bewahren, sowie der Mut, Neues, Zeitgenössisches kongenial hinzuzufügen und dabei den Dialog zu suchen und die rüde Konfrontation zu meiden: Mit diesem Credo, das auch das ihre ist, fühlten sich die Architekten unserer Zeit dem Großherzog verbunden.

folgende Seiten
104/105: **Westfassade nach der Sanierung aller Fassaden und Vorbauten. Die Fensteröffnungen der Halle 4 (links) sind tief und rahmenlos ausgeführt, um die ursprünglich offene Pfeilerarkatur zu simulieren.**

106: **Die leicht und transparent zurückhaltend gestaltete neue Fassung des Verbindungsbaus betont die Eigenständigkeit des Hochzeitsturm. Als gläsernes Gelenk ermöglicht es potenzielle Verbindungen zwischen Terrasse, Turm und Halle 3.**

107: **Der neue Eingang zum Café an der Westseite ist mit seinem golden schimmernden Portal als zeitgemäße architektonische Ergänzung charakterisiert.**

108: **Der Aufzugsturm und der Anschluss des Werkstattgebäudes an die Halle 3 wurden neu und zurückhaltender gestaltet als die postmoderne Version von 1974.**

109: **Das Erdgeschoss des Verbindungsbaus liegt auf Sockelniveau der Gesamtanlage und zeigt deshalb Bruchsteinmauerwerk. Erstmalig in der gesamten Baugeschichte des Hauses ist die Nordwestecke des Ausstellungsgebäudes freigestellt.**

110/111: **Die neu gestaltete Verbindung zwischen Hochzeitsturm und Halle 3 ist potenzielle Nutzfläche und transitorischer Raum zugleich.**

112: **Interne Treppe auf die Galerieebene der Eingangshalle**

113: **Am repräsentativen Haupteingang überlagern sich die Zeitschichten des Ausgangsbaus mit denen der 1970er und 2020er Jahre.**

114/115: **Blick durch das neu ergänzte Messingportal aus dem Foyer durch das in Türkis und Gold gehaltene Gittertor der 1970er Jahre**

116 oben: **Die Neugestaltung des Foyers zeigt eine zeitgenössische Architektursprache.**

116 unten: **Restaurierte Außenleuchten am Haupteingang**

117: **Die Funktionen des Foyers wurden neu geordnet und in Design und Farbgebung neu gefasst.**

118/119: **Die Deckenbalken und Knaggen im Foyer erhielten wieder die historische Farbgebung und Vergoldungen.**

120: **Toilette im Museumscafé**

121: **Neues Wand- und Türdesign im Foyer**

122: **Natürliche Belichtung der Halle 4 durch Nordlicht über Sheds**

123: **Mit verdeckten Profilen neue verglaste Fenster der Halle 4 mit Ausblick auf Terrasse und Vorplatz**

124/125: **Halle 4, Blick Richtung Westen**

126/127: **Halle 4, Blick Richtung Norden mit Durchgang zur Halle 3**

128: **Durchgang von Halle 3 zur Halle 2**

129 oben und unten: **Nördliche Stirnseite der Halle 2 mit verschiebbaren Wänden**

130/131: **Blick in die Halle 2 nach Norden. Die Fenster können durch Schiebelemente geschlossen werden, um bei Bedarf weitere Hängeflächen zu gewinnen.**

132/133: **Blick in die Halle 1 nach Osten, links Durchgang zur Verbindungshalle 2**

134/135: **Blick in die Halle 3 nach Osten, rechts Durchgang zur Verbindungshalle 2**

136: **Neuer Zugang an der Westseite zum barrierefreien Aufzug des Cafés**

137: **Der lang gestreckte, schmale Gastraum des Cafés wurde durch Verspiegelung der Rückwand optisch aufgeweitet.**

138: **Neue Raumfolge mit der ehemaligen Schieberkammer als zentralem Gastraum**

139: **Handlaufdetail auf der Westterrasse**

140: **Neu gestaltete Treppe von der Terrasse zum Verbindungsbau**

141: **Blick aus dem Verbindungsbau hinaus auf Terrasse und Vorplatz**

142: **Die Nordterrasse des Verbindungsbaus mit erneuerter Wandpartie des Hochzeitsturms**

143: **Toiletten im Eingangsgebäude**

144: **Im Café erinnern Relikte des historischen Rohrsystems an die Funktion des Wasserspeichers.**

145: **Einbauten und Möblierung des Foyers wurden in neuem Design zeitgenössisch gestaltet.**

rechts: **Am Hochzeitsturm lassen sich frühere Bauzustände des Verbindungsgebäudes ablesen.**

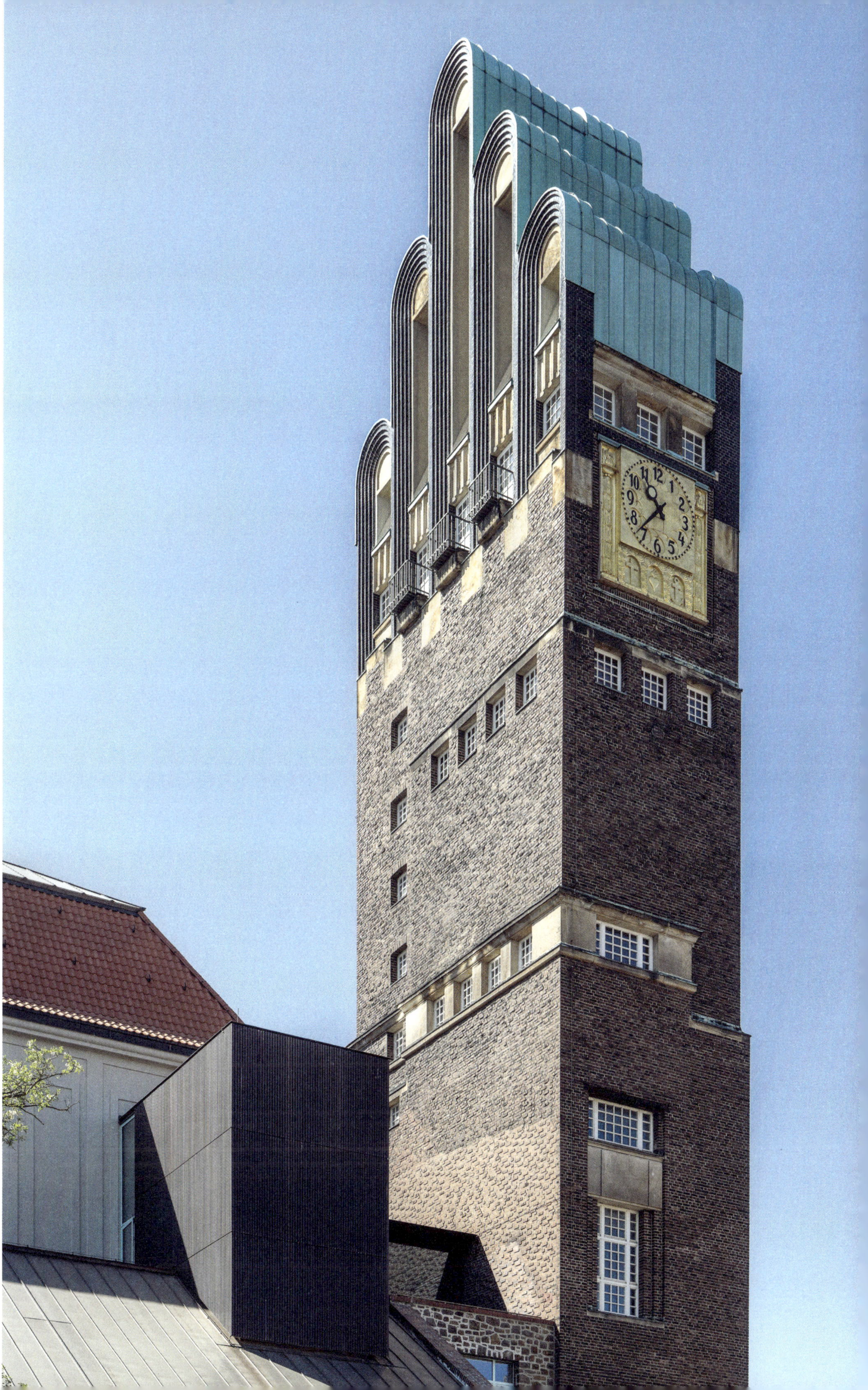

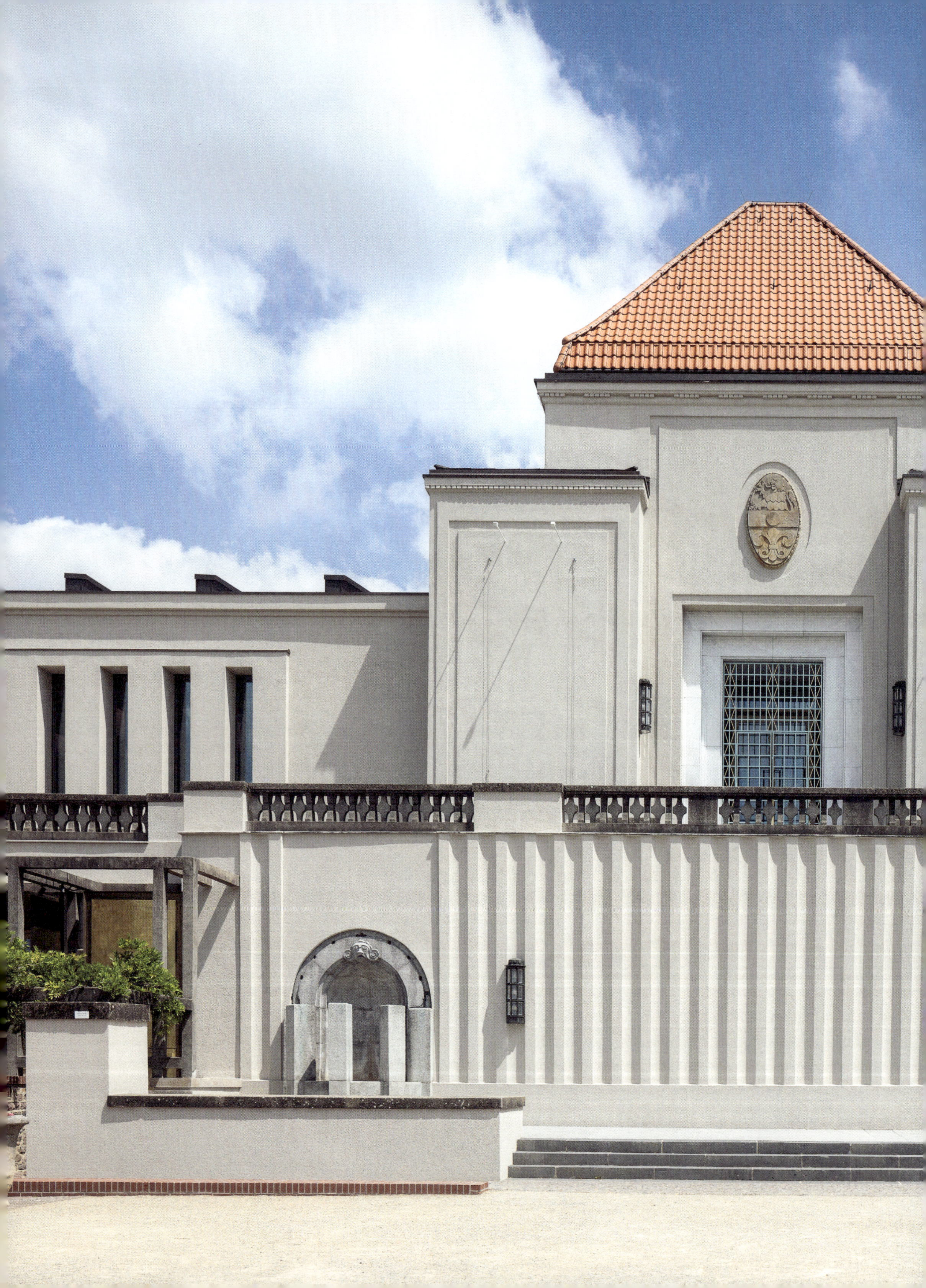

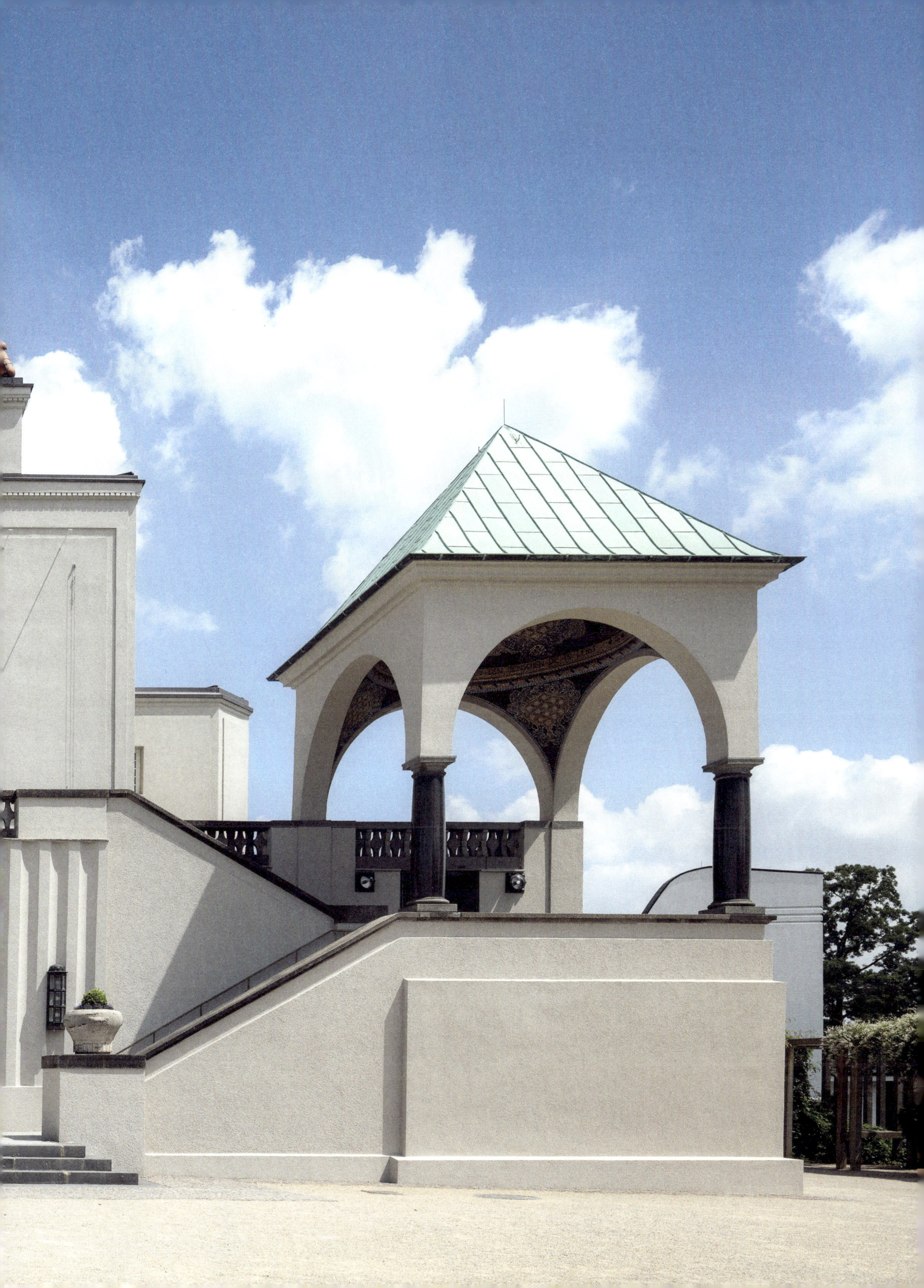

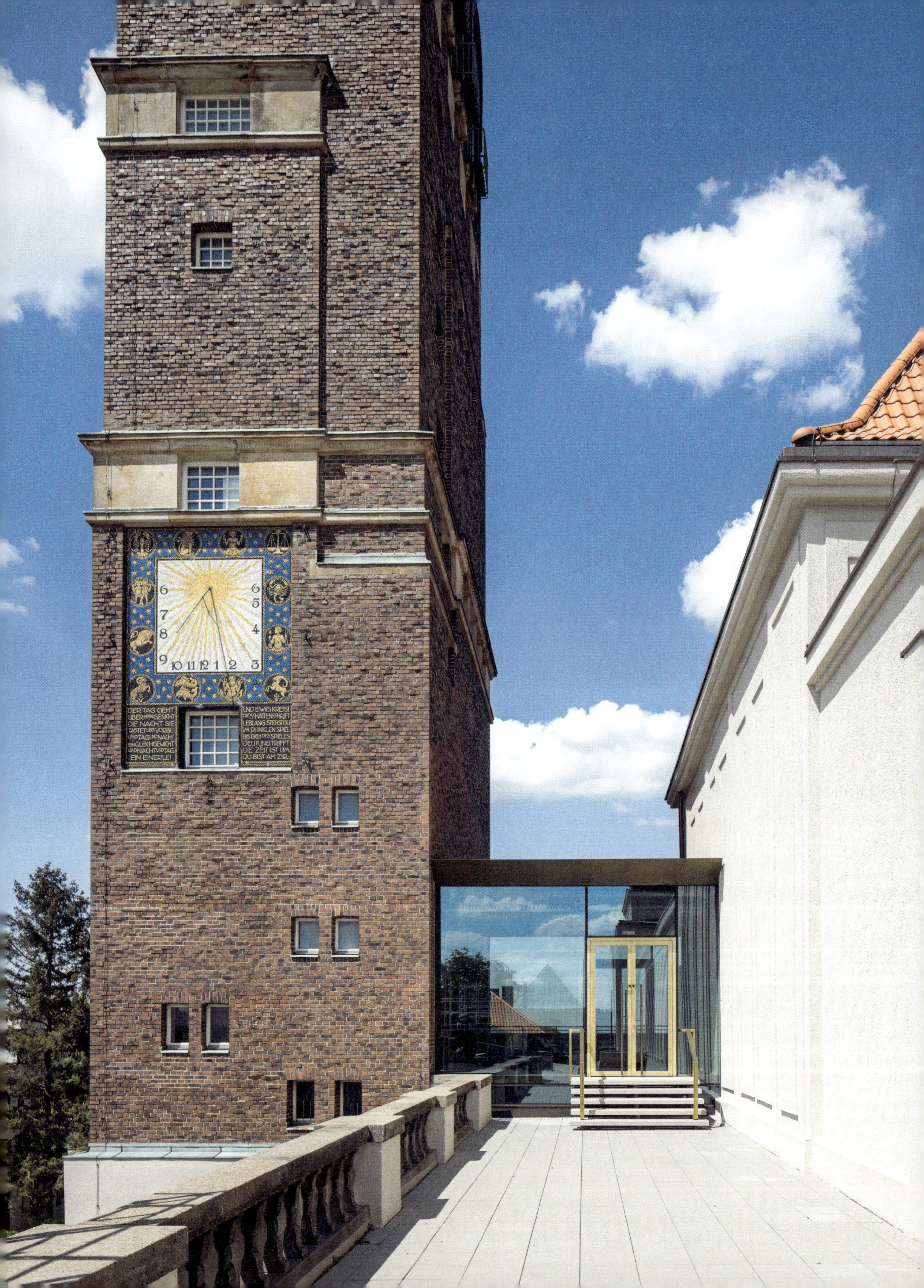
DER TAG GEHT
ÜBER MEIN GESICHT
DIE NACHT SIE
TASTET LEIS VORBEI
UND TAG UND NACHT
EIN GLEICHGEWICHT
UND NACHT UND TAG
EIN EINERLEI
UND EWIG KREIST
DIE SCHATTENSCHRIFT
LEBLANG STEHST DU
IM DUNKLEN SPIEL
BIS DICH DES SPIELES
DEUTUNG TRIFFT
DIE ZEIT IST UM
DU BIST AM ZIEL

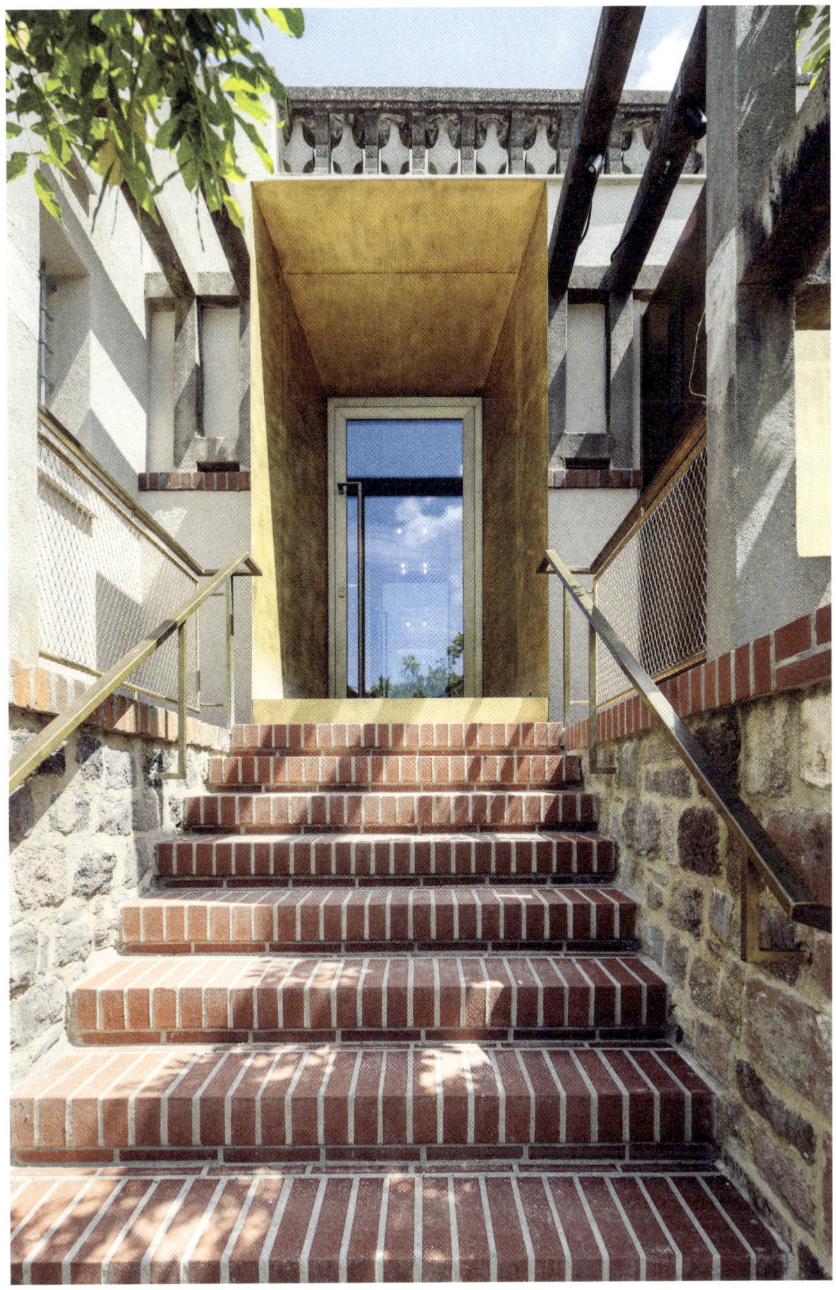

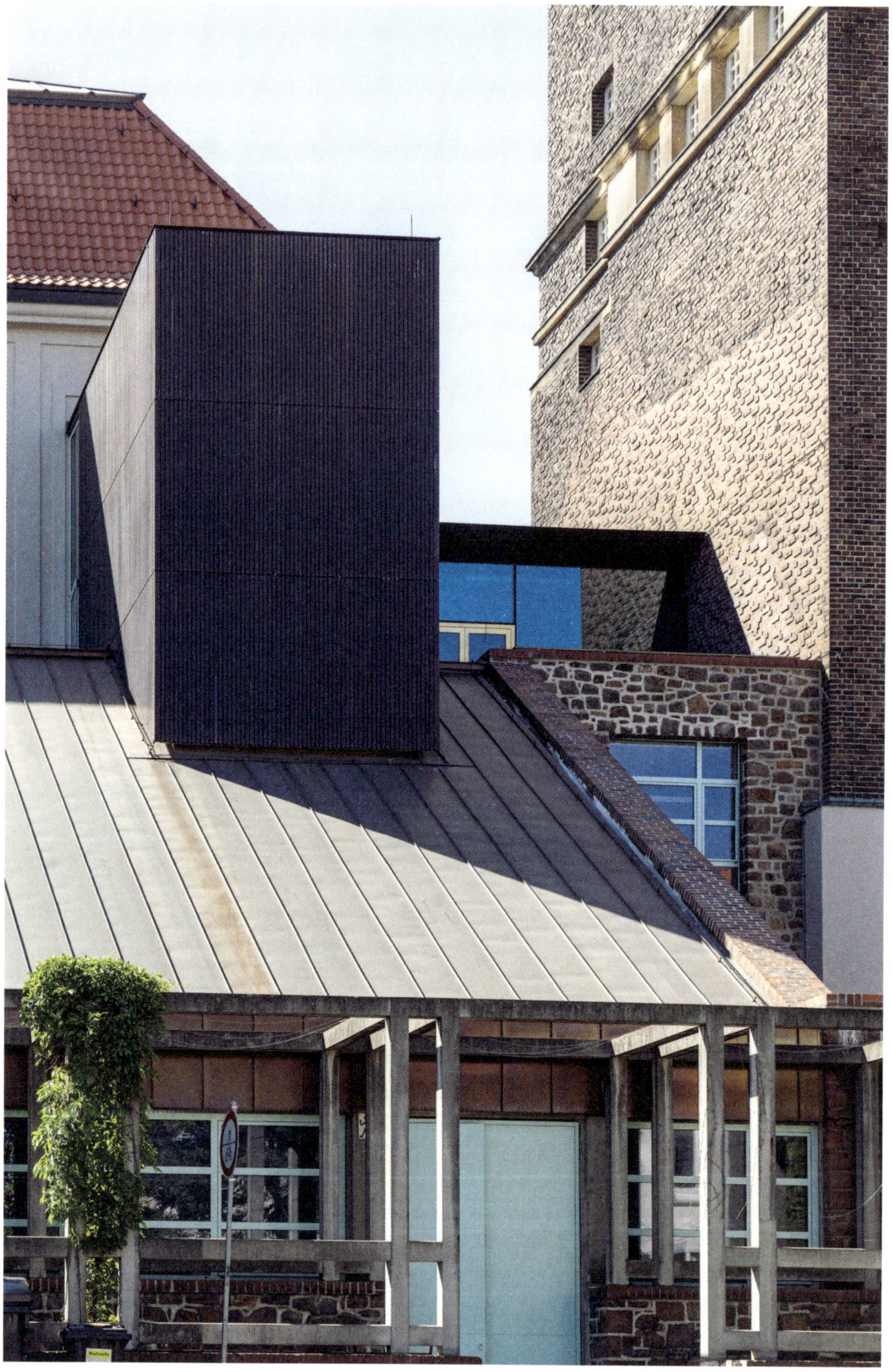

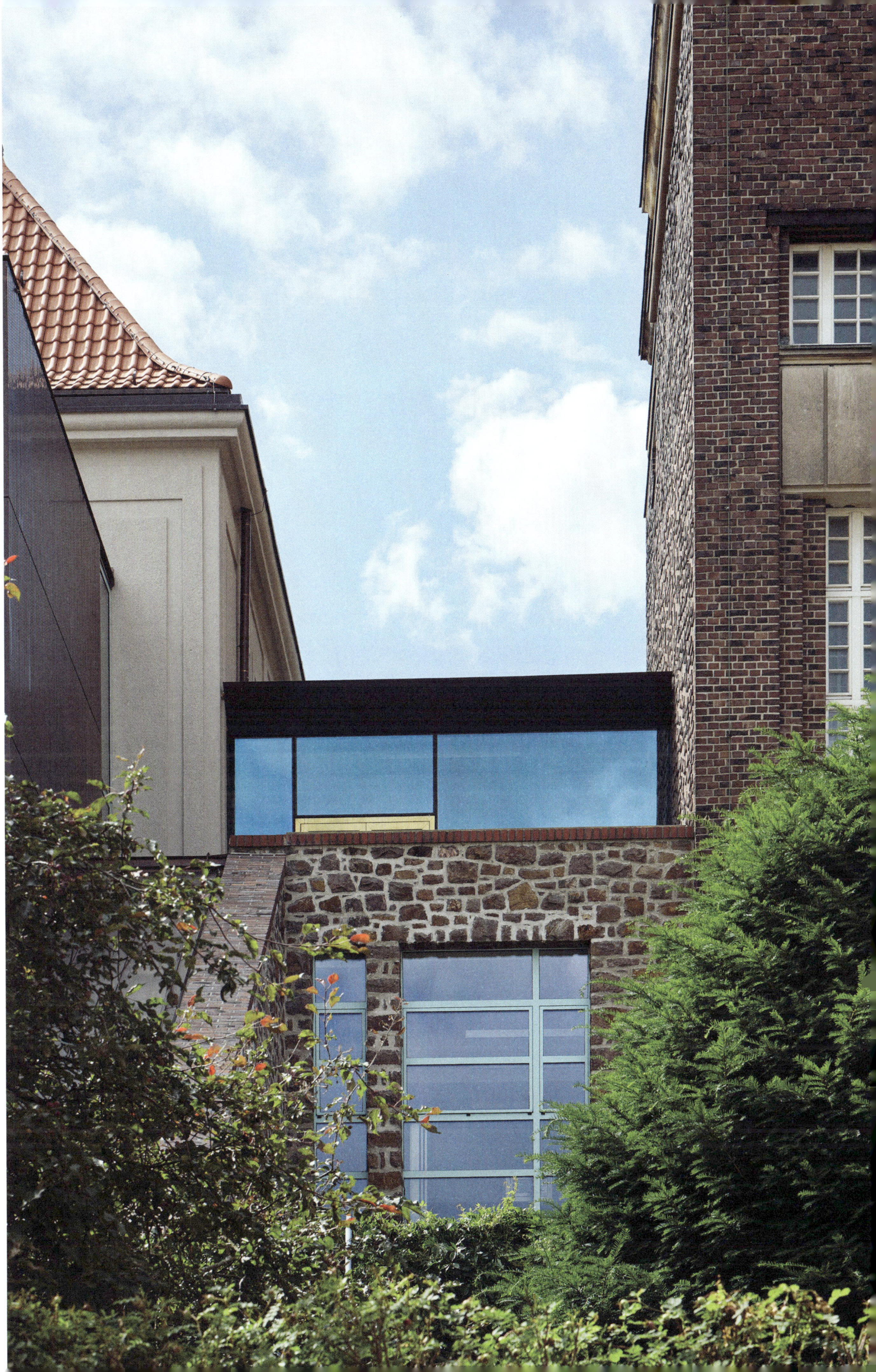

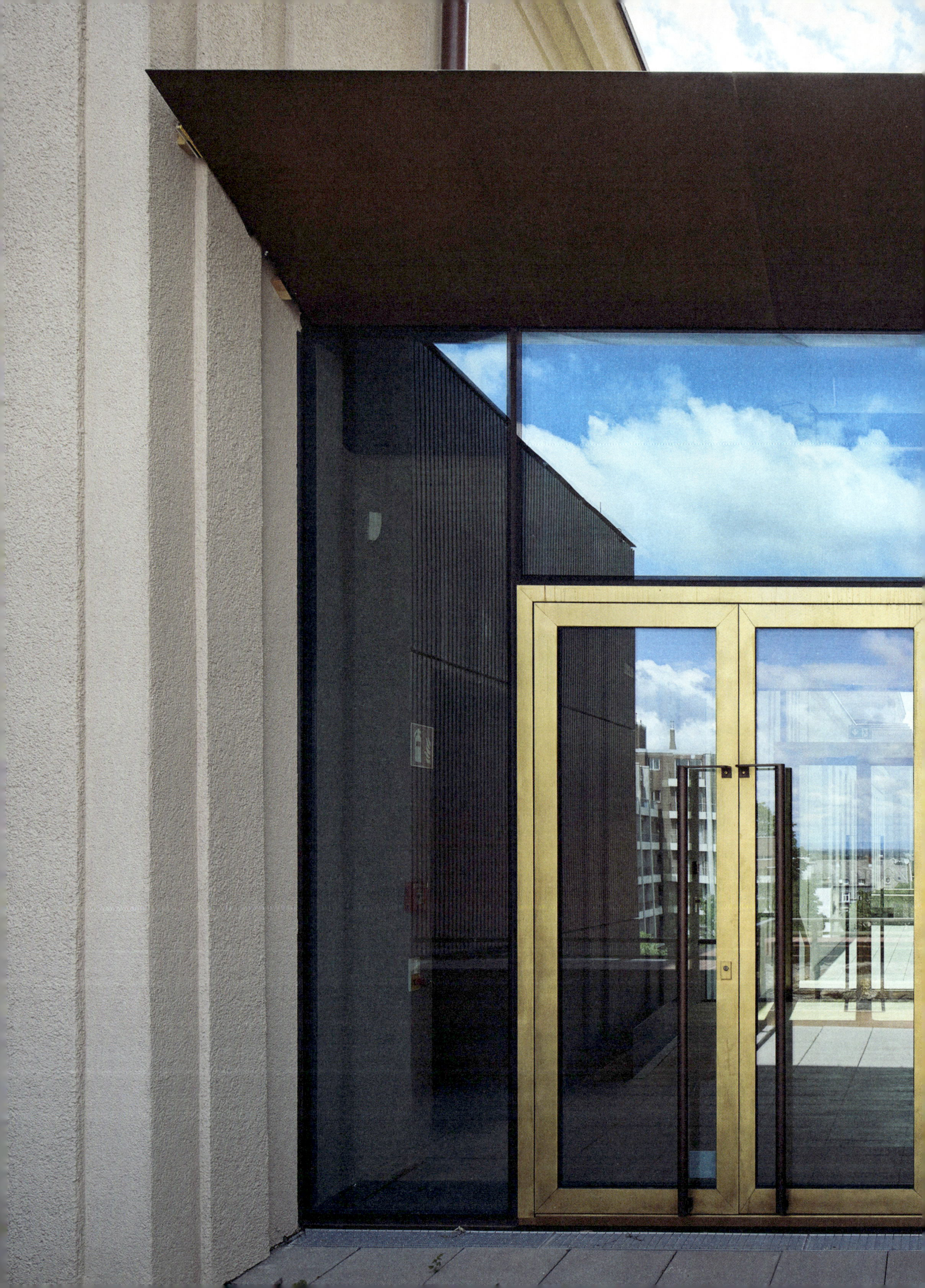

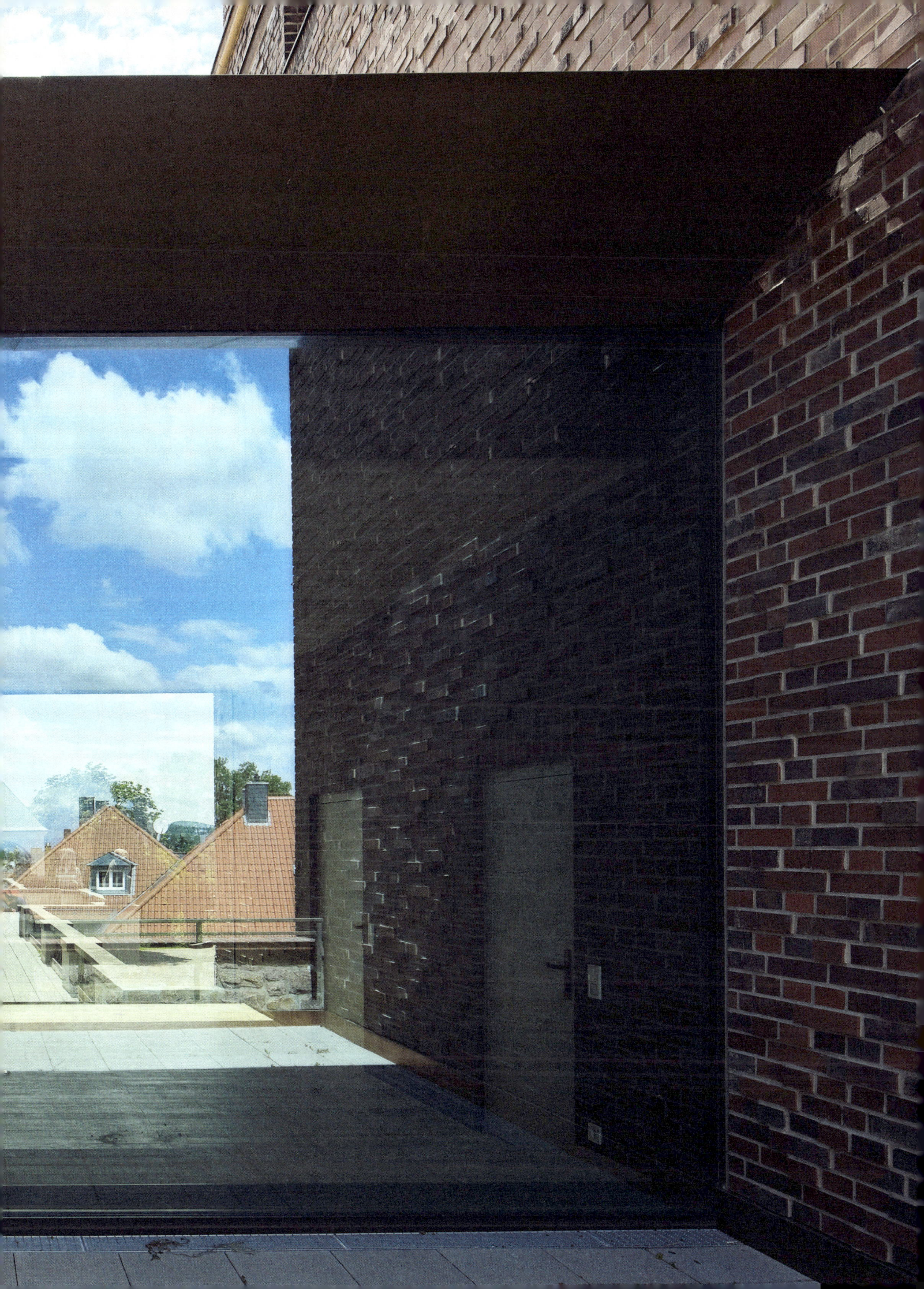

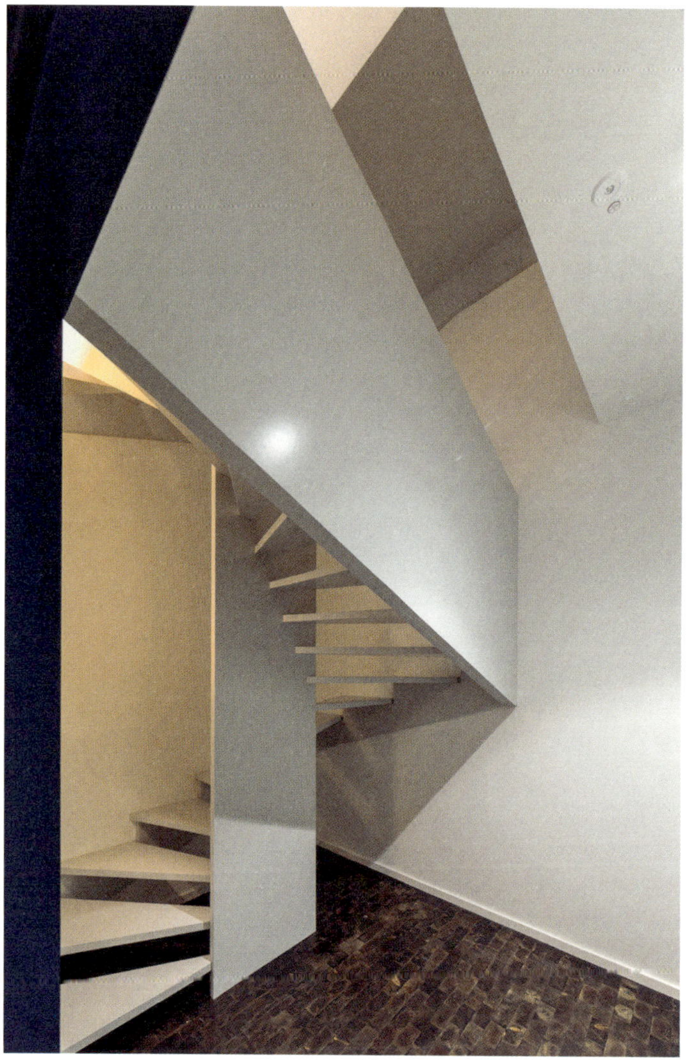

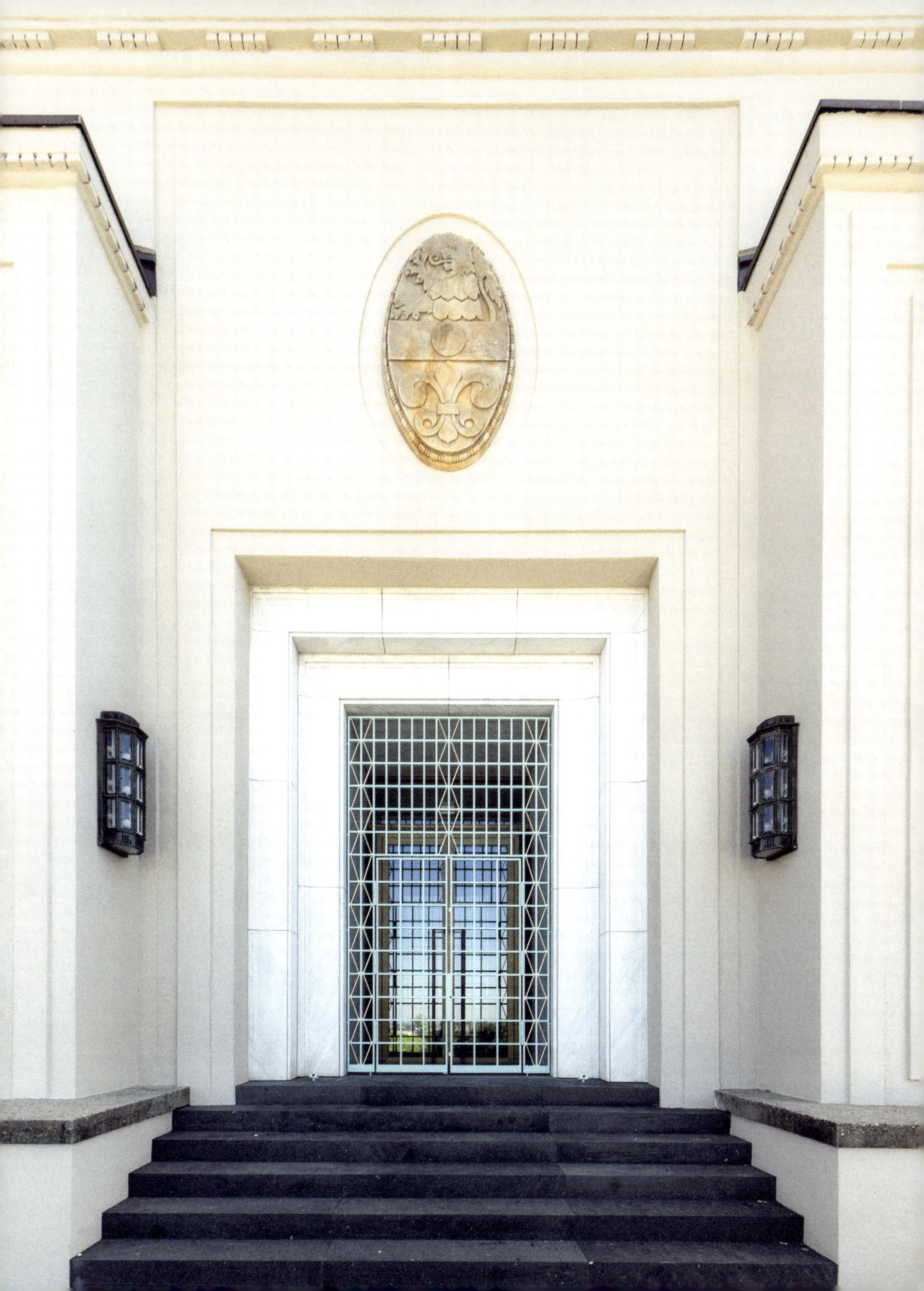

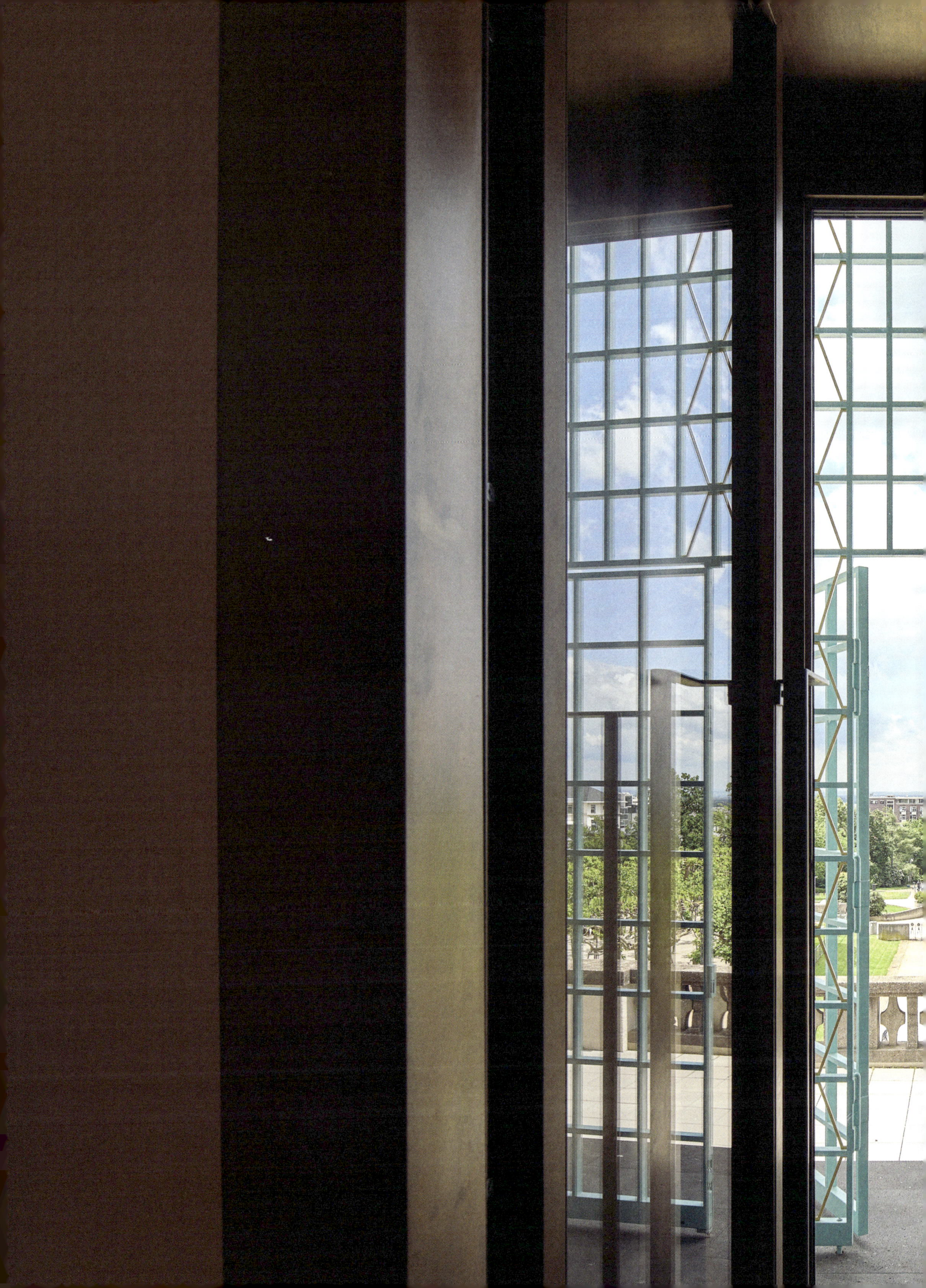

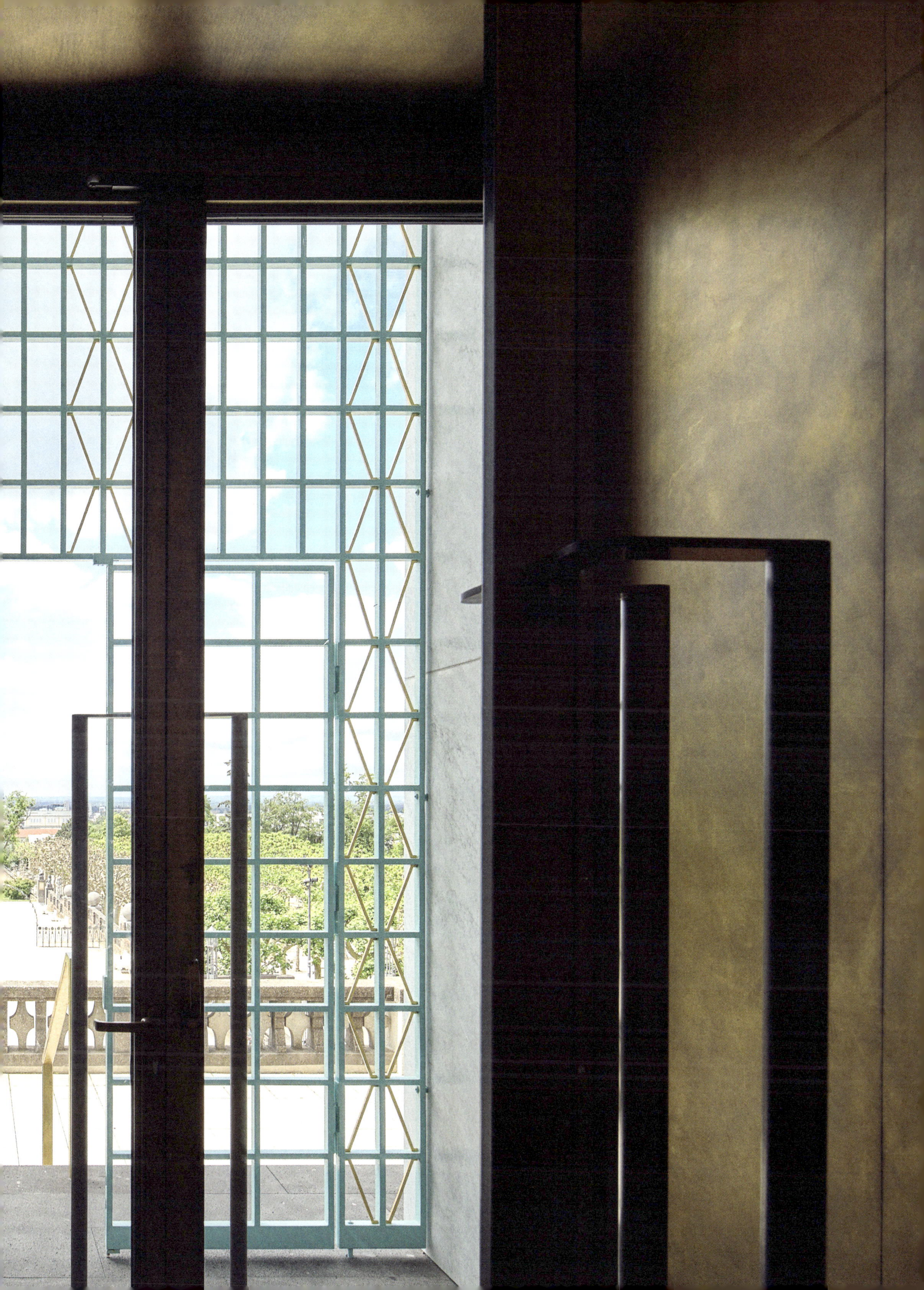

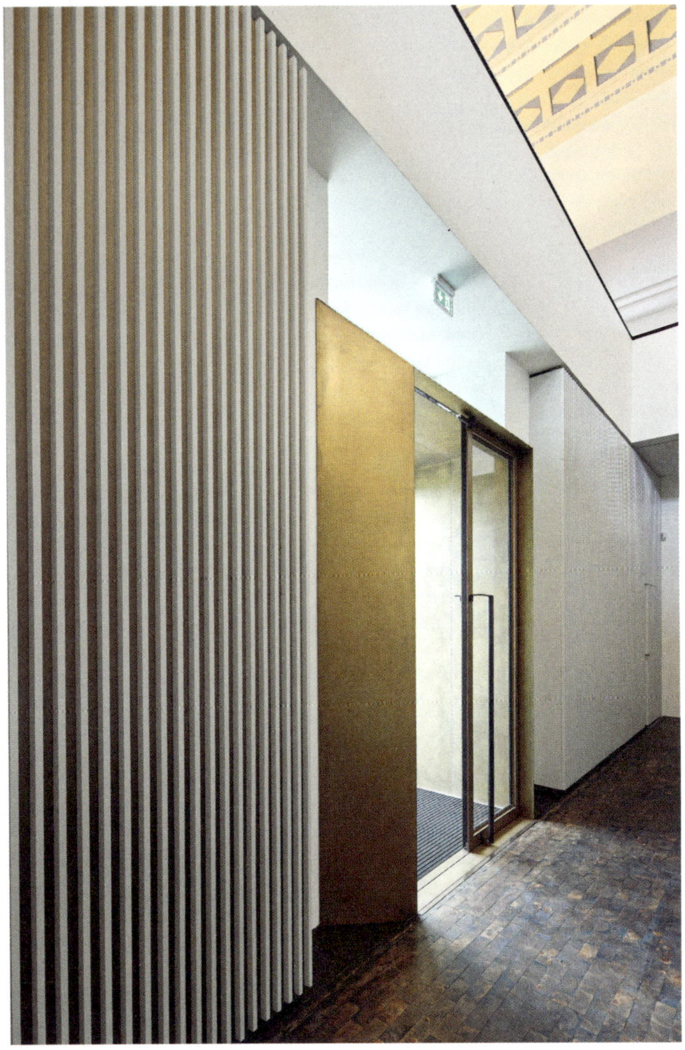

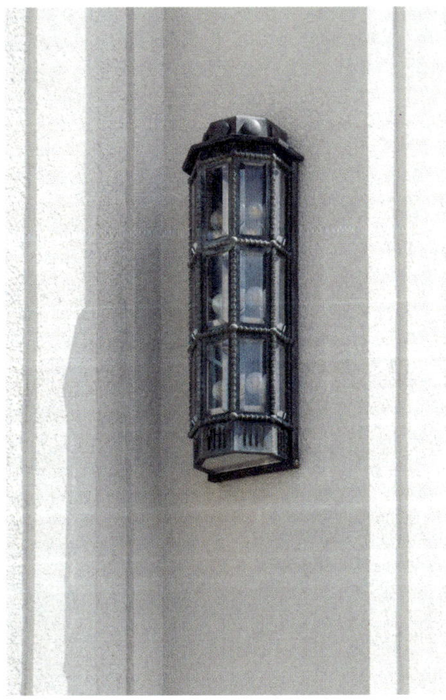

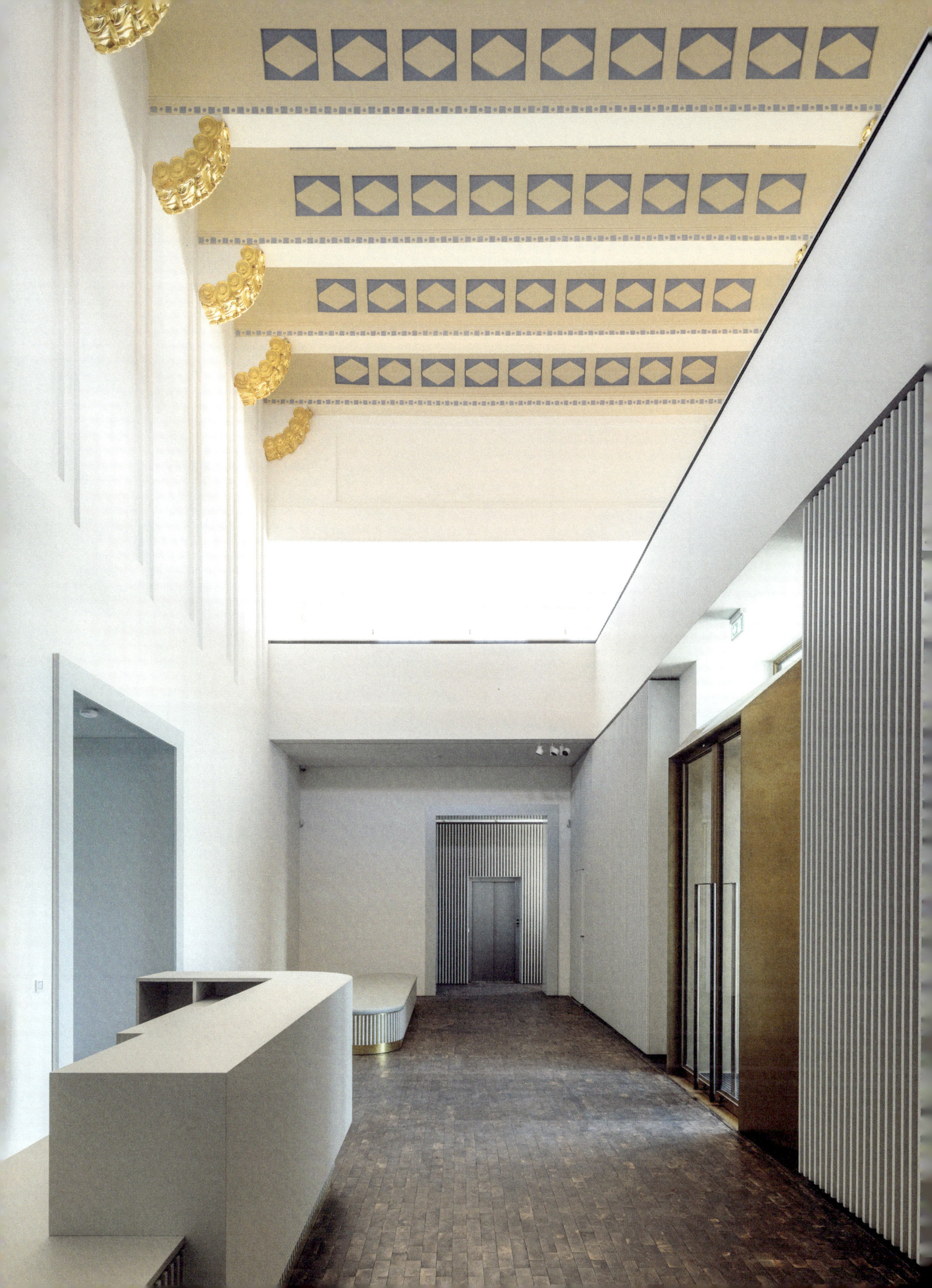

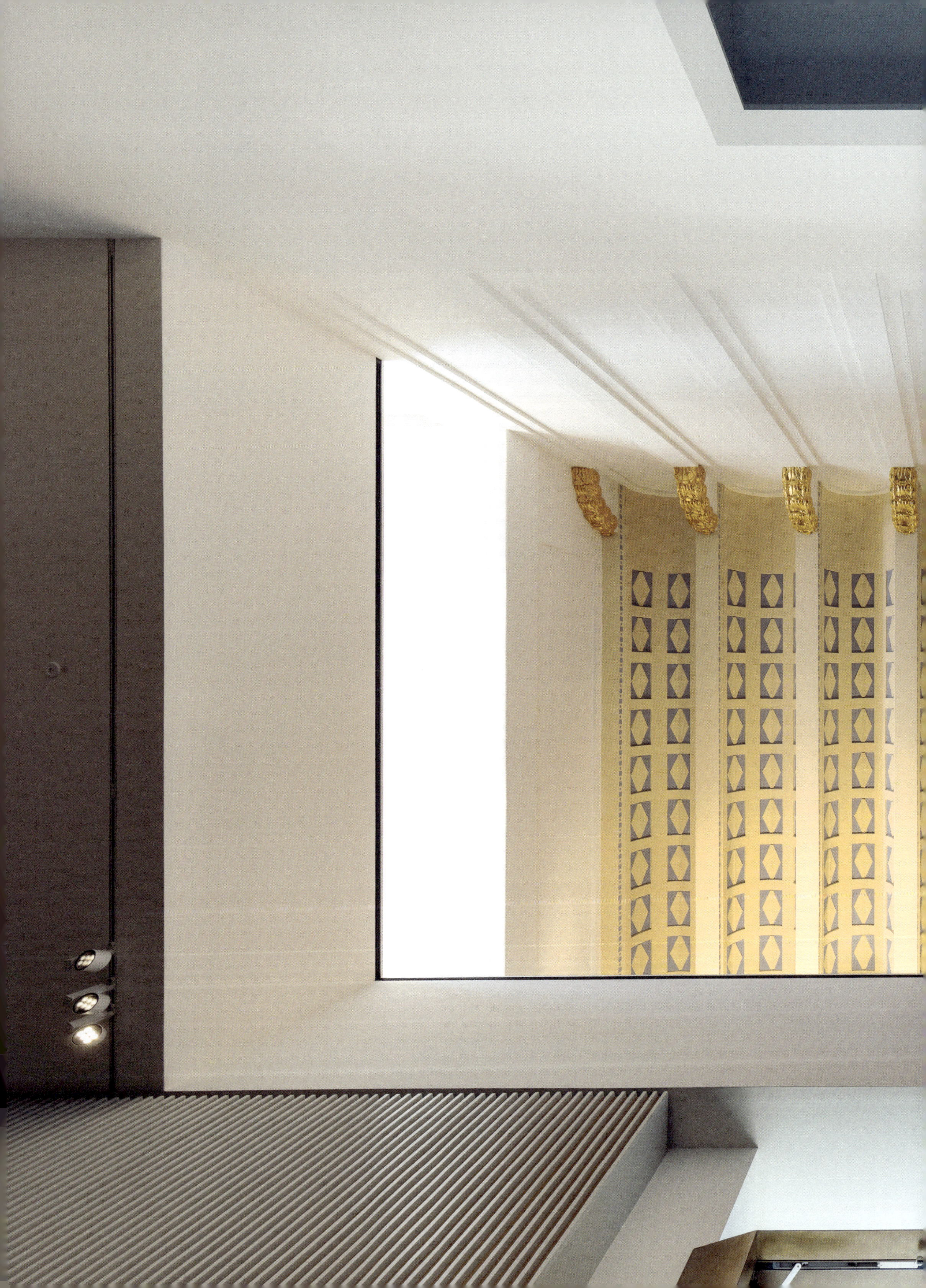

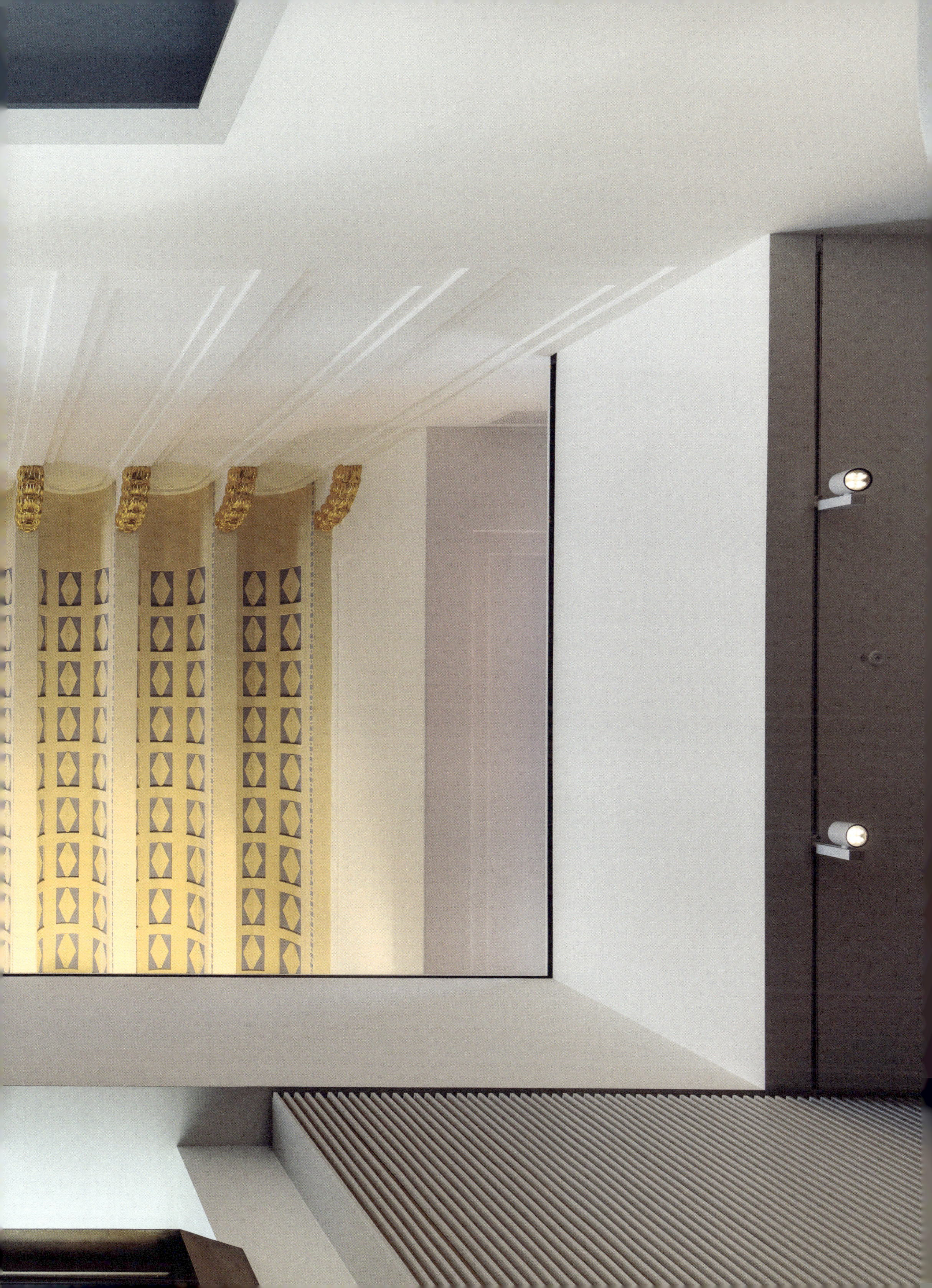

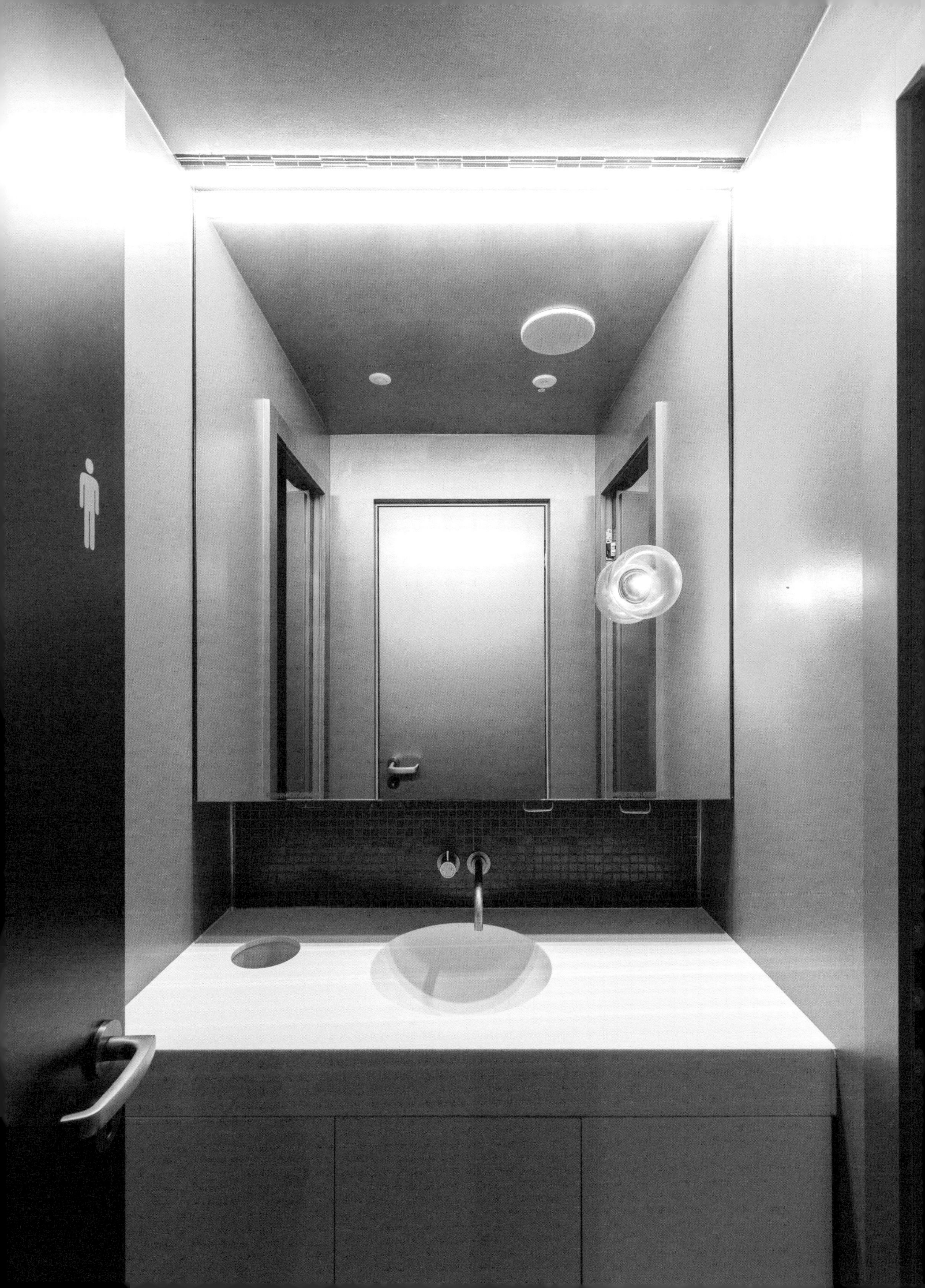

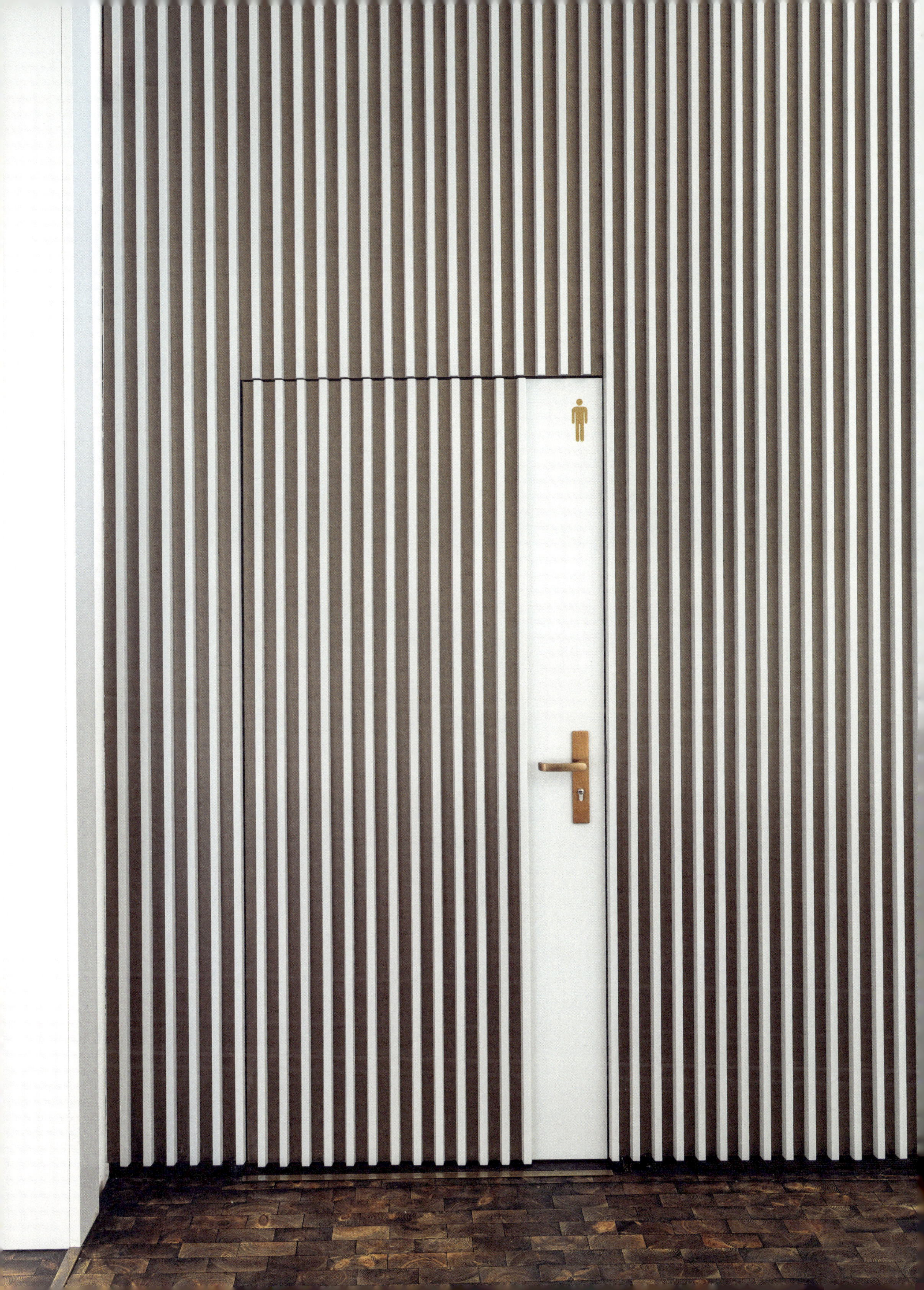

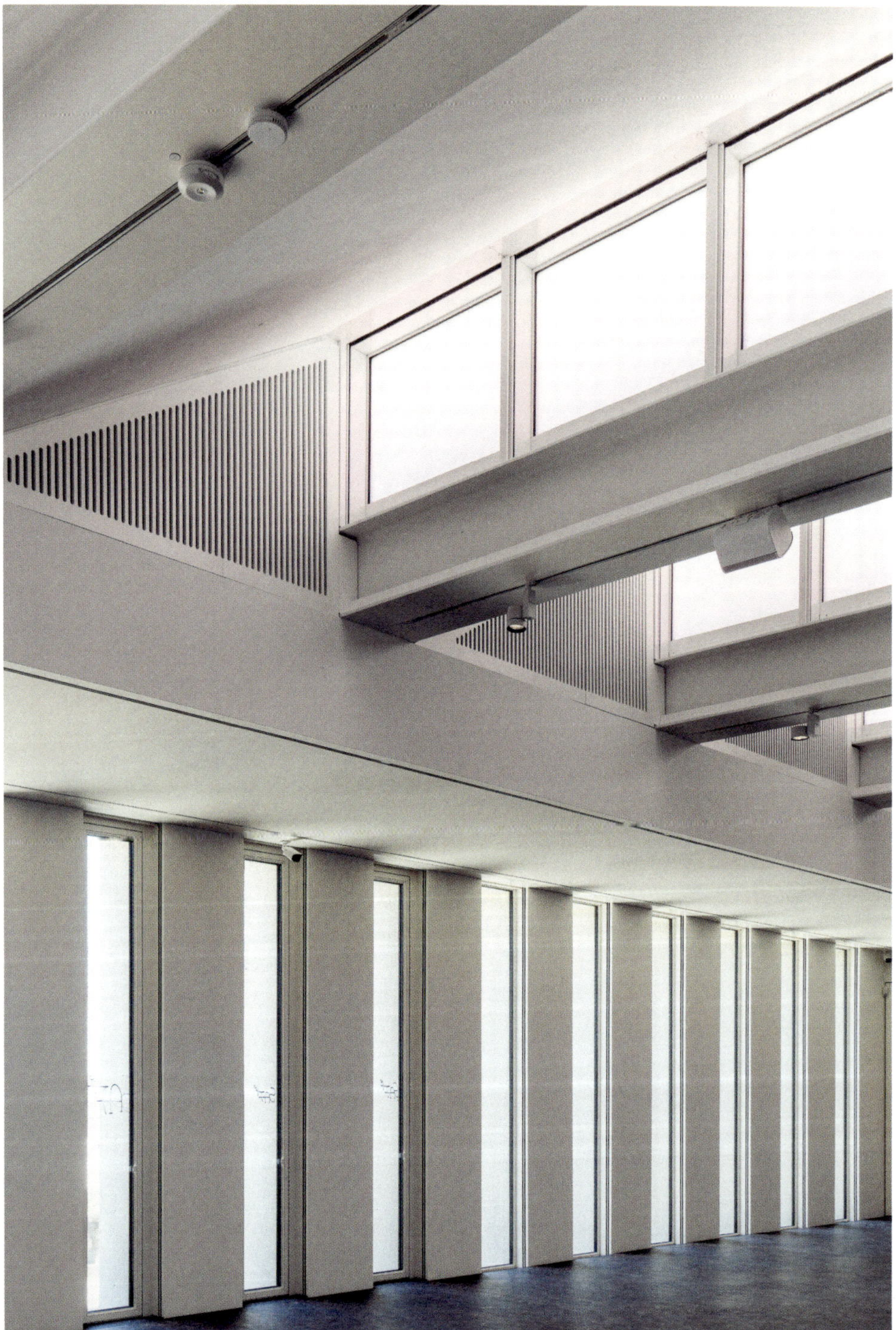

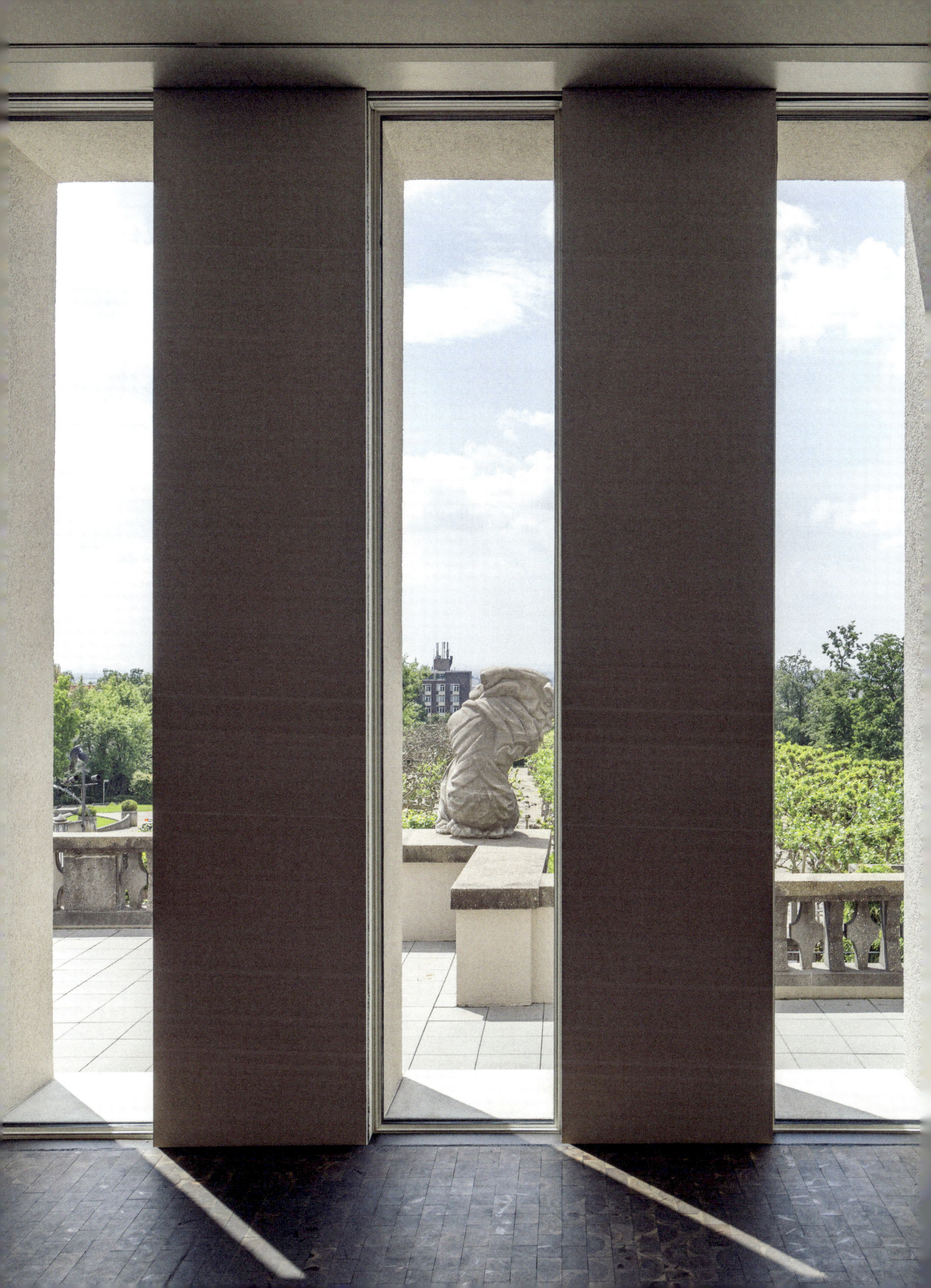

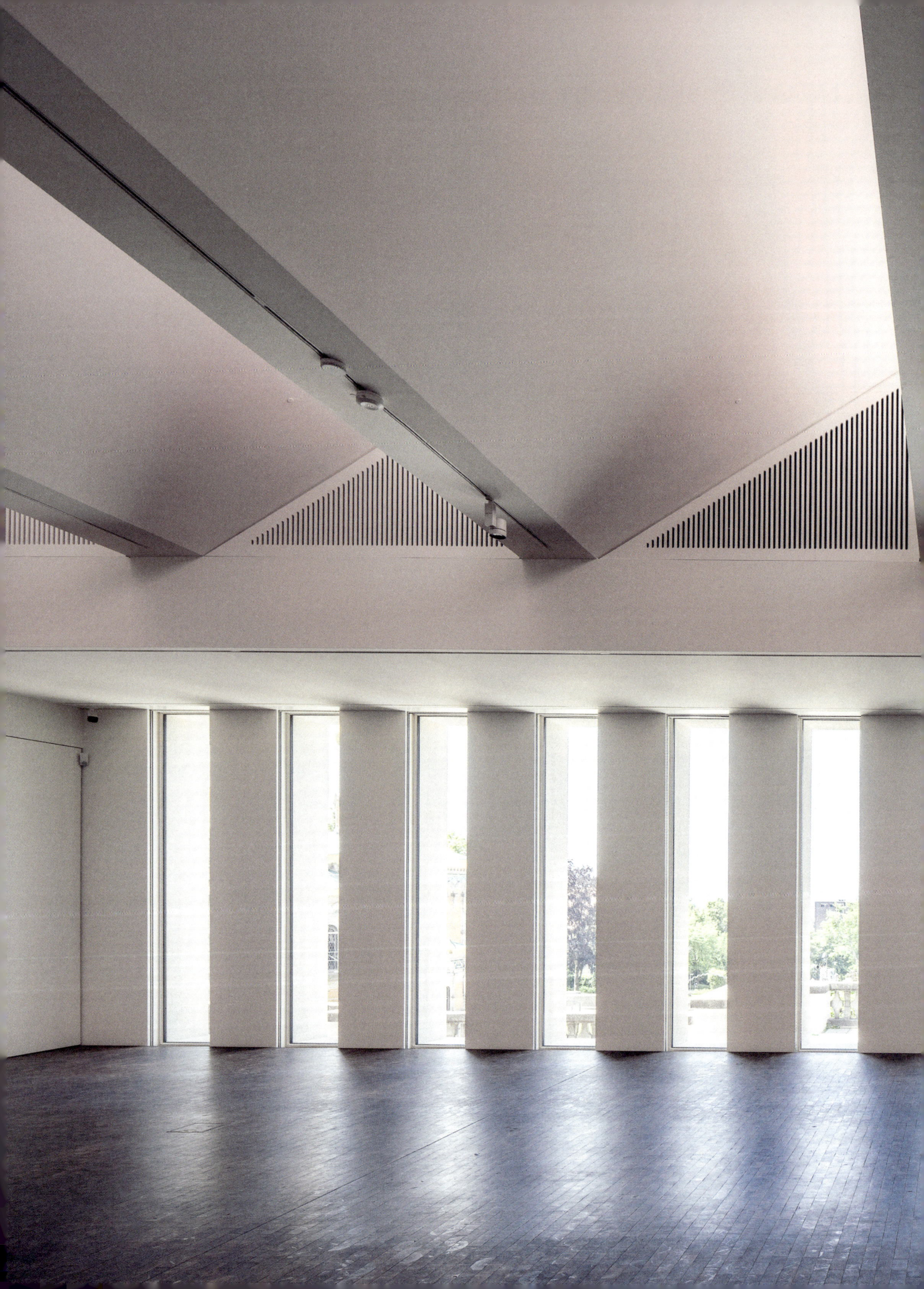

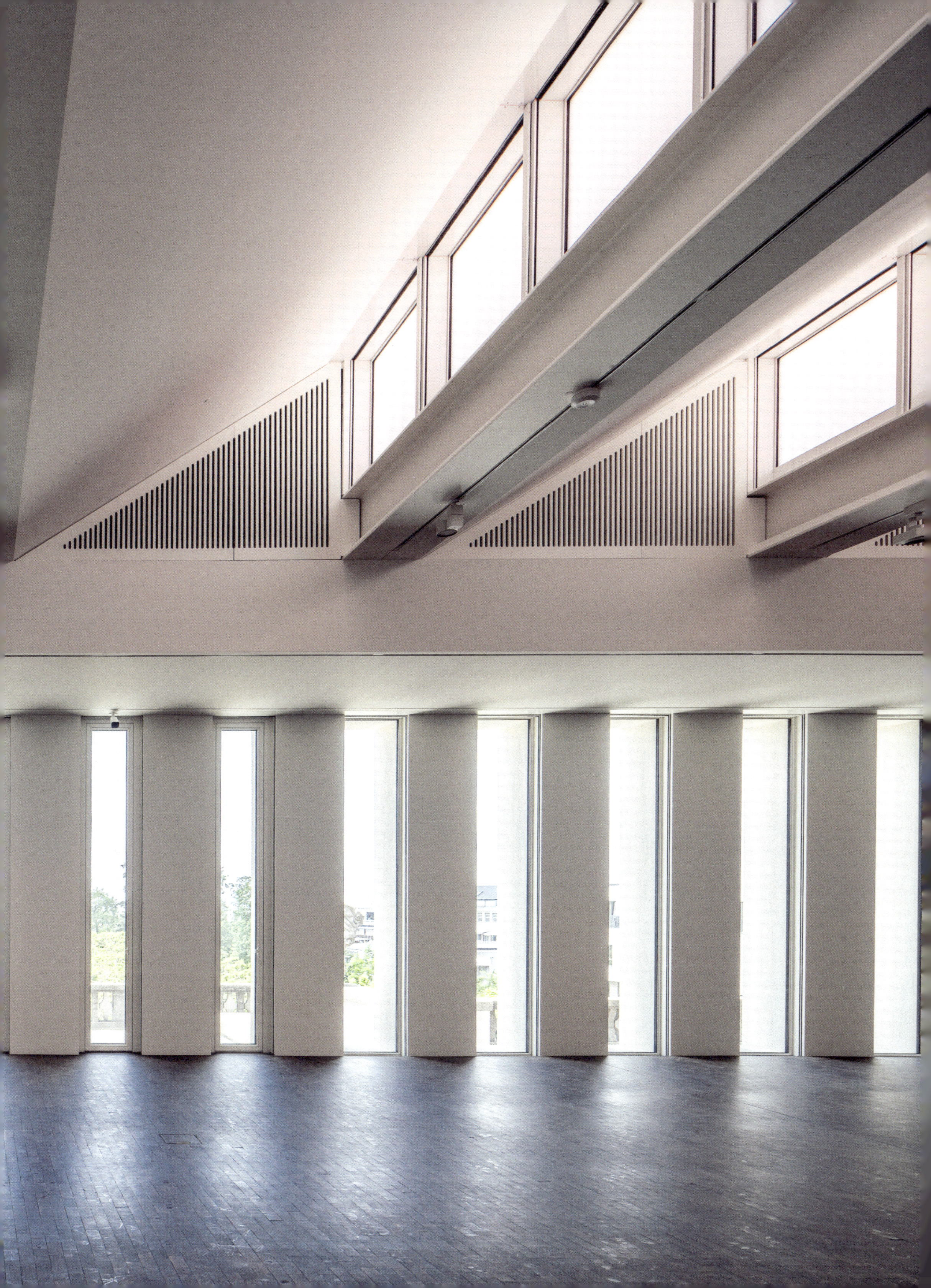

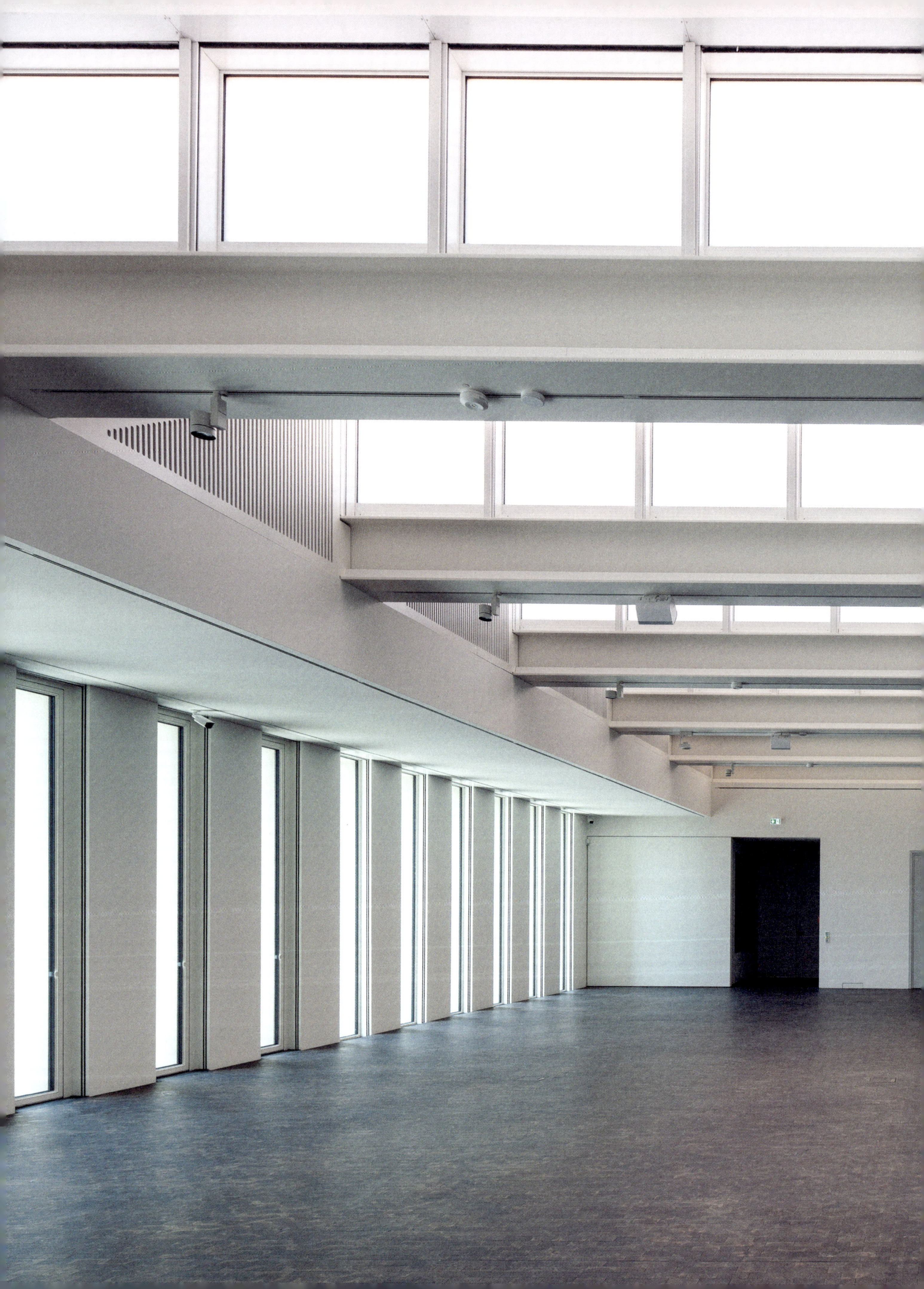

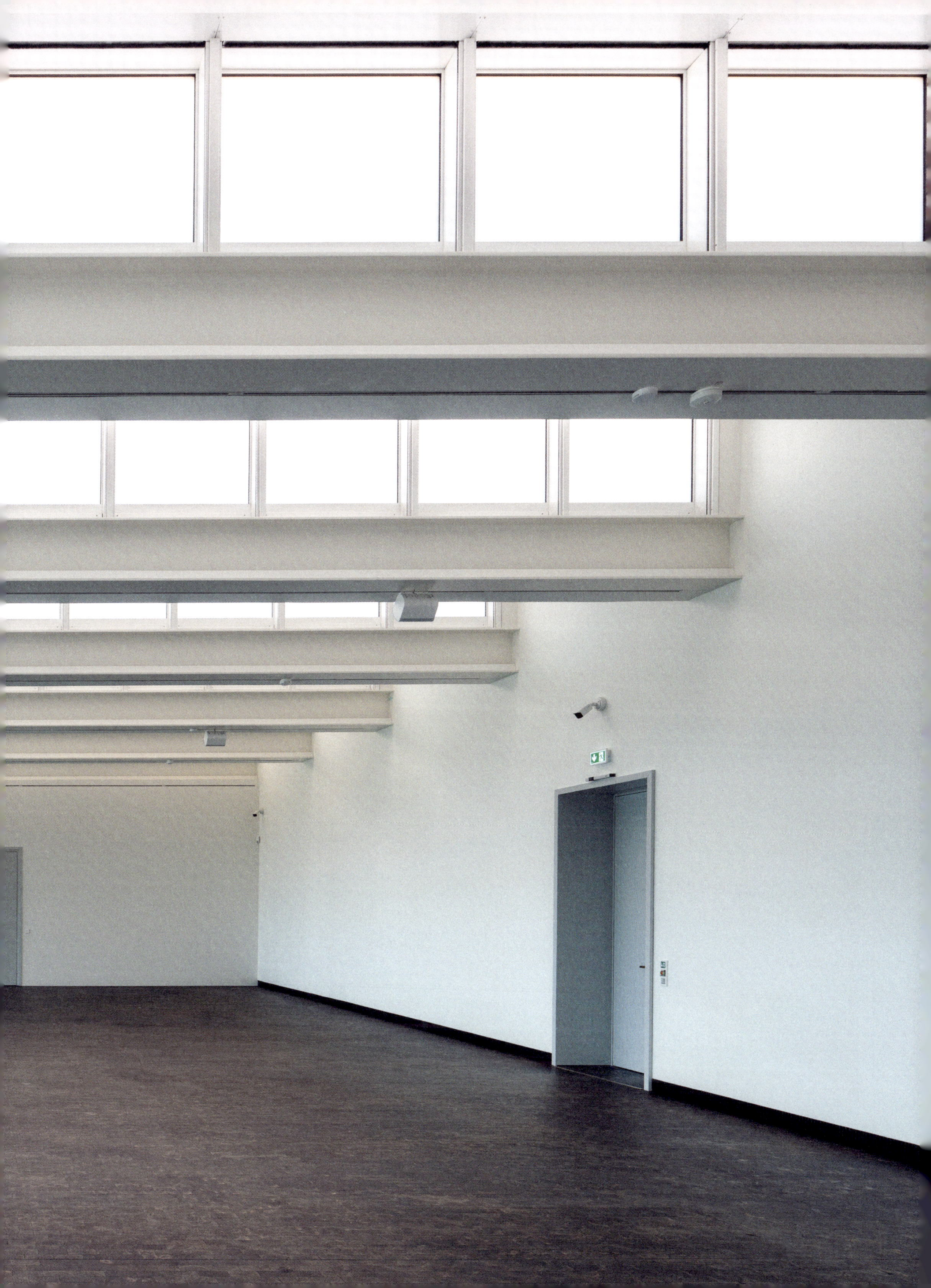

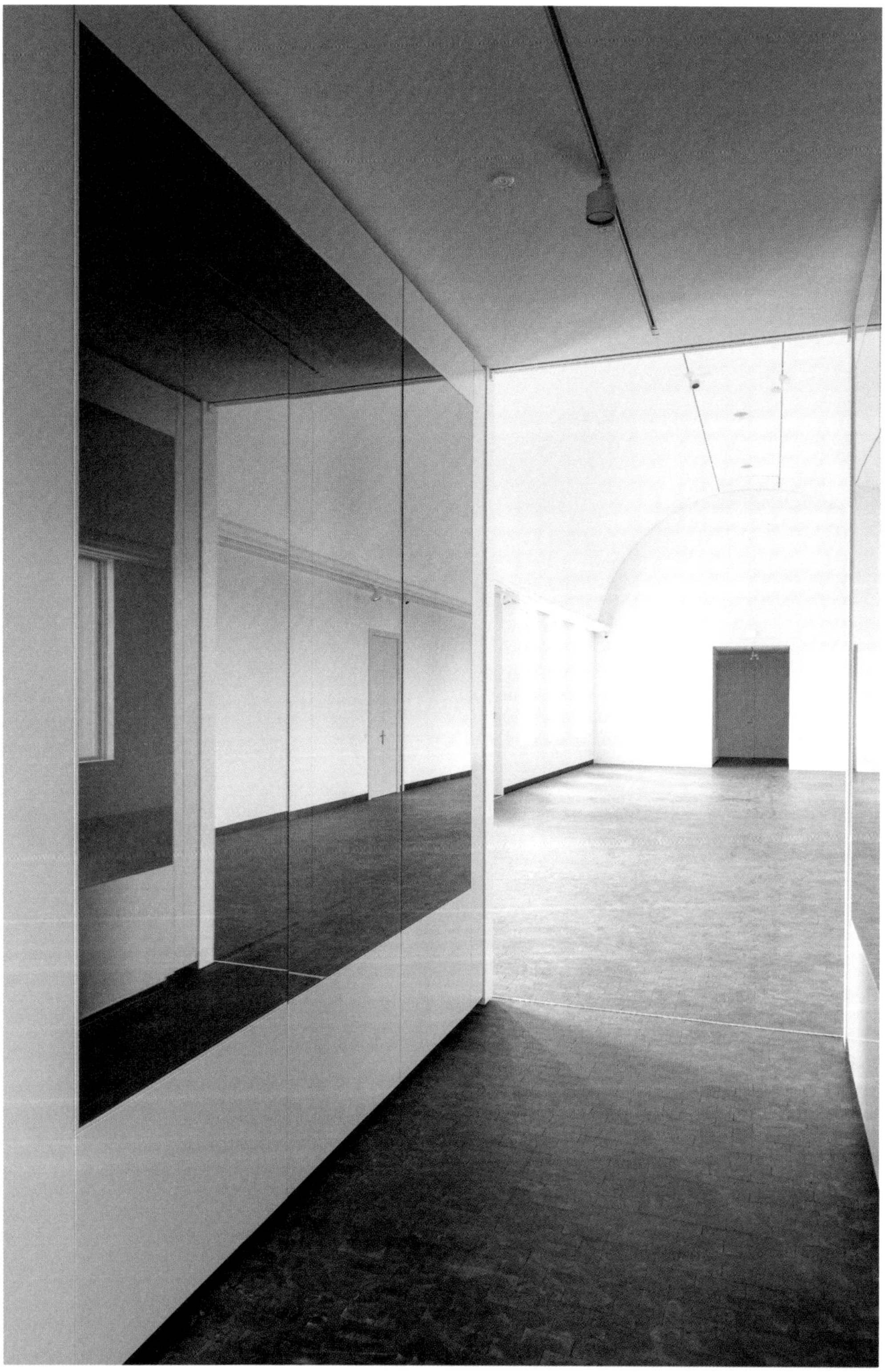

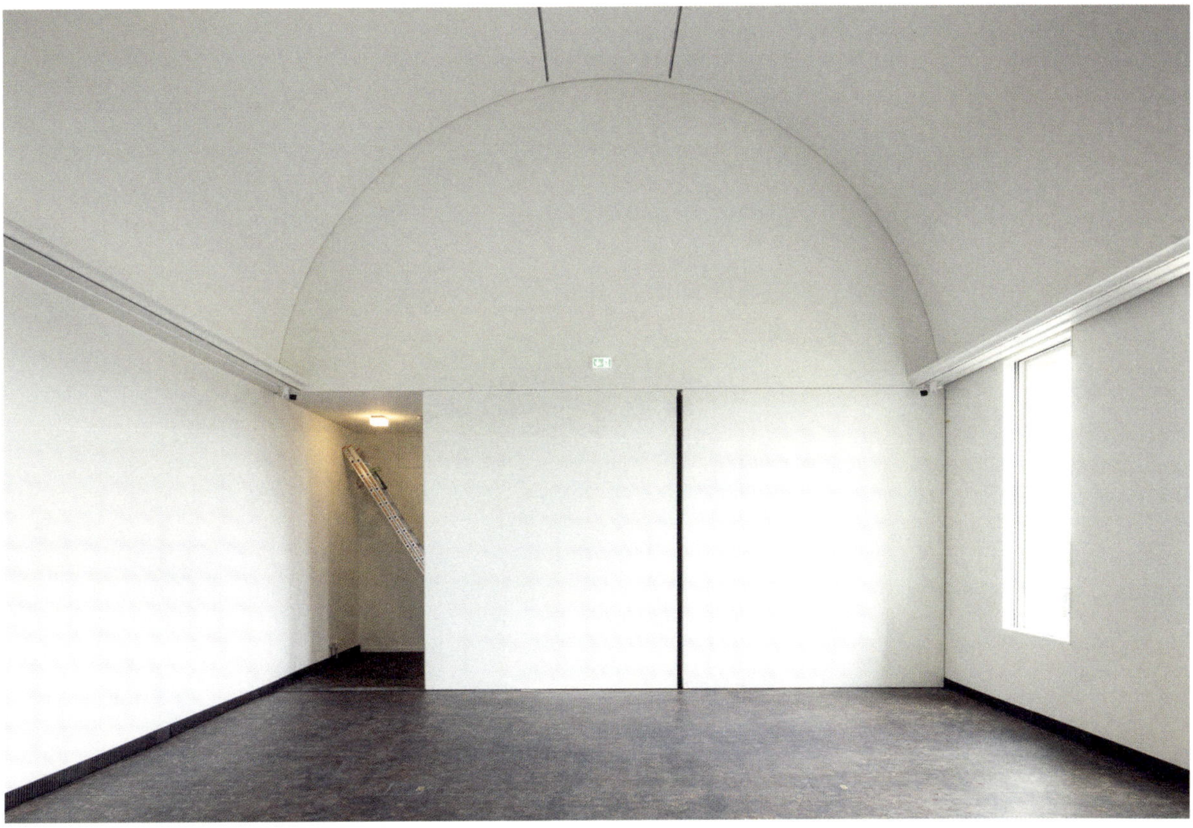

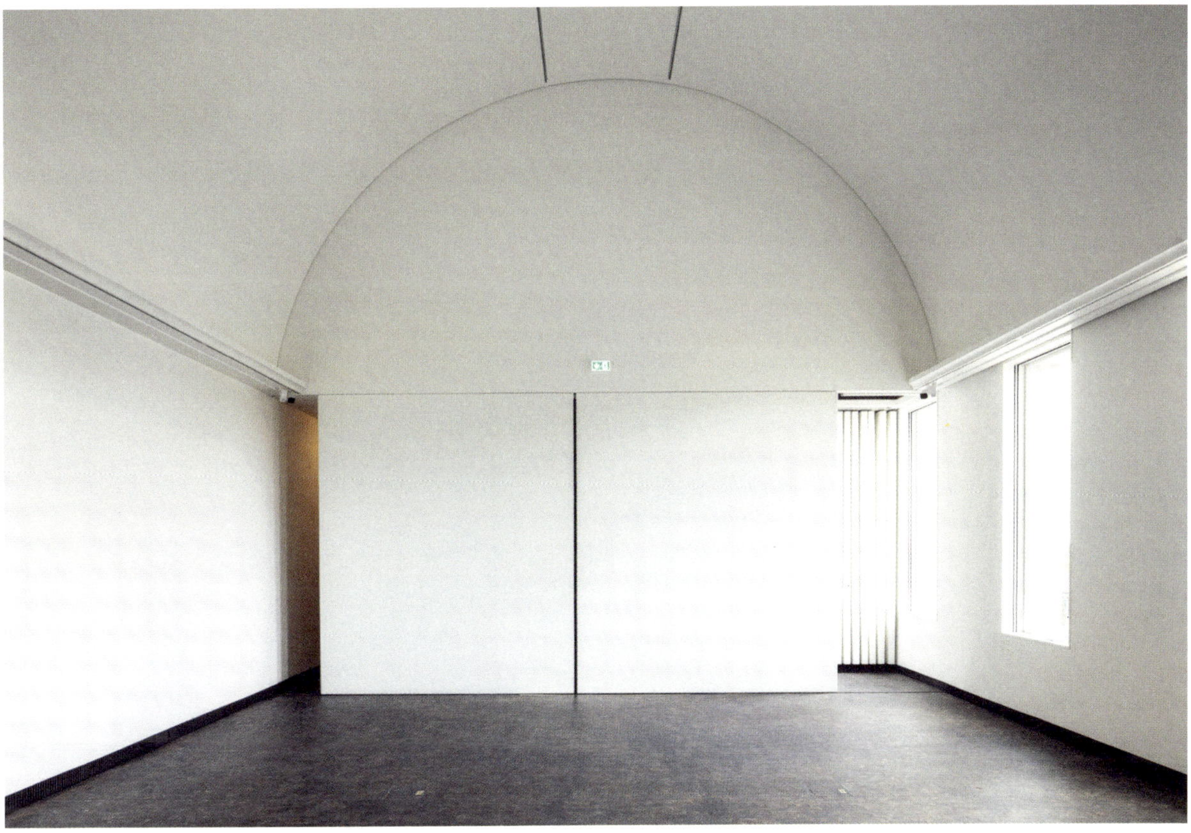

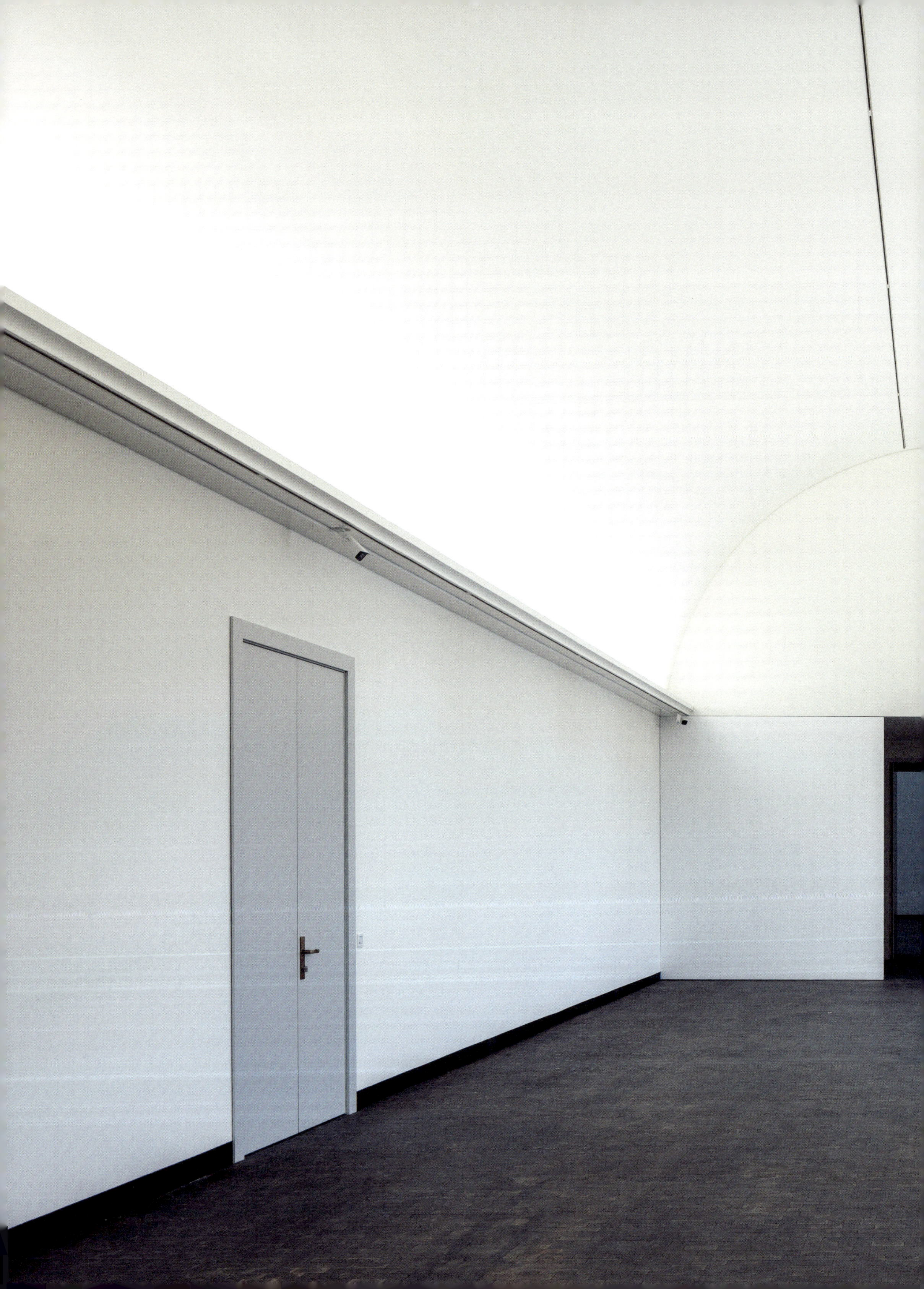

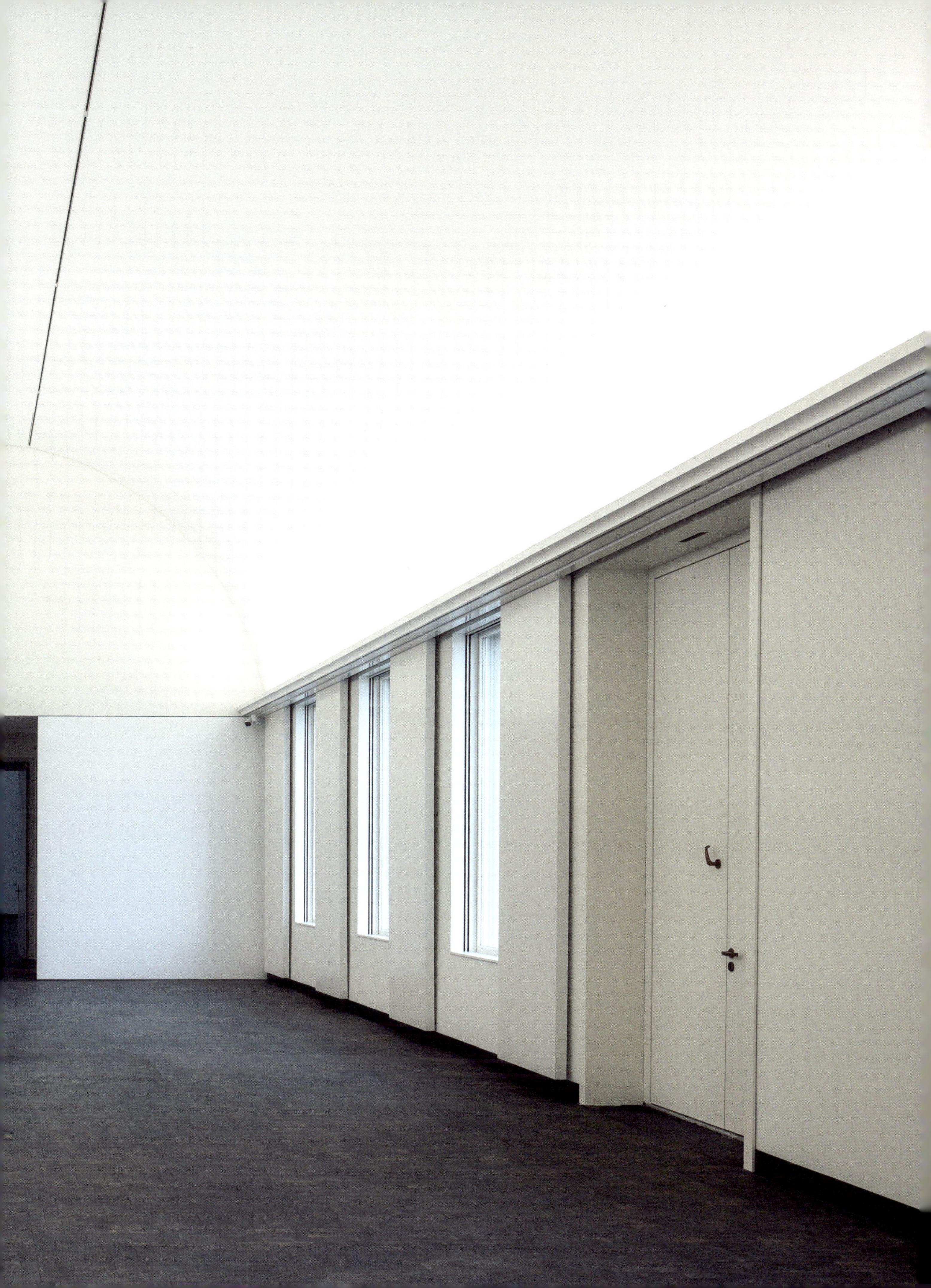

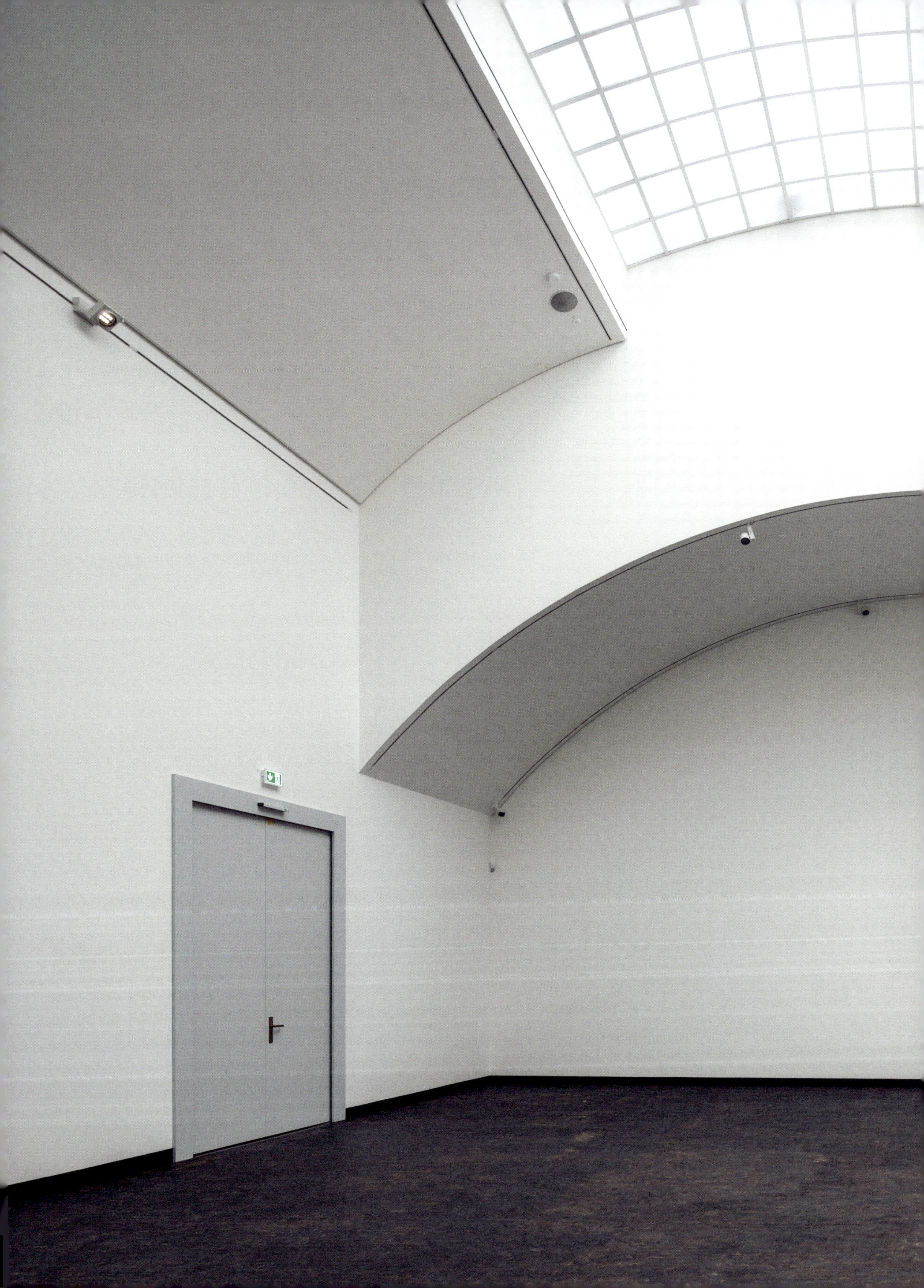

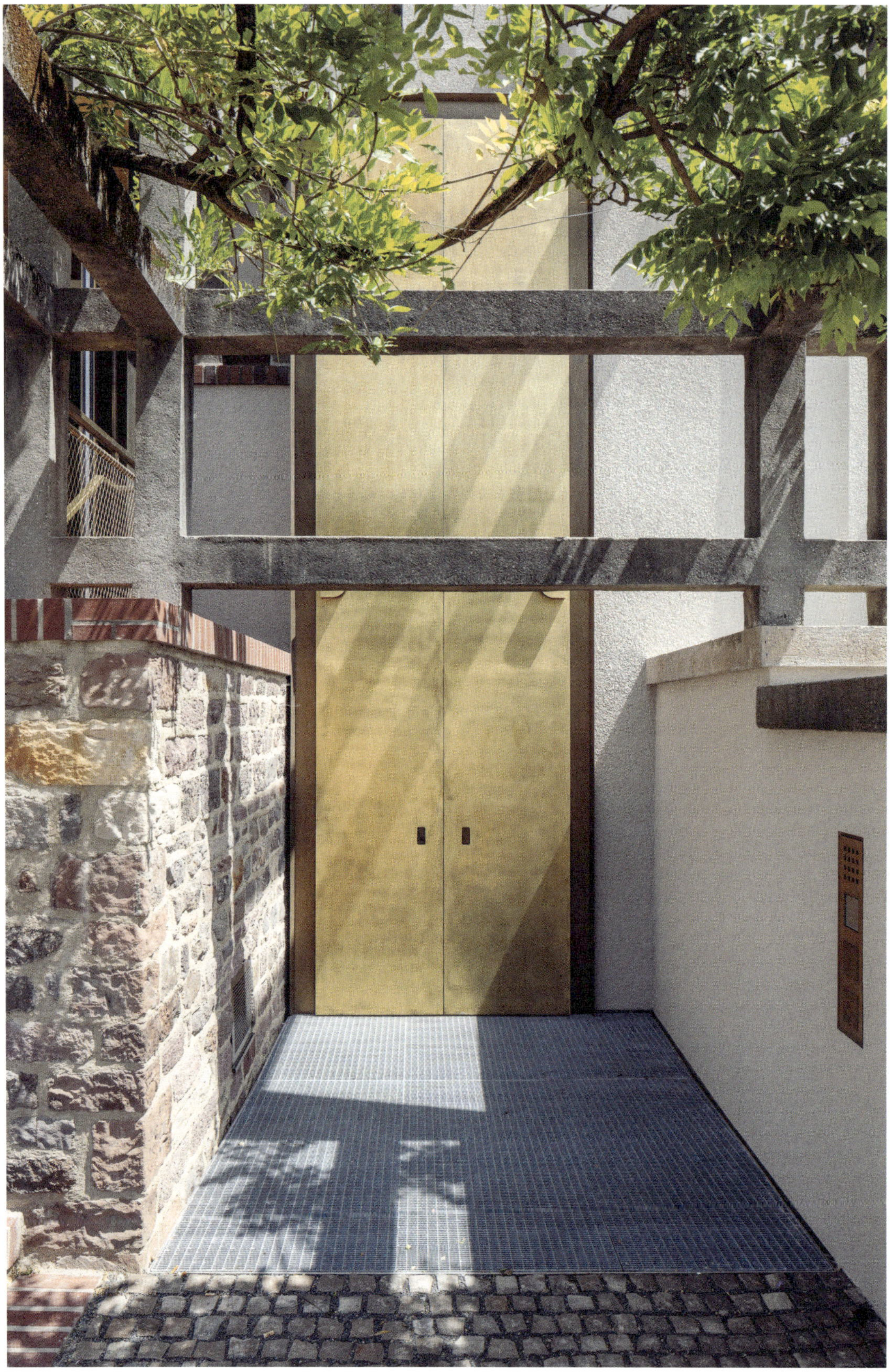

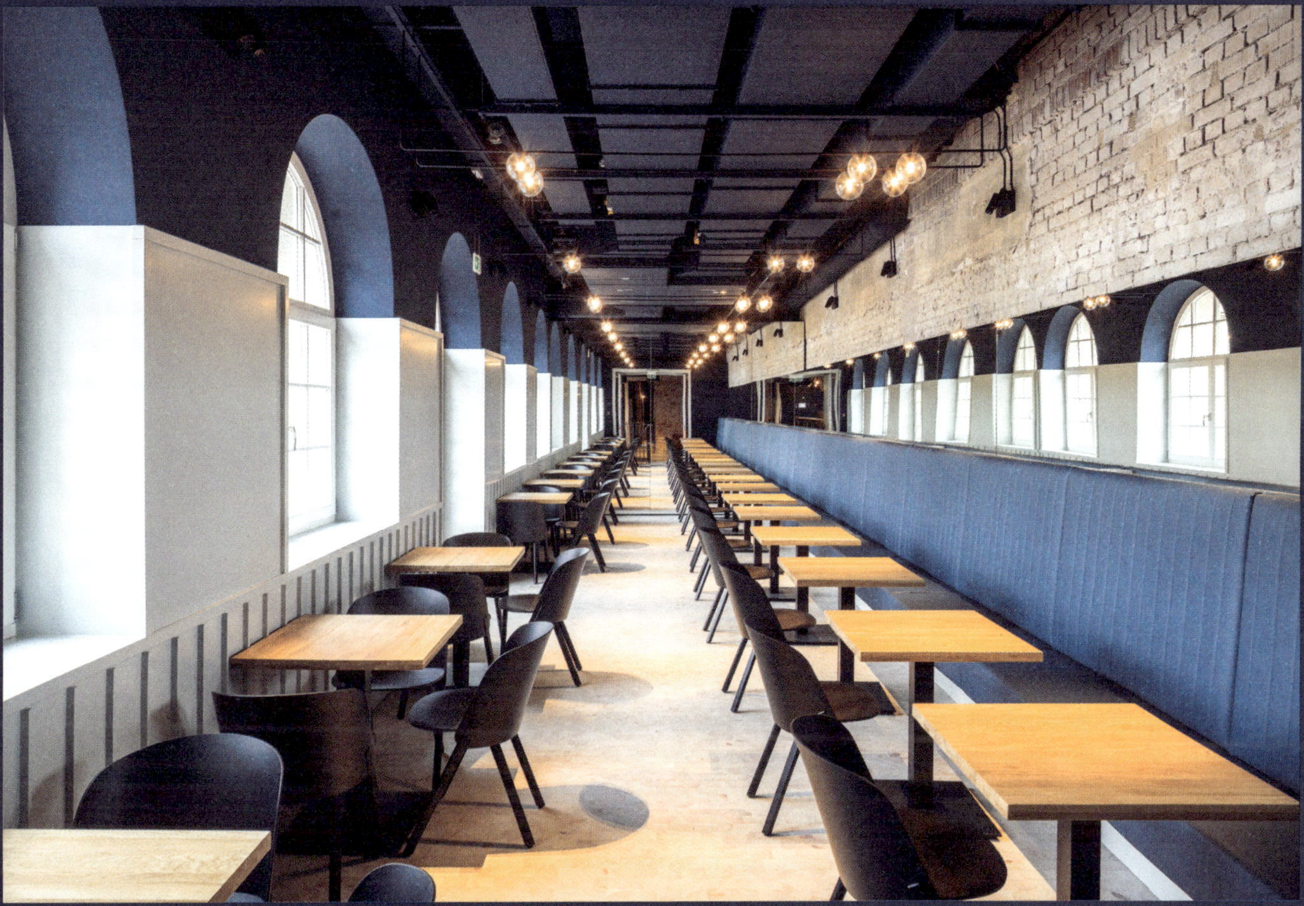

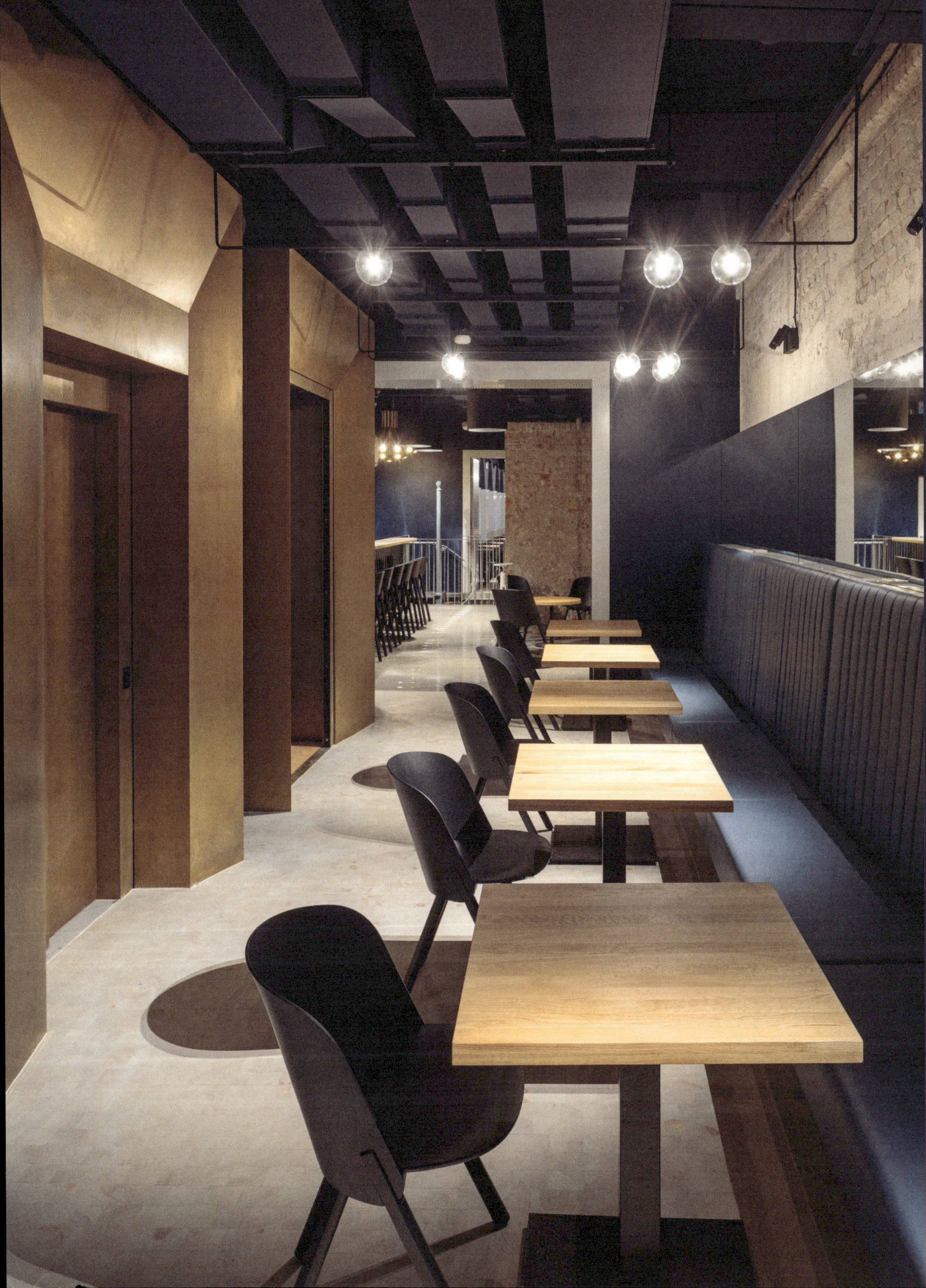

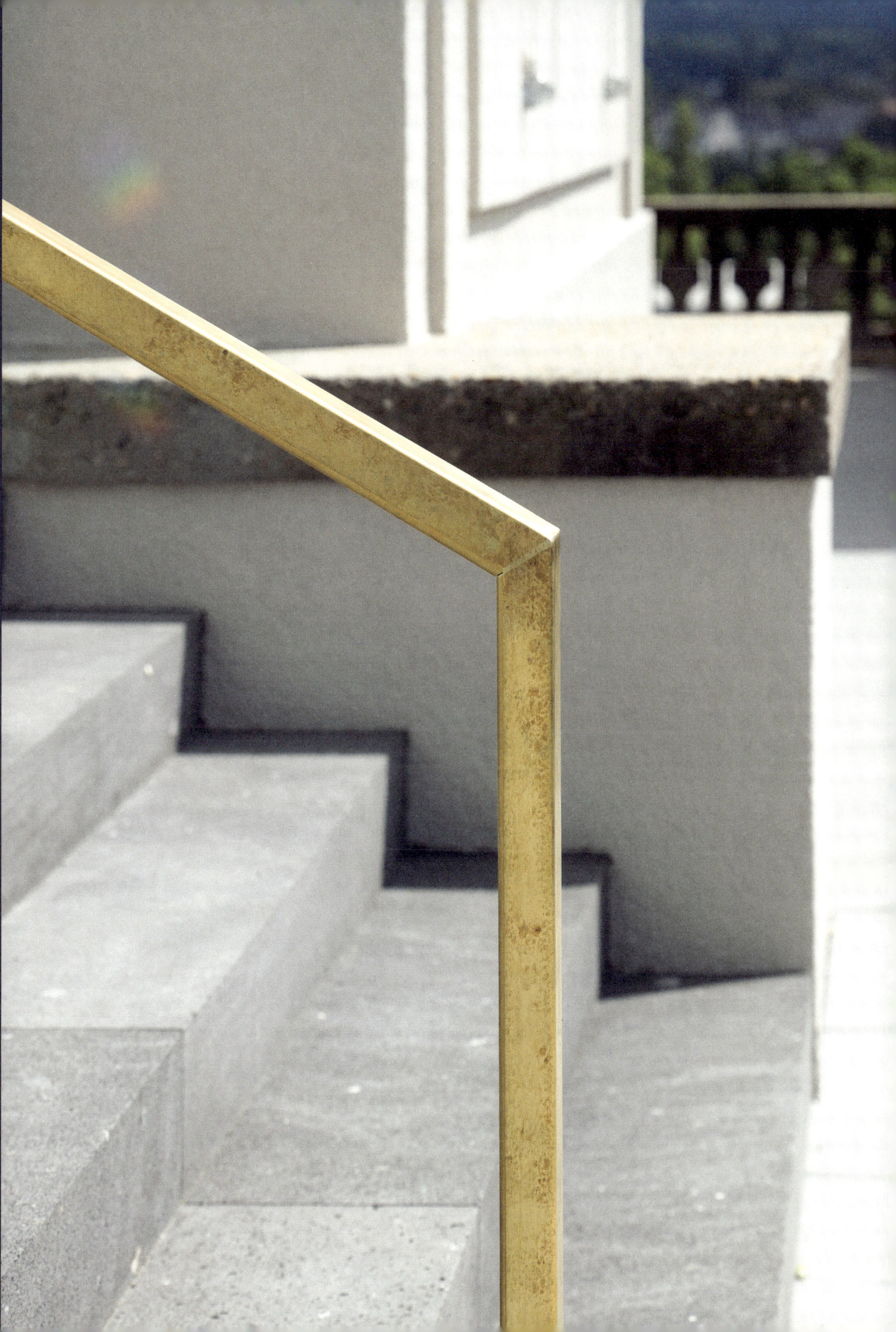

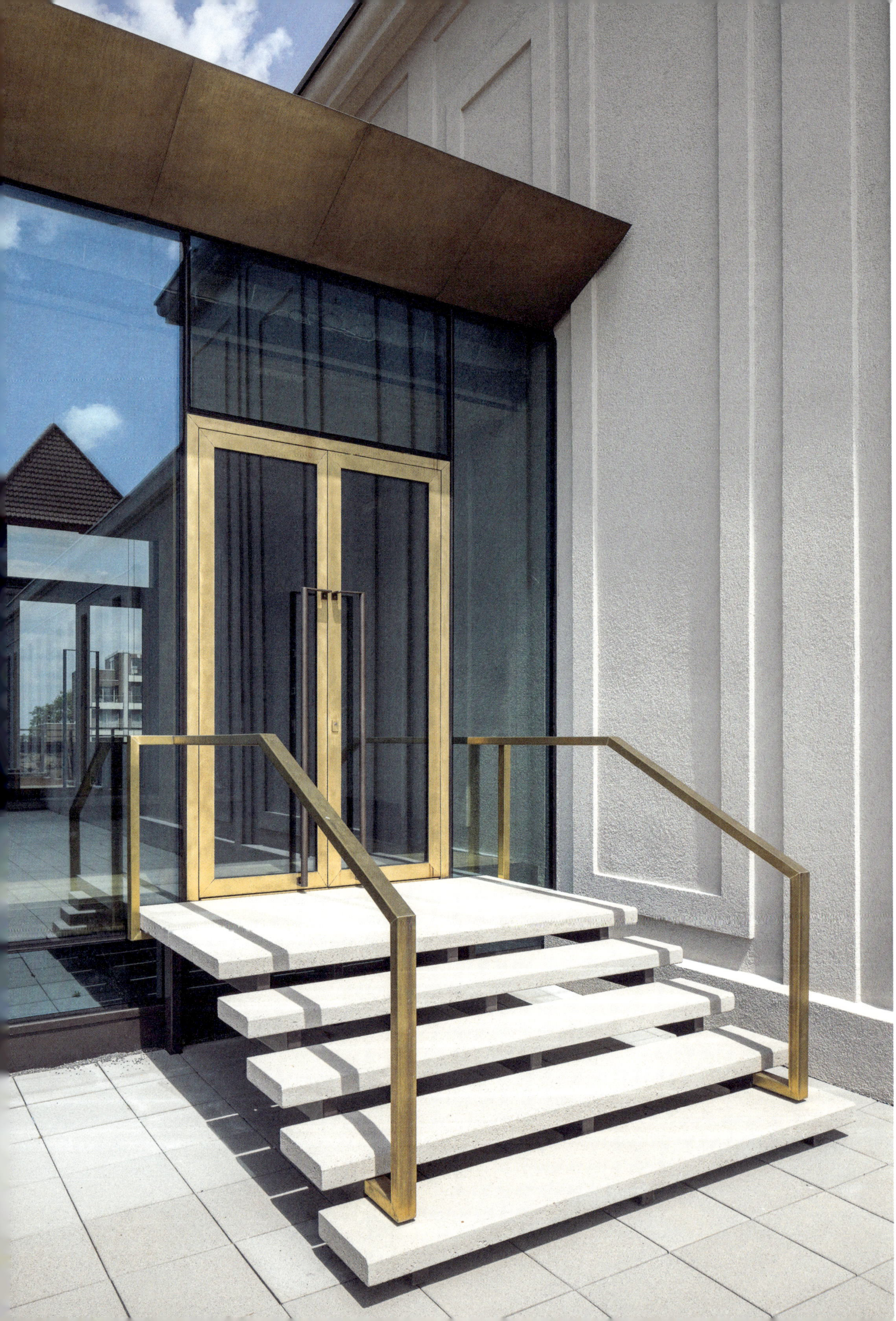

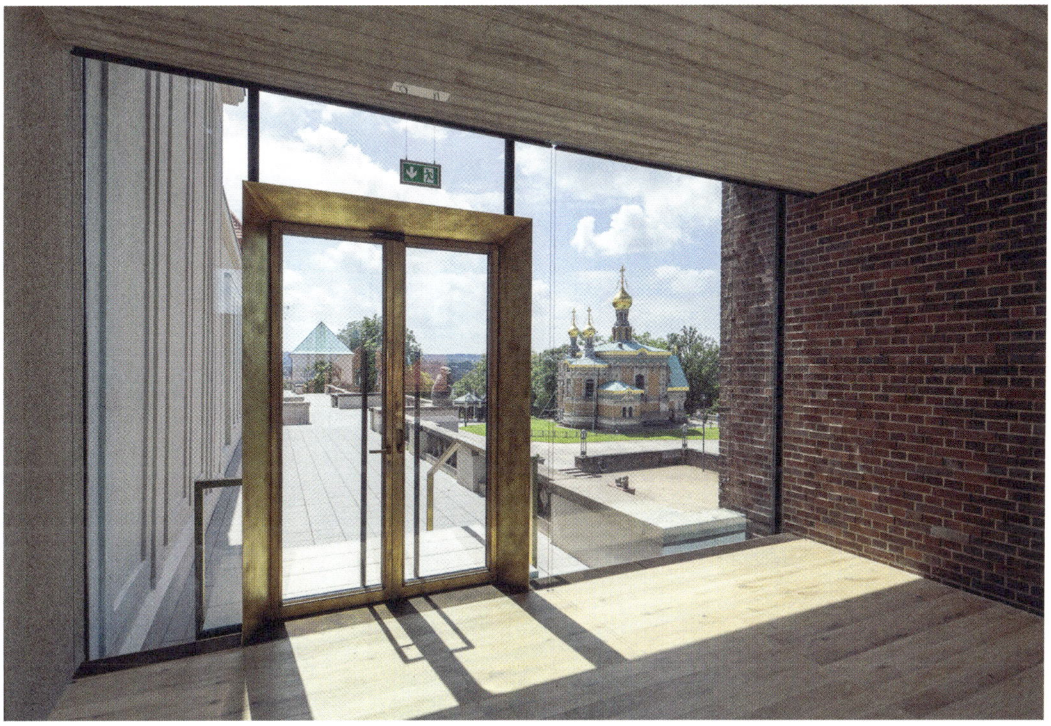

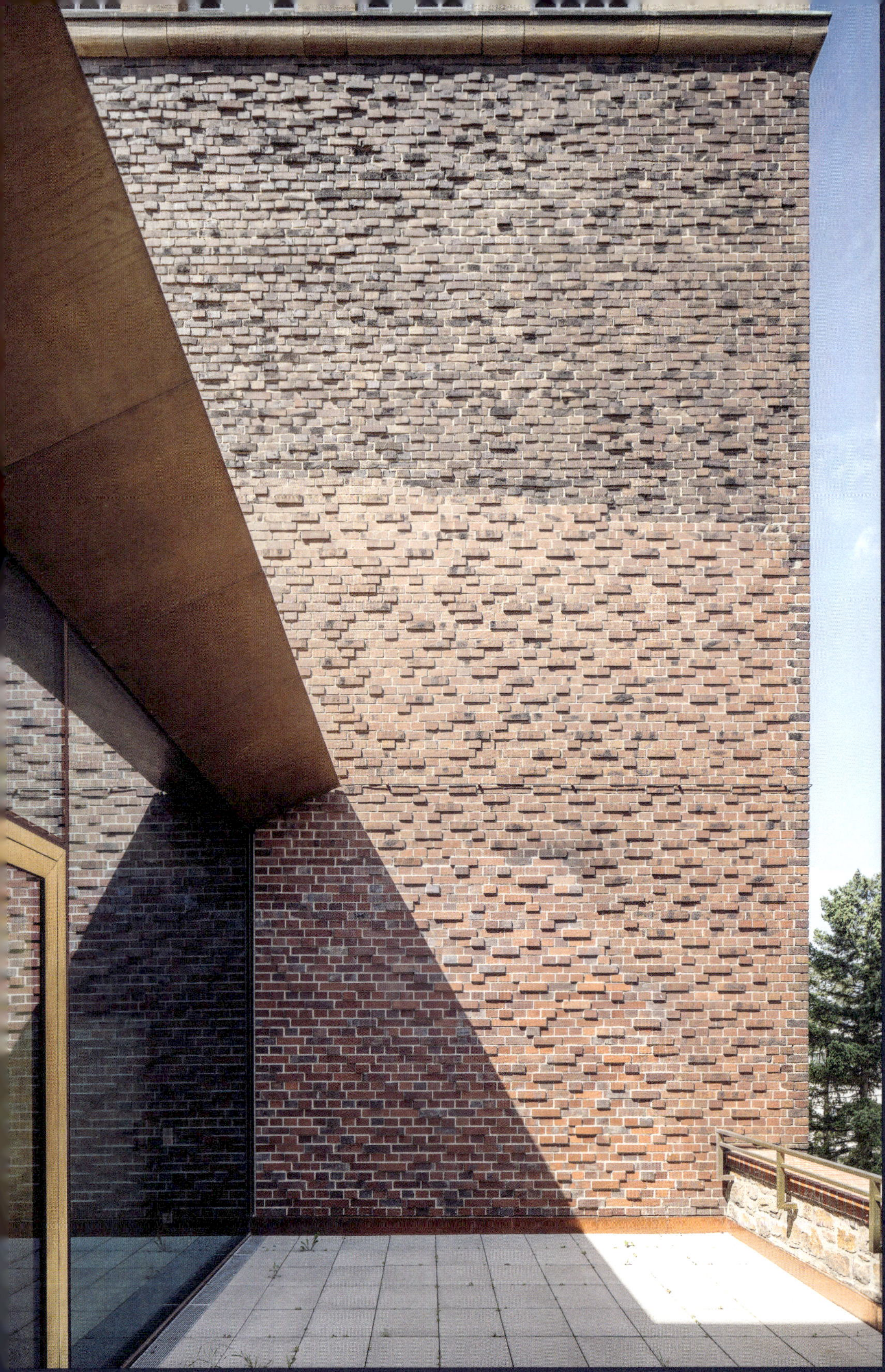

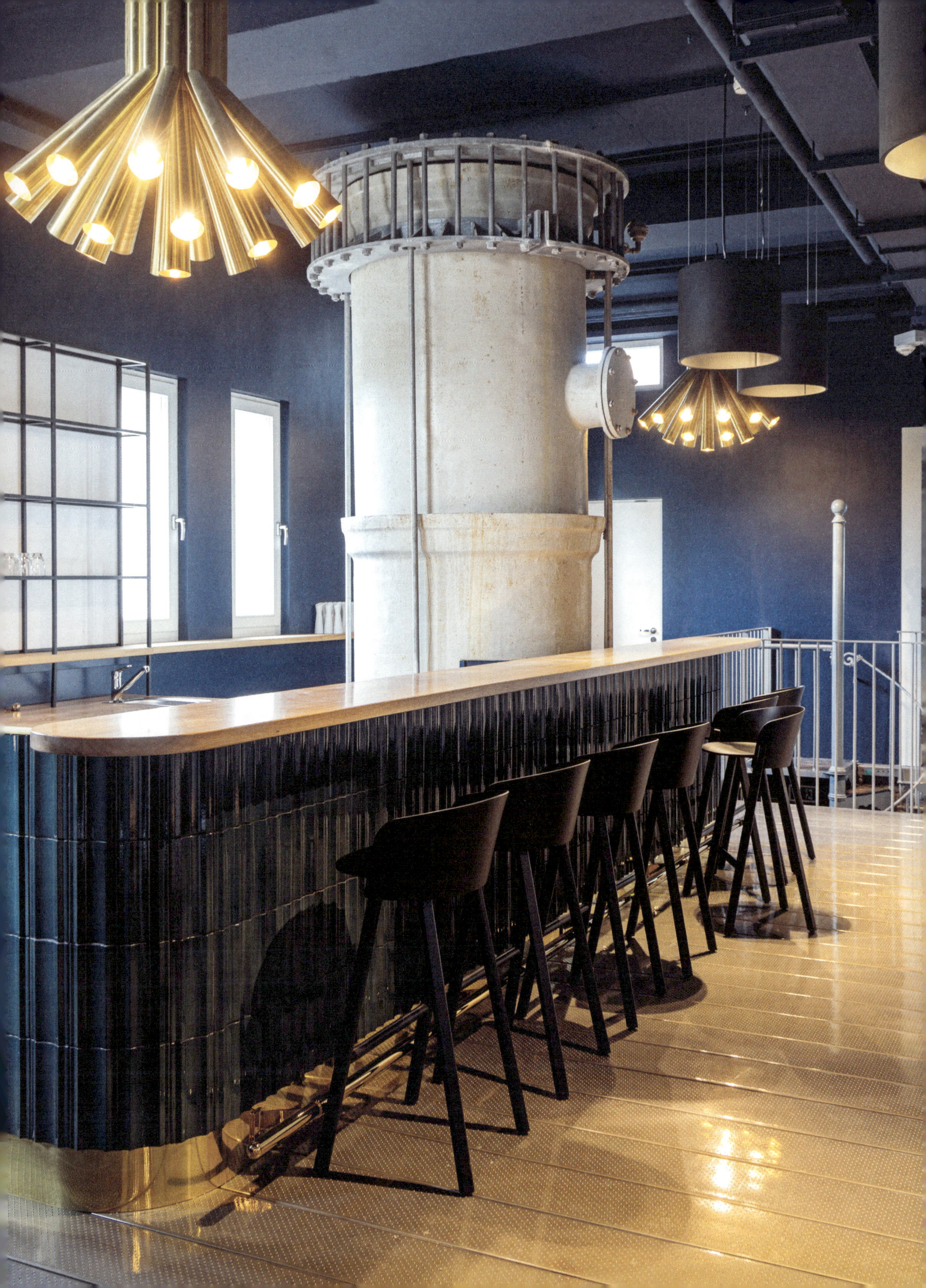

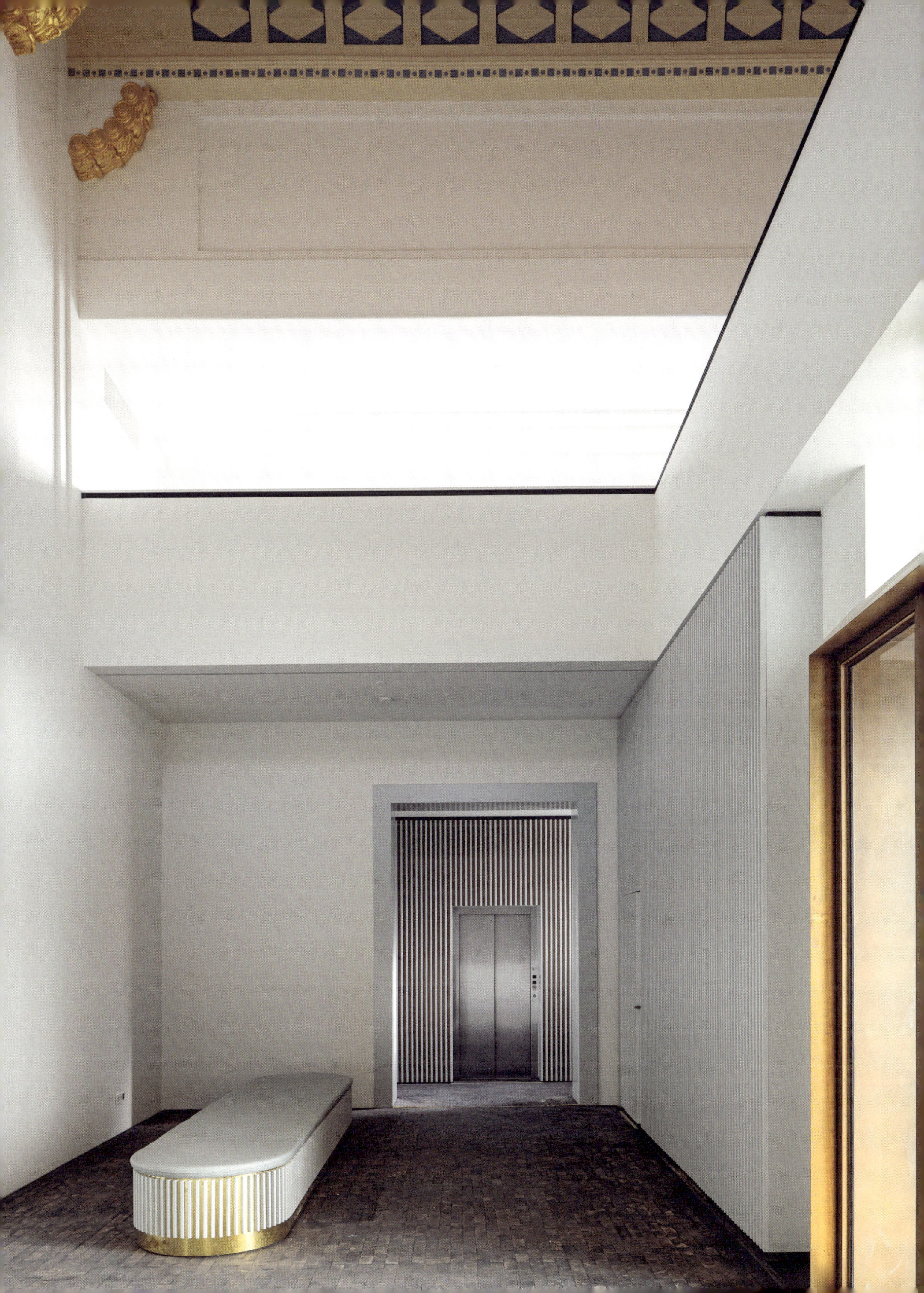

„HABE EHRFURCHT VOR DEM ALTEN UND MUT, DAS NEUE FRISCH ZU WAGEN.“

DIE SANIERUNG DES AUSSTELLUNGSGEBÄUDES AUS SICHT DER ARCHITEKTEN

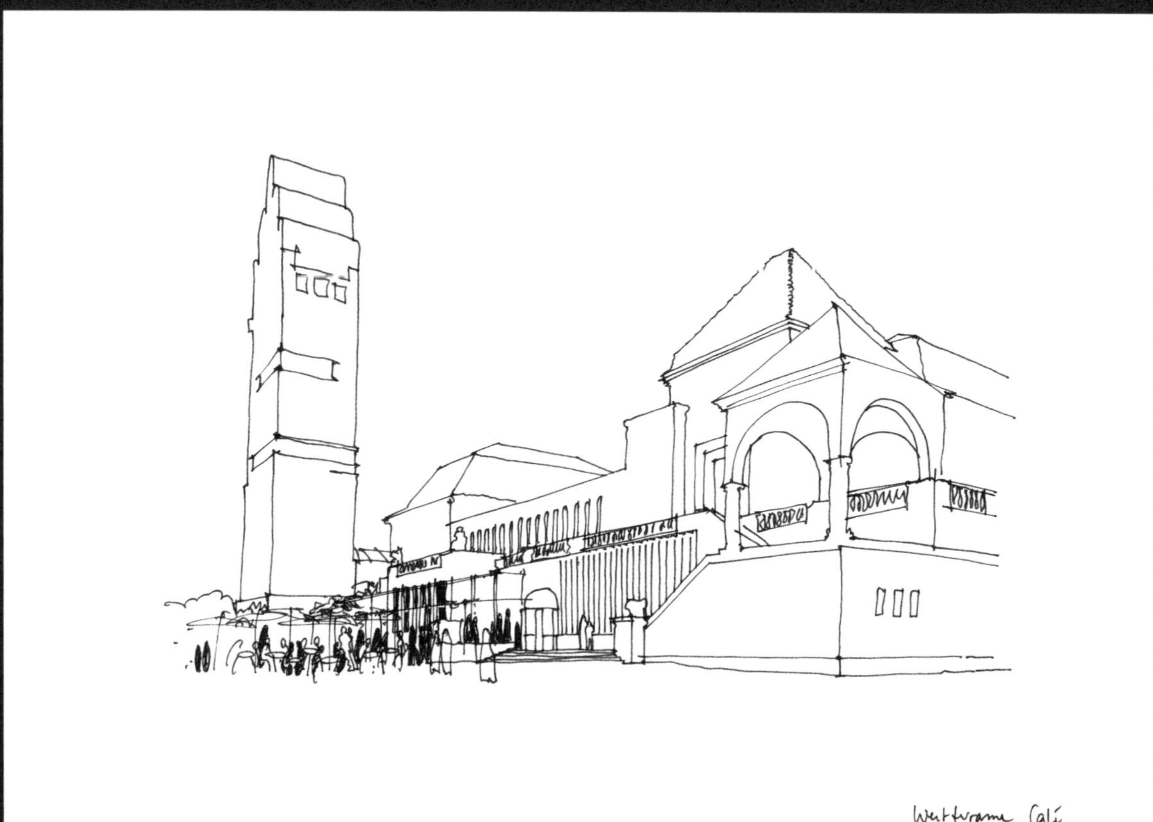

Schon lange bevor sich Till Schneider, einer der beiden Gründungspartner von schneider+schumacher, und Astrid Wuttke, Projektarchitektin und Partnerin, planerisch mit den Ausstellungshallen auf der Mathildenhöhe auseinandersetzen durften, waren ihnen der Ort und seine besondere Aura bestens vertraut. Wie viele andere aus dem Büro schneider+schumacher hat auch Till Schneider in Darmstadt studiert. Seine Familie lebt seit mehr als 400 Jahren in Darmstadt. Astrid Wuttke hat ebenfalls in Darmstadt studiert und im Hochzeitsturm geheiratet. Schon ihr Urgroßvater arbeitete für Großherzog Ernst Ludwig – als Spengler am Jagdschloss Wolfsgarten. Hier werfen beide einen ganz persönlichen Blick auf „ihr" Ausstellungsgebäude.

Erste Skizze zum Café, schneider+schumacher, 2012

2012 hat sich unser Büro auf die öffentliche Ausschreibung der Stadt Darmstadt zur „Vergabe von Architektenleistungen für die energetische Sanierung der Ausstellungshallen" beworben. Das Ausstellungsgebäude ist mit rund 1000 Quadratmetern Ausstellungsfläche das größte Gebäude der Künstlerkolonie und wird seit 1908 nahezu ununterbrochen für wechselnde Ausstellungen genutzt. Dafür ist man auf Leihgaben anderer Häuser und privater Sammler angewiesen. Voraussetzung hierfür ist eine funktionierende Anlagentechnik, die zu jeder Zeit die höchsten klimatechnischen Anforderungen erfüllen kann.

Als Architekten war uns von Anfang an klar, dass dieses Projekt über eine rein klimatechnische Sanierung hinausgehen würde. Ein neues haustechnisches Konzept zieht zwangsläufig die umfassende Erneuerung aller technischen Anlagen nach sich und greift dadurch ebenso zwangsläufig in alle Bereiche des Gebäudes ein. Hinzu kommt, dass die für die Anlagentechnik verfügbaren Flächen im historischen Gebäude außerordentlich begrenzt sind. Deshalb muss über die Gebäudehülle sichergestellt werden, dass die zur Klimatisierung der Flächen benötigte Technik möglichst klein und am besten dezentral dimensioniert werden kann. Und nicht zuletzt waren uns über all die Jahre, die wir das Gebäude bereits als Besucher kennenlernen konnten, durchaus auch ein paar Unzulänglichkeiten aufgefallen, die wir gerne angehen wollten.

Umbauten und Sanierungen an denkmalgeschützten Gebäuden erscheinen auf den ersten Blick für Architekten undankbare Aufgaben zu sein. Ein Architekt, dem Wortsinn nach „oberster Handwerker, Baukünstler und Baumeister", ist im allgemeinen Verständnis ein dominanter Gestalter, der einen individuellen Fußabdruck hinterlassen möchte. Wer würde nicht gerne, so wie Joseph Maria Olbrich vor über 100 Jahren, im Auftrag eines vermögenden Mäzens (hier: des Großherzogs Ernst Ludwig) auf dem bis dahin grünen Hügel Mathildenhöhe eine kleine Stadt neu erbauen?

Bei Gebäuden, die unter Denkmalschutz stehen, gilt heute die Devise: Das Authentische ist das, was man vorfindet, und es gilt sehr genau abzuwägen, was erhalten, was zurückgebaut oder was neu hinzugefügt werden kann. Für uns bedeutet das: Sofern man nach der Baumaßnahme keine außergewöhnlichen Veränderungen bemerkt, haben wir alles richtig gemacht. Dabei wird die erforderliche Kreativität und Planungsleistung häufig unterschätzt, schließlich ist das Haus ja schon da. Leicht gerät aus dem Blick, dass die große Leistung darin besteht, ein in die Jahre gekommenes Gebäude behutsam in die Zukunft zu überführen, es „weiterzubauen", ohne den ursprünglichen, dem Haus innewohnenden Charakter zu verlieren.

Weiterbauen bedeutet weit mehr als Bestandserhaltung. Gebautem mit Respekt und Mut zu begegnen, Potenziale zu erkennen und daraus mit Geschick unverwechselbare und eigenständige Lösungen zu entwickeln, bei denen vermeintliche Nachteile zu Qualitäten werden, erfordert mindestens ebenso viel Kompetenz und Kreativität wie bei Neubauprojekten. Mit der erfolgten Fertigstellung wird man durchaus bemerken, dass wir im Umgang mit den unterschiedlichen Zeitschichten des Baus von Olbrich, den Kriegsschäden, den Phasen des Wiederaufbaus und der Modernisierung in den 1970er Jahren eine weitere, neue Schicht hinzugefügt haben, die – so finden wir – dem Welterbe Mathildenhöhe gerecht wird.

Beim Ausstellungsgebäude haben wir im Wesentlichen an zwei Themen gearbeitet. Zum einen ging es um die Neuorganisation der Grundrisse jenseits der großen Ausstellungshallen, um zukünftige Entwicklungen nicht zu verbauen, sondern „Bemerkenswertes" zu ermöglichen. Zum anderen war es notwendig, die unterschiedlichen Belange der Beteiligten, angefangen von der Stadt Darmstadt, den Ausstellungsmachern, den genehmigenden Behörden mit dem Denkmalschutz sowie den Energieberatern und Haustechnikern bis hin zu den Tragwerksplanern in ein Gesamtkonzept zu integrieren. Die Deutsche Bundesstiftung Umwelt (DBU) förderte von 2014 bis 2017 unsere „Konzeption einer beispielhaften energetischen Sanierung". Dabei wurde im Team mit den beteiligten Fachingenieuren ein Energiekonzept erarbeitet, das sich die spezifischen Rahmenbedingungen des Ortes zunutze machte, um im denkmalgeschützten Kontext die heutigen Anforderungen an ein modernes Ausstellungshaus mit angemessenen technischen Mitteln zu erfüllen.

Die Entwicklung dieses Energiekonzeptes nahm dabei einen weitaus längeren Zeitraum in Anspruch als zunächst erwartet. Die hohe Komplexität des Konzeptes mit sich gegenseitig beeinflussenden Bausteinen sowie veränderte Planungsanforderungen im Verlauf des Projektes haben uns viel Zeit gekostet. Die sorgfältige Abstimmung aller denkmalrelevanten Fragen im Zusammenhang mit der UNESCO-Welterbebewerbung ging weit über die uns bis dahin bekannten üblichen Abstimmungsläufe bei Projekten mit Denkmalschutzanforderungen hinaus. Dass diese Mühen sich gelohnt haben, wissen wir seit Sommer 2021, als die Mathildenhöhe als UNESCO-Welterbe anerkannt wurde.

Auf den ersten Blick erschienen viele objektspezifische Rahmenbedingungen als Hindernisse und Einschränkungen: Die Haupttrinkwasserleitung als Wärme- und Kältequelle durfte nicht mehr angezapft werden. Die Errichtung eines Schornsteins für ergänzende Heiztechnik war nicht erlaubt. Ferner konnten keine Rückkühler außerhalb des Bauwerks aufgestellt werden. Für die Aufstellung der Lüftungsanlagen war so wenig Platz vorhanden, dass die Anlagentechnik auf mehrere kleinere Aufstellorte verteilt werden musste, die es in mühsamer Detailarbeit zu identifizieren galt. An den Außenwänden konnte selbstverständlich kein simples Wärmedämmverbundsystem angebracht werden, welches unabhängig von der Fragwürdigkeit der dabei zumeist verwendeten Materialien die Proportion des Gebäudes und die feine Detaillierung der Fassadengestaltung ad absurdum geführt hätte. Eine Innendämmung war aufgrund der erforderlichen Nutzbarkeit der Wände als Hängefläche für die wechselnden Ausstellungen nicht möglich. Der Boden konnte aufgrund der aus dem Bestand vorgegebenen Aufbauhöhe keine Dämmung erhalten.

Andererseits war ein großer historischer Wasserspeicher unterhalb der Ausstellungshallen vorhanden, den wir als Energiespeicher integriert haben. Mit dem verwendeten Aerogelputz stand uns ein zum Zeitpunkt der Planung neues Produkt zur Verfügung, mit dem sich die energetische Qualität der Außenhülle signifikant und denkmalgerecht verbessern ließ. Moderne Gläser erlaubten uns einen kontrollierten und effizienten Einsatz von Tageslicht bei gleichzeitig minimierten Wärmeverlusten. Innenwand- und Deckenoberflächen konnten wir außerhalb der Hängebereiche zur Bauteilaktivierung heranziehen. Die Kriechgänge, über die im Haustechnikkonzept von 1908 erwärmte Luft in die Ausstellungshallen gelangen konnte, boten uns genug Installationsraum, um fortan die Abluftführung aus den Hallen zu gewährleisten. Die Versorgung mit konditionierter Zuluft erfolgt über den Zwischendachbereich. Im benachbarten Ernst Ludwig-Haus konnten wir eine ergänzende Anlagentechnik unterbringen und über eine Nahwärmeleitung an das Ausstellungsgebäude anbinden. Im Außenbereich war außerdem genug Platz vorhanden, um zwischen Ausstellungshaus, Russischer Kapelle und Platanenhain sieben Erdsonden zu bohren, die in Kombination mit dem Wasserspeicher ausreichen, um die Raumlufttemperatur in den Hallen nach heutigen konservatorischen Anforderungen auch für die zukünftig eher heißer werdenden Sommermonate sicherzustellen.

Seit 2016 gehörte zum Projekt auch die Realisierung eines neuen Museumscafés auf der Westseite in Räumen, die zuvor von Verwaltung und Haustechnik belegt waren und die wir dafür schon sehr frühzeitig in unserer Planung freigehalten haben.

Insbesondere durch den sich ankündigenden Welterbestatus war es unverzichtbar, vor Abriss und Neubau von Bauteilen sehr sorgfältig abzuwägen, ob es sich um sogenannte bauzeitliche Originalkonstruktionen handelte und wenn ja, wie diese dann erhalten werden konnten. So mussten wir die Betondecken der großen Westterrasse aufgrund von Streusalzschäden der vergangenen Jahrzehnte komplett ersetzen. Die Stahlkonstruktionen hingegen, die die Dächer über den Ausstellungshallen 1 und 3 überspannen, wurden samt der Lichtdecken in aufwendiger Handarbeit instandgesetzt – Maßnahmen, deren Umfang im Vorfeld nicht absehbar war und deren Gelingen letztendlich von den Personen abhängig waren, die diese Arbeiten handwerklich ausführten. Dass auch die 1970er Jahre letztlich als schützenswerte Originalkonstruktionen eingestuft wurden, mag erstaunen, hat jedoch insgesamt zu einem stimmigen Ergebnis geführt, von dem wir hoffen, dass auch unsere Interpretationen und Zutaten einmal in ähnlicher Weise beurteilt werden.

Nicht unerwähnt bleiben soll der Umstand, dass die sehr umfassende Umbau- und Sanierungsphase der 1970er Jahre von der Konzeption bis zur Umsetzung einen Zeitraum von rund vier Jahren in Anspruch genommen hat. Unser Projekt dauerte zwölf Jahre, die vorbereitenden Arbeiten der Stadt zu Programmierung und Verfahren nicht eingerechnet. Trotz Welterbebewerbung, Corona- und Ukrainekrise ist dies ein viel zu langer Zeitraum. Auch wenn die heutigen Normen, Vorschriften, Bauregeln und Baugesetze alle für sich genommen ihre Berechtigung haben, sind wir an einem Punkt angekommen, an dem immer deutlicher wird, dass das Bauen, insbesondere das Bauen im Bestand, angemessen vereinfacht werden muss. Umbauordnung, Umbaukultur, Gebäudetyp E sind die aktuellen Stichworte, für deren Erprobung und Umsetzung auch wir uns einsetzen.

Umso mehr freut uns jetzt, dass im Ergebnis ein saniertes Gebäude entstanden ist, das den Ausstellungshallen in der äußeren Erscheinung ihre subtile Feinheit, in der inneren Raumgestaltung ihren klassischen Purismus wiedergegeben hat. Die neuen Bauteile setzen behutsame und zugleich wahrnehmbare Akzente, die dem Weiterbauen im besten Wortsinne und dem eingangs erwähnten Motto „Habe Ehrfurcht vor dem Alten und Mut, das Neue frisch zu wagen" entsprechen.

links: **Luftbild des Ausstellungsgebäudes nach Abschluss der Sanierung. Aufnahme von Westen**

rechts: **Luftbild des Ausstellungsgebäudes nach Abschluss der Sanierung. Aufnahme von Nordosten**

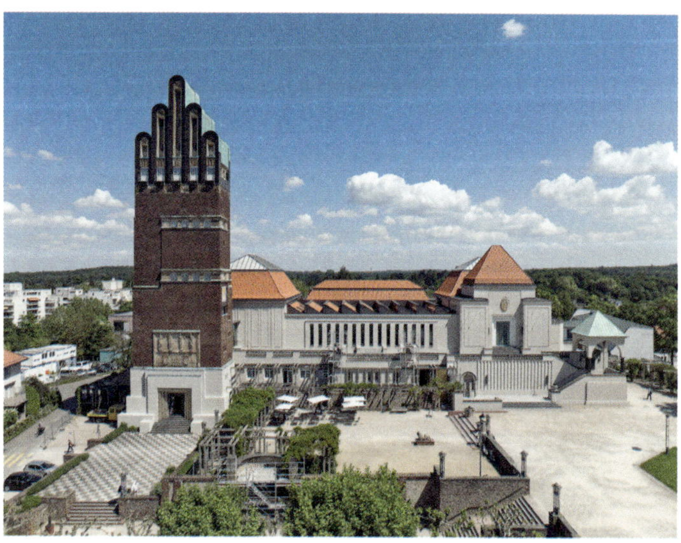

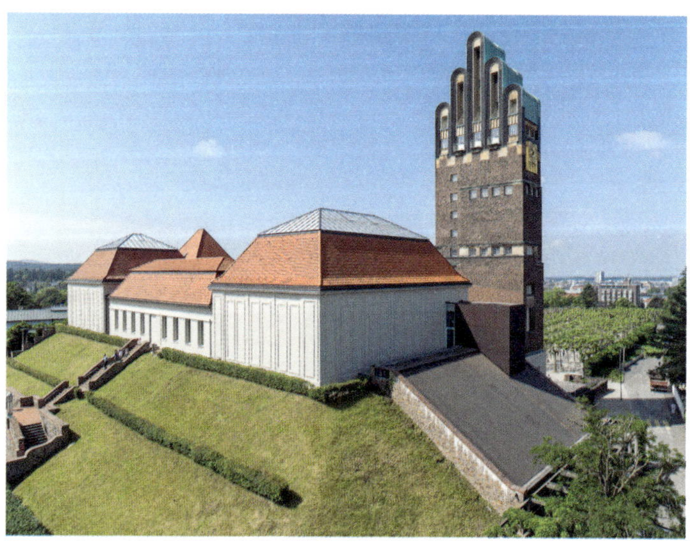

DANK

Unser ganz besonderer Dank gilt unserem Bauherrn, der Wissenschaftsstadt Darmstadt, bis 2023 vertreten durch den Oberbürgermeister Jochen Partsch und den Kulturreferenten Ludger Hünnekens, die das nicht immer einfache Bauvorhaben von Beginn an über all die Jahre mit großem Engagement, Sachverstand und der erforderlichen Geduld begleitet haben. Gleiches gilt für die Direktoren des Instituts Mathildenhöhe Ralf Beil (bis 2015) sowie Philipp Gutbrod und sein Team, auf dessen kommende Ausstellungen wir uns ganz besonders freuen.

Ebenso danken wir Oberbürgermeister Hanno Benz und der Kulturreferentin Gabriele König, die die vertrauensvolle Zusammenarbeit ihrer Vorgänger mit uns nahtlos fortgesetzt haben.

Georg Gemmel, Sven Kling und allen, die das Projekt auf der Arbeitsebene seitens der Darmstädter Stadtentwicklungs GmbH & Co. KG betreut haben, danken wir ebenfalls sehr.

Wir danken unseren Ansprechpartnern bei der Denkmalschutzbehörde der Stadt Darmstadt, dem Landesamt für Denkmalpflege Hessen und dem Advisory Board, hier insbesondere Nikolaus Heiss, Olaf Köhler, Markus Harzenetter, Frank Aulbach, Jennifer Verhoeven, Regina Stephan und Werner Durth, für den fachlichen Austausch und das gemeinsame Ringen um die beste Lösung.

Wir danken allen Planungspartnern, insbesondere den Ingenieurgesellschaften ingplan, Hans Schäfer, Schlier Ingenieure AG, Marcus Müller sowie Tichelmann & Barillas, Karsten Tichelmann und Frank Kramarczyk.

Johann Reiß und Lars Klemm vom Fraunhofer-Institut für Bauphysik IBP, die bereits im Vorfeld unseres Projektes entscheidend zur Projektvorbereitung auf Auftraggeberseite beigetragen haben, verdanken wir wesentliche technische Grundlagen sowie die Förderung des erhöhten Planungsaufwandes bei der Erarbeitung des passenden Energiekonzeptes durch die Deutsche Bundesstiftung Umwelt unter der Leitung von Sabine Djahanschah.

Allein in unserem Büro war über die ungewöhnlich lange und herausfordernde Projektlaufzeit eine beeindruckende Vielzahl von Menschen beteiligt. Jede und jeder von ihnen hat zum Projekterfolg beigetragen. Besonders hervorzuheben sind die verantwortlichen Projekt- und Bauleiter der Umsetzungsphase Katharina Specht, Dieter Hittler und Jörg Hillmann.

Weiterhin waren beteiligt (in alphabetischer Reihenfolge): Adel Makhlouf, Aleksandra Pavicevic, Alexandra Pejakovic, Anton Schmunk, Alexandra Schu, Christina Nehls, Daniel Breitenstein, Denis Granzon, Felicitas Adler, Florian Mieden, Hans Eschmann, Iken Glaser,

Joanna Baszynska, José Sánchez, Jan Plomer, Janusz Zawadzki, Jessica Witan, Kerstin Högel, Kristina Kerst, Leona Jung, Meike Beck, Maximilian Büschl, Merle Kim, Miriam Huesgen, Manuela Leidenberger, Manuel Lorz, Milica Radic, Quentin Ferry, Ragunath Vasudevan, Reinhold Renn, Robin Bauerfeind, Rubén Sancho, Rodolfo Tarulli, Sebastian Scherer, Sherif Tony, Tamara Gorgonoska und Violeta Kumsta.

Nicht zuletzt danken wir ausdrücklich all den vielen Händen, die unsere Striche vor Ort handwerklich umgesetzt haben, von denen wir einige besonders herausheben möchten:

Glasdachbau Fischer, ohne deren hauseigenes Profilsystem der Neubau der Glasdächer so nicht möglich gewesen wäre,

Holz und Stahl mit Fittkau Metallgestaltung für die hervorragende Umsetzung der modernen Metall- und Glasbauteile,

Metallbau Baron für die gelungenen Messinggeländer,

Firma Mensinger, Herrn Braune und Team, die sich erfolgreich an die handwerkliche Umsetzung des Aerogelputzes herangewagt haben,

Konrad Stükerjürgen Wassertechnik für die komplett unterirdische Verlegung neuer Grundleitungen entlang der gesamten Westseite im Horizontalspülbohrverfahren,

Firma Interakustik für die perfekte Ausführung der anspruchsvollen Trockenbau-Tonnendecken,

Bodenlos Trittsicher, Herrn Viganske für seine Ausdauer, Geduld und die gelungenen Parkettarbeiten,

Firma Rienth für die Umsetzung der technisch hochkomplexen Holzinnentüren,

Firma Löw, durch deren Kupferarbeiten endlich auch die Nordfassade zu einem echten Schmuckstück geworden ist und

Entedimension Einrichtungen, Mario Könecke und Team, die die Möbeleinbauten nach unseren Vorstellungen perfekt umgesetzt haben.

Es handelt sich hierbei nicht um „bezahlte Werbepartnerschaften“, sondern wir möchten unseren Respekt und unsere Wertschätzung für außergewöhnliche Arbeit ausdrücken.

Wir entschuldigen uns bei allen Hochzeitsgesellschaften, bei deren Festlichkeiten es nicht immer ganz staub- und lärmfrei zuging und die wir in den vergangenen Jahren um das eine oder andere Fotomotiv gebracht haben. Wir hoffen, dass sich jetzt alle mit uns über das Ergebnis freuen.

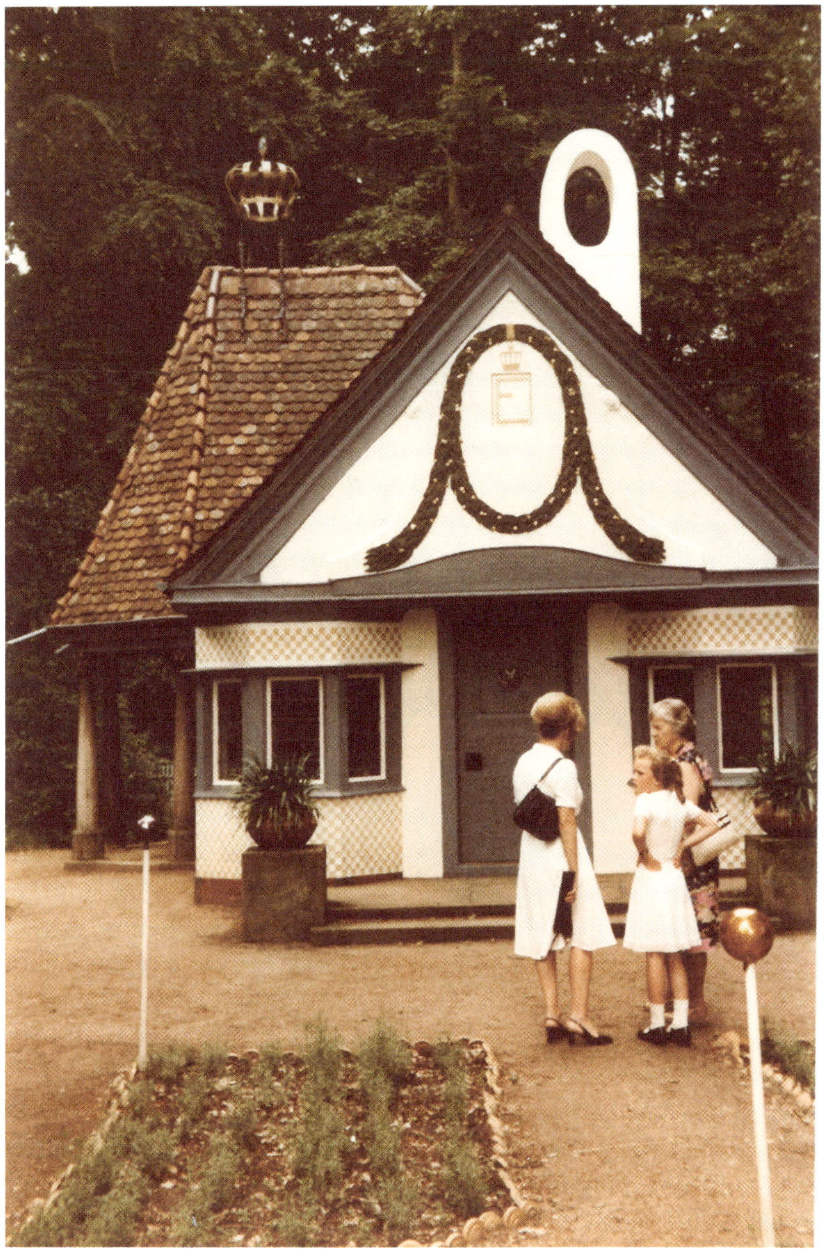

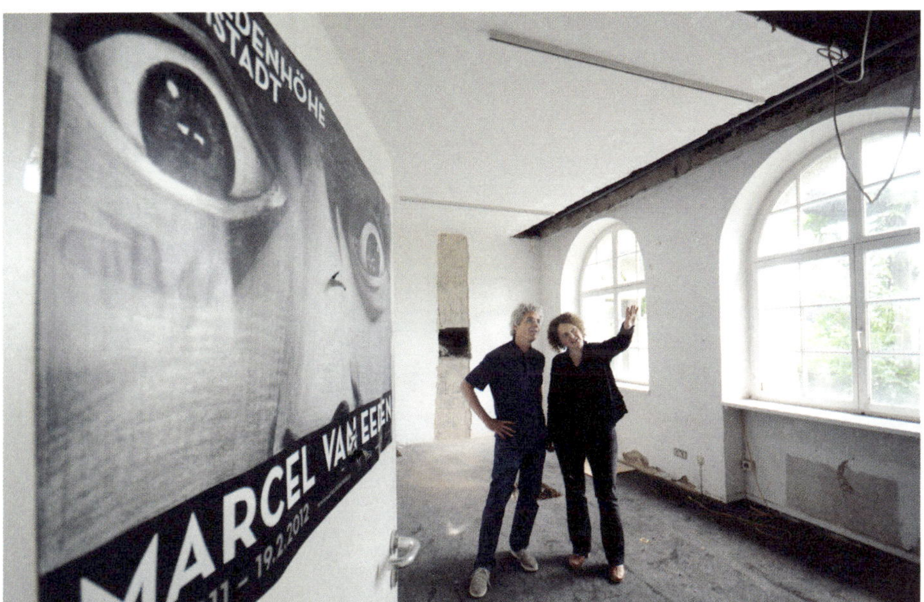

oben: **Architektin Astrid Wuttke mit Mutter und Großmutter vor dem Prinzessinnenhäuschen im Schlosspark Wolfsgarten, 1981**

unten: **Astrid Wuttke und Till Schneider bei der Besichtigung der Mathildenhöhe vor der Sanierung, 2017**

DAUERHAFT UND SCHÖN – NACHHALTIGKEIT ALS PROGRAMM

DAS ARCHITEKTURBÜRO SCHNEIDER+SCHUMACHER

schneider+schumacher zählen zu den namhaften Architekten in der deutschen Immobilienwirtschaft. Till Schneider, geboren 1959 in Koblenz, und Michael Schumacher, geboren 1957 in Krefeld, hatten gemeinsam an der Universität Kaiserslautern sowie an der Städelschule in Frankfurt am Main studiert und 1988 in Frankfurt am Main ihr Büro eröffnet. Mittlerweile ist ihr Tätigkeitsfeld über die lokale und nationale Szene hinausgewachsen. Gemeinsam mit mittlerweile acht Partnern unterhalten sie Zweigbüros in Wien, in Tianjin und Shenzhen (China) sowie seit 2023 in Berlin und beschäftigen insgesamt 160 Mitarbeiter.

Erstmals international bekannt geworden sind sie durch die feuerrote Infobox am Potsdamer Platz in Berlin, ein spektakuläres Ausstellungsgebäude für das damals größte städtebauliche Projekt in Deutschland.

Ihr Portfolio umfasst heute Architektur aller Genres, vom Städte-, Wohnungs- und Industriebau über Verwaltungsgebäude, Sozialbauten, Hotels und Museen bis hin zu kleinen Liebhaberprojekten wie der berühmten Autobahnkirche Siegerland (2013).

Mit besonderer Sensibilität sind sie 2001 die Aufgabe angegangen, für das einstige sowjetische Speziallager Nr. 7/Nr. 1 in Sachsenhausen einen Museumsbereich zu entwerfen. Ohne gestalterische Kunstgriffe gelang es, nur mit Form und bloßer Konstruktion eine kontemplative, fast bedrückende Stimmung zu erzeugen, die dem ernsten Thema gerecht wird.

Zur Reihe der zahlreichen Wohnprojekte des Büros kam 2016 bis 2021 eine Wohnanlage im österreichischen Klagenfurt hinzu, die vom Wiener Zweigbüro realisiert wurde. 150 hochwertige Eigentumswohnungen sind in vier bis zu achtgeschossigen Punkthäusern so arrangiert, dass von den umlaufenden Balkonen aus beste Aussicht Richtung Seeufer besteht.

Von ähnlich signifikanter Erscheinung ist der Appartementkomplex PANDION DOXX im Mainzer Zollhafen, der in Arbeitsgemeinschaft mit bb22 entstand. Der Name DOXX ist sowohl Verweis auf das

Hafendock als auch auf das Doppel-X als typologische Grundfigur des Bauwerks, durch die sich für die Wohnungen vielfältige Ausblicke und optimale Belichtungsverhältnisse ergeben. Die Wohngeschosse sind über einer durchgängigen Sockelzone mit Gastronomie und Gewerbenutzungen aufgeständert.

Schon in ihrer Heimatstadt Frankfurt hatten sie 2000 bis 2004 in einer Hafensituation am Main mit dem Pier, dem Brückengebäude, dem Westhafen-Tower sowie dem Westhafen-Haus Zeichen gesetzt, die jedem Bahnreisenden bei der Einfahrt in den Hauptbahnhof ins Auge fallen. Schräg gegenüber, am Museumsufer, haben sie 2012 dem Städel Museum durch einen Geniestreich mit einer im Gartenhof unterirdisch angelegten Ausstellungshalle zu der nötigen Erweiterung verholfen, ohne den historischen Bau durch einen voluminösen Neubau bedrängen zu müssen.

Während schneider+schumacher mit diesem Frankfurter Projekt in den Untergrund abtauchten, gehen sie im chinesischen Qianhai, Shenzhen hoch hinaus. Dort errichteten sie einen 180 Meter hohen Büroturm für ein Technologie-Finanzunternehmen. Das Hochhaus ist ebenso mit einem Iconic Award des Rats für Formgebung ausgezeichnet worden wie ein weiteres, 135 Meter hohes Doppelhochhaus im chinesischen Chengdu. Auch ein in der südtaiwanesischen Hafenstadt Kaohsiung entstandenes Krankenhaus mit weiß schimmernder Gussglasfassade besitzt ikonische Qualitäten und ist Ergebnis der erfolgreichen Arbeit des Büros an Großprojekten in Fernost.

Darmstadt ist für schneider+schumacher nicht nur der Ort des Revitalisierungsprojekts Mathildenhöhe, sondern auch eines Blicks in die Zukunft. Das internationale Teilchenbeschleunigerzentrum FAIR besteht aus einem neuen Ringbeschleuniger und 24 Experimentiergebäuden, die in der Arbeitsgemeinschaft ion42 mit DGI Bauwerk Berlin realisiert werden. 2026 soll das seit 2008 in Planung und Bau befindliche Milliardenprojekt in Teilbereichen in Betrieb gehen.

Neben weiteren eigenständigen Planungsgesellschaften im Bereich des Städtebaus und seit 2021 im Weiterbauen rund um den Bestand betreiben schneider+schumacher seit 2003 eine Bau- und Projektmanagement GmbH, mit der sie auch Projekte namhafter Architekten und Firmen durch die Leistungsphasen 5 bis 9 begleiten sowie Objektüberwachung, Kosten-, Termin- und Qualitätsmanagement im eigenen Haus unter Kontrolle behalten. Ein prominentes Beispiel ist das im Juni 2024 eröffnete Museum Reinhard Ernst für abstrakte Kunst in Wiesbaden, dessen Pläne von dem japanischen Architekten und Pritzkerpreisträger Fumihiko Maki stammen.

Eine eigene Designabteilung befasst sich mit der Entwicklung von Ausstellungselementen, Möbeln und so weiter und stellt unter Beweis, dass das Augenmerk der Architekten vom Rohbau bis zur feinsten Oberfläche und zur Designerleuchte reicht.

Grundlage all dieser Aktivitäten ist die Überzeugung, dass Qualitätsstandards beim Häuserbau ab der Entwurfsplanung bis zur Realisierung verfolgt werden müssen, damit architektonische Qualität und eine hohe Baukultur gesichert werden können.

Die Mitarbeiter des Architekturbüros schneider+schumacher 2018 vor dem Hochzeitsturm

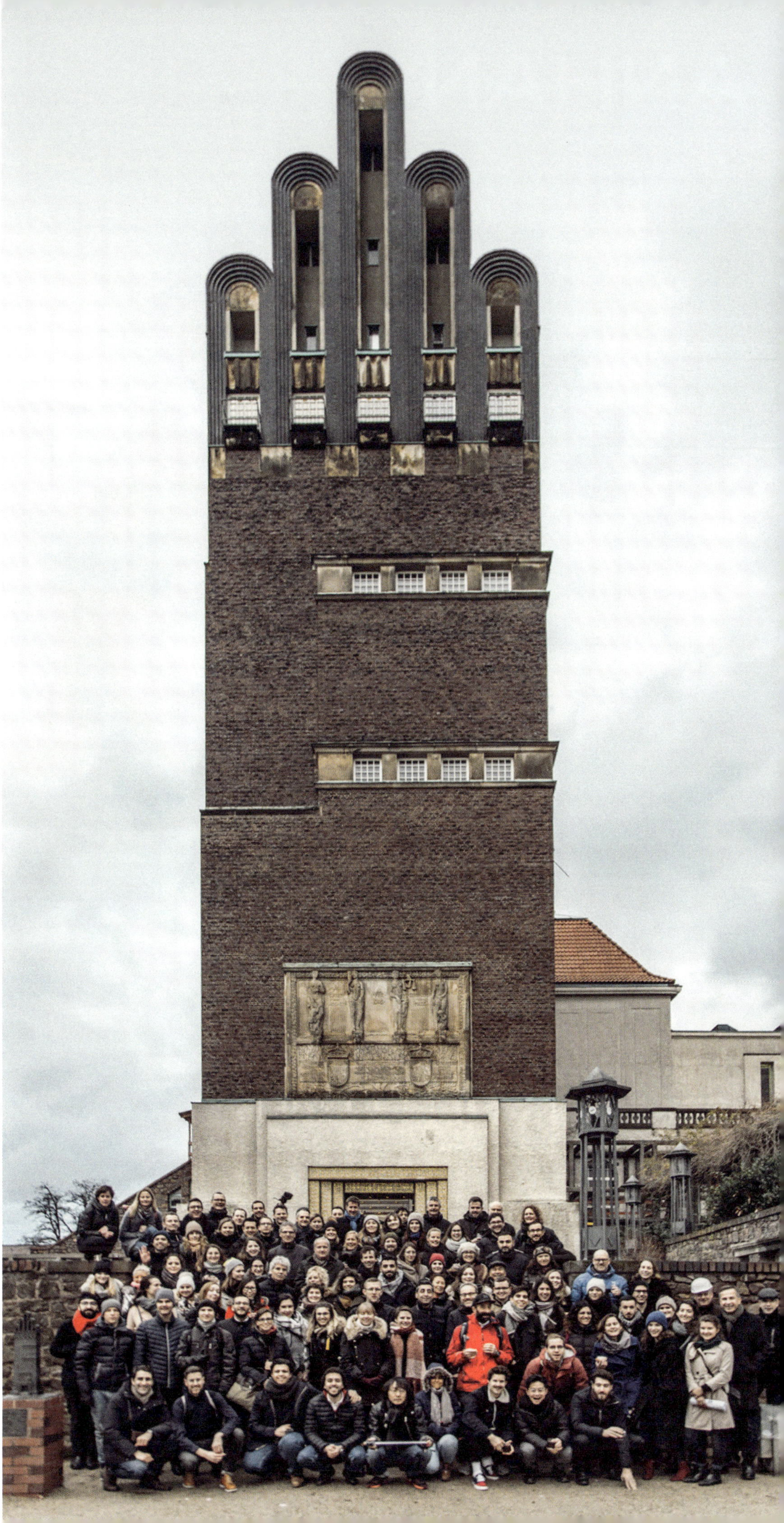

ANHANG

Um 1800
Anlage des Landschaftsgartens durch Prinz Christian

1833
im Besitz des Erbgroßherzogs Ludwig III. von Hessen und Mathilde von Bayern

1878–1879
Bau des Wasserreservoirs

28.11.1880
Inbetriebnahme des Wasserreservoirs

1897–1899
Bau der russisch-orthodoxen Kapelle

01.07.1899
Berufung der ersten Künstler in die Künstlerkolonie Darmstadt

1900
Baubeginn der permanenten und temporären Bauten

15.05.1901
Eröffnung 1. Ausstellung „Ein Dokument Deutscher Kunst“

01.03.1905
Entwurf Hochzeitsturm

05.11.1905
Baubeginn Hochzeitsturm

23.05.1908
Einweihung Hochzeitsturm und Ausstellungsgebäude

Eröffnung Hessische Landesausstellung für freie und angewandte Kunst

08.08.1908
Joseph Maria Olbrich gestorben

16.05.1914
letzte Künstlerkolonieausstellung „Darmstädter Kunstjahr“

11.09.1944
starke Kriegszerstörungen durch Brandbomben

1947
Beginn der Instandsetzungsarbeiten

25.07.1947
erste Nachkriegsausstellung

1950
Fertigstellung der Hallen

Juli 1951
Fertigstellung der neuen Halle anstelle des Rosengartens (Halle 4)

04.08.1951
50 Jahre-Jubiläumsausstellung „Mensch und Raum“

1953
Rekonstruktion des Daches am Hochzeitsturm

21.07.1974
Beginn der Sanierung 1974–1976 mit Um- und Anbauten, Werkstattgebäude

22.09.1976
Jubiläumsausstellung „Ein Dokument Deutscher Kunst 1907–1976“

1998–2001
Sanierungskampagne zum „Centenarium“

2001
„Centenarium“-Veranstaltungen zum Jubiläumsjahr

2012
Ausschreibung energetische Sanierung

Nov. 2017
Beginn der Neubauarbeiten der Sanierung 2017–2024

24.07.2021
Eintragung der Mathildenhöhe in die Welterbeliste der UNESCO

20.09.2024
Eröffnung des sanierten Hauses

LITERATUR

Beil, Ralf (Hg.)/Stephan, Regina (Hg.)/Durth, Werner/Kaiser, Gabriele/Kristian, Markus/Schumann, Maximilian Ulrich/Siegmann, Katharina/Smola, Franz: *Joseph Maria Olbrich 1867–1908. Architekt und Gestalter der frühen Moderne,* Ausstellungskatalog Mathildenhöhe Darmstadt. Darmstadt 2010

Latham, Ian: *Joseph Maria Olbrich.* Stuttgart 1981

Magistrat der Stadt Darmstadt, Denkmalschutz – Kulturamt (Hg.): *Die Darmstädter Mathildenhöhe. Architektur im Aufbruch zur Moderne. Zwei Spaziergänge zu den Bauten der Jahrhundertwende,* Beiträge zum Denkmalschutz in Darmstadt, Heft 7. Darmstadt 1998

Olbrich, Joseph Maria: *Architektur. Vollständiger Nachdruck der drei Originalbände von 1991–1914* Tübingen 1988

Pehnt, Wolfgang: *Deutsche Architektur seit 1900.* Ludwigsburg/München 2005

Rüttenauer, Benno: „Ein Dokument deutscher Kunst". In: *Die Rheinlande: Vierteljahrsschr. d. Verbandes der Kunstfreunde in den Ländern am Rhein.* Bd. 1/1900–1901, Jg. 1, S. 5–11

Stadt Darmstadt (Hg.): *Mathildenhöhe Darmstadt. 100 Jahre Planen und Bauen für die Stadtkrone 1899–1999,* 3 Bände. Band 1: *Die Mathildenhöhe – ein Jahrhundertbauwerk.* Darmstadt 1999, 2. Auflage 2004. Band 2: *Ernst-Ludwig-Haus – vom Atelierhaus zum Museum Künstlerkolonie.* Darmstadt 2000, 2. Auflage 2011. Band 3: *Ausstellungshallen und Hochzeitsturm – Haus der Künste. Wahrzeichen der Stadt.* Darmstadt 2004

Wissenschaftsstadt Darmstadt (Hg.): *Museum Sander und die Gesamtkonzeption Mathildenhöhe.* Bürgerforum am 1. und 8. Dezember 2010 sowie 1. Februar 2011. Darmstadt 2011

Zippert, Hans: *Nichts wird jemals fertig. Die Mathildenhöhe und andere Baustellen des 3. Darmstädter Turmschreibers.* Darmstadt 2021

HANNO BENZ
OBERBÜRGERMEISTER

geboren 1972, studierte Politikwissenschaft sowie Literatur- und Sprachwissenschaft an der Goethe-Universität Frankfurt am Main und schloss mit dem Magister Artium ab. Anschließend war er an der Schnittstelle von Politik, Wirtschaft und Kommunikation zunächst in der Kommunikationsberatung, dann für eine Telekommunikationsgesellschaft sowie als selbstständiger Berater tätig. Ab 2016 leitete er für eine Beratungsgesellschaft in Berlin den Bereich „Public Sector" und ab 2020 betreute er für einen großen kommunalen Energieversorger die Interessenvertretung im Bereich Public Affairs. Von 2001 bis 2016 war er Stadtverordneter, ab 2006 Fraktionsvorsitzender der SPD-Fraktion in der Stadtverordnetenversammlung Darmstadt. Zudem war er bis 2022 langjähriger Ortsvereinsvorsitzender der SPD Arheilgen. Benz gehörte zwischen 2004 und 2018 verschiedenen Aufsichts- und Verwaltungsräten an, unter anderem dem Aufsichtsrat der entega AG, dem Verwaltungsrat der Sparkasse Darmstadt und als stellvertretender Vorsitzender dem Aufsichtsrat der HEAG Holding AG. Seit Juni 2023 ist Hanno Benz Oberbürgermeister der Wissenschaftsstadt Darmstadt.

JOCHEN PARTSCH
OBERBÜRGERMEISTER A.D.

geboren 1962, entstammt einer Gastwirts- und Bauernfamilie aus Langendorf (Unterfranken) und hat die GRÜNEN im Landkreis Bad Kissingen Anfang der 1980er Jahre mitgegründet. Nach dem Studium der Sozialwissenschaften in Göttingen mit Abschluss als Diplom-Sozialwirt arbeitete er in der Softwareindustrie in Stuttgart, als Referent der LAG Soziale Brennpunkte Hessen in Frankfurt am Main und als Dozent an der Hochschule Darmstadt. Ab 2006 war er Sozial- und Jugenddezernent in Darmstadt. 2011 wurde er zum Oberbürgermeister der Wissenschaftsstadt Darmstadt direkt gewählt. Zur Wahl 2023 trat er nicht mehr an. Zu seinen Verantwortungsbereichen zählten neben den zentralen Querschnittsämtern Personal, Organisation und Rechtswesen insbesondere die Wirtschaftsförderung, die Stadtentwicklung und die Kultur. Die Anerkennung der Mathildenhöhe als UNESCO-Welterbe im Jahr 2021 war einer der Höhepunkte seiner Amtszeit.

LUDGER HÜNNEKENS
KULTUR- UND STIFTUNGSMANAGER

studierte Klassische Archäologie und Kunstgeschichte in Freiburg und Athen und wurde an der Universität Freiburg promoviert. Er war 1988 bis 1996 Referent am Badischen Landesmuseum und am Zentrum für Kunst und Medien in Karlsruhe, danach bis 2000 Geschäftsführer des Kulturkreises der Deutschen Wirtschaft in Köln und Berlin. Von 2000 bis 2004 war er Gründungsdirektor der Allianz Kulturstiftung in München und von 2004 bis 2010 Rektor der Staatlichen Akademie der Bildenden Künste in Stuttgart. Seit 2005 ist er Honorarprofessor für Kulturmanagement an der Hochschule Ludwigsburg. 2010 bis 2013 leitete er das Museum Frieder Burda in Baden-Baden. Von 2014 bis 2023 war er Kulturreferent der Wissenschaftsstadt Darmstadt und zugleich Leiter des Eigenbetriebs Kulturinstitute und damit der Vertreter der Bauherrschaft bei der Gesamtsanierung des Ausstellungsgebäudes. Als Leiter des neu eingerichteten Welterbebüros verantwortete er seitens der Stadt das Projektmanagement der erfolgreichen Welterbebewerbung. 2023 erhielt er vom HMWK den Hessischen Denkmalschutzpreis. Er lebt seit Ende 2023 in der Stauferstadt Schwäbisch Gmünd.

PHILIPP GUTBROD
KUNSTHISTORIKER, DIREKTOR DES INSTITUT MATHILDENHÖHE

geboren 1971 in Rochester, New York, absolvierte an den Universitäten in Heidelberg und München ein Studium der Kunstgeschichte, des Öffentlichen Rechts und der Klassischen Archäologie. Ausgestattet mit einem Promotionsstipendium der Studienstiftung des deutschen Volkes promovierte er 2004 im Fach Kunstgeschichte mit einer Arbeit über den Künstler Wols. Ab 2005 arbeitete Gutbrod in den USA und Kanada im Kunstmarkt und hat mehrere Vorträge gehalten, Essays und Bücher publiziert. Seit Juli 2011 war er als Ausstellungskurator und Sammlungskonservator am Institut Mathildenhöhe angestellt. Hinzu kam von 2012 bis 2021 die maßgebliche Mitarbeit in der Magistratskommission Mathildenhöhe sowie im Welterbeteam, das erfolgreich die Einschreibung der Mathildenhöhe Darmstadt in die UNESCO-Welterbeliste bewerkstelligt hat. Im Jahr 2015 wurde Gutbrod zum stellvertretenden Direktor des Institut Mathildenhöhe ernannt und leitet nun – seit April 2015 – als Direktor die Institution. Gutbrod kuratierte zahlreiche Ausstellungen zur Kunst des 19., 20. und 21. Jahrhunderts und hat umfassend zu Themen der bildenden Kunst publiziert.

FALK JAEGER
BAUHISTORIKER,
ARCHITEKTURKRITIKER

studierte in Braunschweig, Stuttgart und Tübingen Architektur und Kunstgeschichte und wurde an der TU Hannover im Fach Baugeschichte promoviert. Seit 1976 ist er als Architekturkritiker für Architektur-, Tages- und Fachpresse sowie für Rundfunk- und Fernsehanstalten tätig. 1983 bis 1988 war er Assistent am Institut für Baugeschichte und Bauaufnahme der TU Berlin, übernahm anschließend Lehraufträge für Architekturkritik an verschiedenen Hochschulen und hatte 1993 bis 2000 den Lehrstuhl für Architekturtheorie an der TU Dresden inne. Er lebt als freier Publizist und Fachjournalist in Berlin. Er hat mehr als 40 Bücher über Architektur und Denkmalpflege publiziert und wurde unter anderem mit dem 1. Preis für Architekturkritik der Bundesarchitektenkammer und dem DAI-Literaturpreis Baukultur ausgezeichnet.

TILL SCHNEIDER
INHABER
SCHNEIDER+
SCHUMACHER

geboren 1959 in Koblenz, studierte Architektur an der Universität Kaiserslautern und der TU Darmstadt. 1986 absolvierte er das Postgraduiertenstudium an der Städelschule in Frankfurt am Main bei Peter Cook. Es folgte freie Mitarbeit bei eisele + fritz und bei Professor Mürb. 1988 gründeten Till Schneider und Michael Schumacher das Architekturbüro schneider+schumacher in Frankfurt am Main. Im Jahr 2005–2006 war Till Schneider Vertretungsprofessor an der TU Darmstadt. Von 2010 bis 2014 war er Vorsitzender der Frankfurter BDA-Gruppe. Seit 2015 ist er Stiftungsbeirat im Frankfurter Museum Angewandte Kunst und seit 2021 Teil des Kuratoriums der rams foundation.

MICHAEL SCHUMACHER
INHABER
SCHNEIDER+
SCHUMACHER

geboren 1957 in Krefeld, studierte Architektur an der Universität Kaiserslautern und absolvierte ebenfalls das Postgraduiertenstudium in der Klasse von Peter Cook an der Städelschule in Frankfurt. Anschließend arbeitete er als freier Mitarbeiter bei Sir Norman Foster in London. 1988 gründeten Till Schneider und Michael Schumacher das Architekturbüro schneider+schumacher in Frankfurt am Main. 1999–2000 war Schumacher als Gastprofessor an der Städelschule tätig, seit 2007 hat er eine Professur für Entwerfen und Konstruieren an der Fakultät für Architektur und Landschaft, Leibniz Universität Hannover, inne. Von 2004 bis 2009 war Michael Schumacher Landesvorsitzender des Bundes Deutscher Architekten (BDA Hessen).

ASTRID WUTTKE
PARTNERIN
SCHNEIDER+
SCHUMACHER

studierte Architektur an der Technischen Universität Darmstadt und an der ETSA Barcelona. 2017 wurde sie als Vertreterin der Architektenkammer in den Hessischen Landesdenkmalrat berufen. 2021–2022 arbeitete sie mit Prof. Philipp Oswalt an der Universität Kassel im Fachgebiet Architekturtheorie und Entwerfen zusammen. Seit 2022 ist sie Vorstandsvorsitzende der ernst-may-gesellschaft e.V.; ein Jahr später wurde sie in den BDA berufen. Im Jahr 2024 erhielt sie die Professur für das Fach Weiterbauen an der Frankfurt University of Applied Sciences. Den Umbau und die denkmalgerechte Sanierung des Ausstellungsgebäudes der Mathildenhöhe (UNESCO-Welterbe) leitete sie seit 2012 als Projektarchitektin.

BILDNACHWEIS

Bildarchiv Foto Marburg/ Renate Gruber 54, 60

Bucher, Kirsten 108–111, 114–115, 134–135

Geelhaar, Christiane 50, 52 (unten), 55 (unten)

Geelhaar, Frank 52 (oben)

Heiss, Nikolaus 55 (oben), 56–57, 76, 82–83, 86–89, 92–93

Hempel, Jörg 46–47, 53, 62 (unten), 78, 81, 84–85, 90–91, 94–97, 99, 103–107, 112, 113, 116–133, 136–145 150, 168

Hessisches Staatsarchiv Darmstadt
HStAD R 4 22874 30
HStAD Bestand R 4 Nr. 22860 31

Hillmann, Jörg 74

ingplan GmbH 72, 73

Institut Mathildenhöhe, Städtische Kunstsammlung Darmstadt 21, 22, 26 (oben, unten), 32 (mittig), 34, 37 (unten), 38, 40 (unten), 62 (oben), 43 (oben, unten)
DKuD, 1908, S. 219 4–5, 32 (unten)
Wasmuth Mappen 28 (oben, unten), 29, 35, 37 (oben), 40 (oben), 45 (oben, mittig, unten)

kunstdokumentation.com, Wien Museum 25 (unten)

Müller, Monika 153 (unten)

Museum der Dinge Berlin
Sammlung Werkbundarchiv/ Armin Hermann 65

picture alliance/dpa/ Frank Rumpenhorst 9

schneider+schumacher 58, 66, 68–71, 79, 146, 157 (Vasudevan, Ragunath)
Wuttke, Astrid (Privatfoto) 153 (oben)

Specht, Katharina 98

Staatliche Museen zu Berlin, Kunstbibliothek/Werner Klimek 25 (oben)

Stadtarchiv Darmstadt
Verwaltungsbericht 1907 42
Martin Caspar, ca. 1947, Scan 12337 48
Originalzeichnung H. G. Hofmann, 1959 51 (oben)

Technische Universität Darmstadt
Sp_Da1878 32 (oben)

Universitätsbibliothek Heidelberg
/C 4821-4-4/6.1900 S463 33

Wissenschaftsstadt Darmstadt 15
Denkmalschutzbehörde 51 (unten)

IMPRESSUM

Ein Verlag der Walter de Gruyter GmbH, Berlin/Boston

Umschlagmotiv: Jörg Hempel

Gestaltung und Satz:
Katrin Schmitt-Tegge
sans serif, Berlin

Redaktion schneider+schumacher:
Jessica Witan, Erec Lützkendorf

Spezieller Dank an Nora Mohr vom Institut Mathildenhöhe für die Zuarbeit.

Projektkoordination jovis Verlag:
Franziska Schüffler

Lektorat: Katharina Hellriegel-Stauder, HOFMEISTER STAUDER. Büchermacher

Herstellung: Susanne Rösler

Lithografie: Pixelstorm Litho & Digital Imaging, Wien

Gedruckt in der Europäischen Union

Bibliografische Information der Deutschen Nationalbibliothek
Die Deutsche Nationalbibliothek verzeichnet diese Publikation in der Deutschen Nationalbibliografie; detaillierte bibliografische Daten sind im Internet über http://dnb.d-nb.de abrufbar.

jovis Verlag
Genthiner Straße 13
10785 Berlin
www.jovis.de

jovis-Bücher sind weltweit im ausgewählten Buchhandel erhältlich. Informationen zu unserem internationalen Vertrieb erhalten Sie in Ihrer Buchhandlung oder unter www.jovis.de.

ISBN 978-3-98612-125-9 (Hardcover)
ISBN 978-3-98612-127-3 (E-Book)

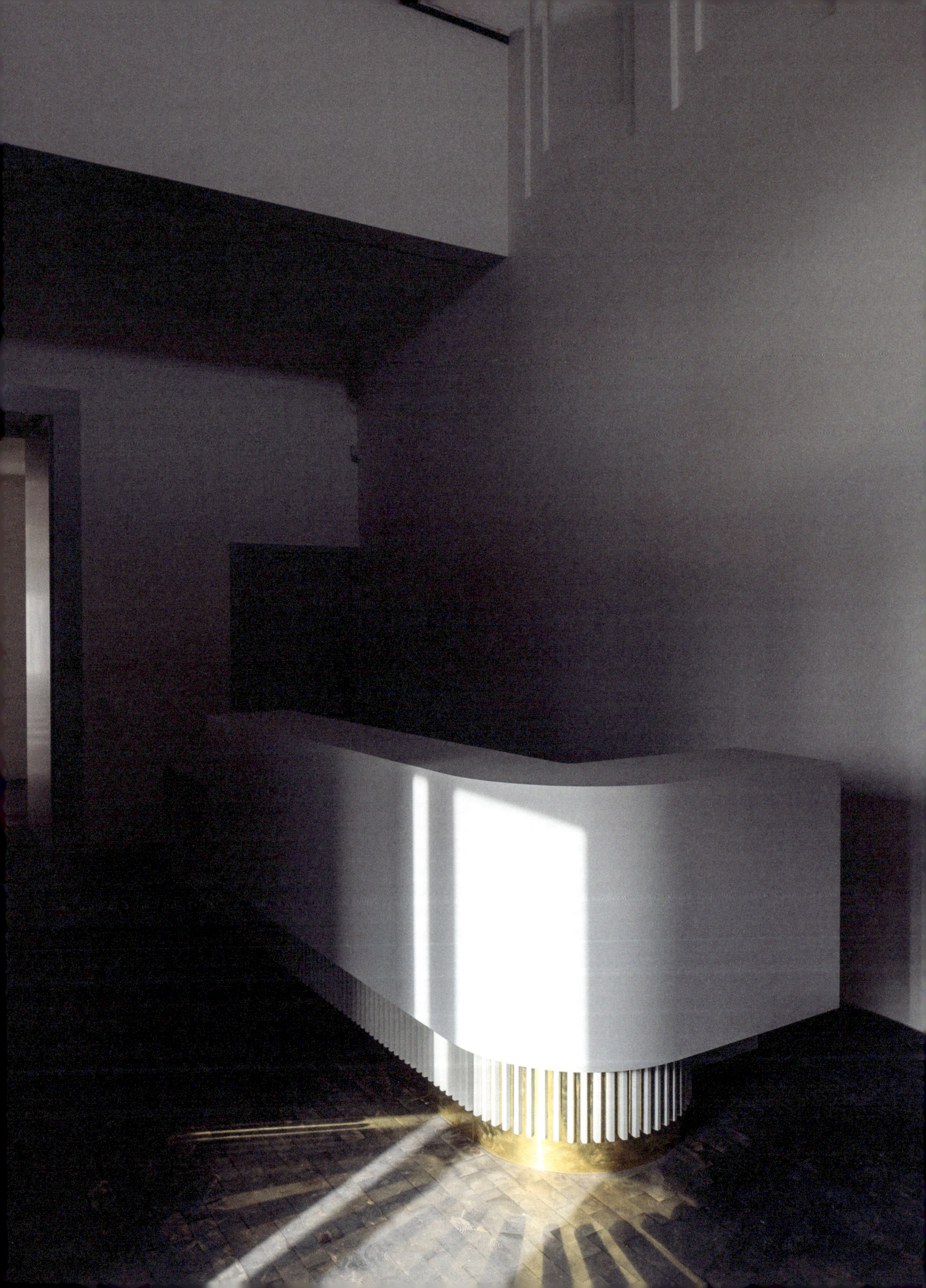